CATALOGUE

DE LA

BIBLIOTHÈQUE COMMUNALE

DE BREST

PAR

A. MARION ✻ (O. A.)

Docteur en Médecine, Bibliothécaire

ET

P.-L. TISSOT ✻

Ancien Officier de Marine, Bibliothécaire-Adjoint

HISTOIRE

DEUXIÈME PARTIE

BREST

Imprimerie L. ÉVAIN-ROGER, rue Saint-Yves, 32.

1890

BIBLIOTHÈQUE

DE LA

VILLE DE BREST

———

HISTOIRE

Deuxième Partie

———

Offert

Au nom du Conseil Municipal de la Ville de Brest,

à la Bibliothèque de la Ville de

Le Maire,

CATALOGUE

DE LA

BIBLIOTHÈQUE COMMUNALE

DE BREST

PAR

A. MARION ✳ (O. A.)

Docteur en Médecine, Bibliothécaire

ET

P.-L. TISSOT ✳

Ancien Officier de Marine, Bibliothécaire-Adjoint

HISTOIRE

DEUXIÈME PARTIE

HISTOIRE

DEUXIÈME PARTIE

†. — Mélanges relatifs a l'histoire de l'Asie,
de l'Afrique et de l'Amérique, comprenant l'histoire générale
des colonies modernes fondées par les Européens

3480. — BRUZEN LA MARTINIÈRE. — Introduction à l'histoire de l'Asie, de l'Afrique et de l'Amérique. Pour servir de suite à l'histoire du baron de Pufendorff. — Amsterdam, *Zacharie Châtelain, 1738, in-12, 2 vol. rel.*

3481. — BARROS (J. de). — Decadas da Asia de Joao de Barros dos feitos, qve os Portvgveses fezeram no descobrimento, e conqvista dos mares, e terras do Oriente. — Lisboa, *Jorge Rodriguez et Gonsalez, 1615, 1628 et 1752, petit in-f°, 4 vol. rel.*

3482. — DIOGO DO CONTO. — Decadas da Asia que tratam dos mares que descobriram, etc., etc. — Lisboa, *D. Gonsalez, 1736, petit in-f°, 3 vol. rel.*

3483. — FARIA Y SOUZA (Manuel de). — Asia portuguesa. — Lisboa, *1666, in-f°, 3 vol. rel.*

3484. — LAFITAU (Le R. P. J. F.) — Histoire des découvertes et conquestes des Portugais dans le Nouveau-Monde. — Paris, *Saugrain père et chez Coignard fils, 1734, in-12, 4 vol. rel.*

3485. — MAFFÉ (J. P.) — L'histoire des Indes orientales et occidentales dv R. P. Jean Pierre Maffée, de la compagnie de Jésus. Trad. du latin en français par M. M. D. P. — Paris, *Robert de Ninville, 1665, in-4° rel.*

3486. — RAYNAL (L'abbé). — Histoire philosophique et politique des établissements et du commerce des Européens dans les deux Indes. — AMSTERDAM (S. n. d'imp.), *1772, in-12, 7 vol. rel.*

3487. — D°, d°. — N^lle édition. — AMSTERDAM, *d°, 1773, d°, d°,* avec l'atlas.

3488. — D°, d°. — GENÈVE, *J. L. Pellet, 1780, in-4° 5 vol. rel.* avec l'atlas.

3489. — D°, d°. — GENÈVE, *1783, in-8° rel. 10 vol.*

3490. — D°, d°. — Atlas, *in-4° rel.*

3491. — D°, d°. — La même. — LONDRES, *1792, in-18, 17 vol. rel.*

3492. — BERNARD (F.) — Analyse de l'histoire philosophique et politique de Raynal. — LEYDE, *J. Murray, 1775, in-8° rel.*

3493. — ROUBAUD (L'abbé P. J. A.) — Histoire générale de l'Asie, de l'Afrique et de l'Amérique, contenant des discours sur l'histoire ancienne des peuples de ces contrées, leur histoire moderne et la description des lieux, etc., etc. — PARIS, *Des Ventes de La Doué, 1775, in-4°, 5 vol. rel.*

ASIE

1. — Histoire générale

3494. — HERBELOT (B. DE). — Bibliothèque orientale, ou Dictionnaire universel contenant tout ce qui fait connaître les peuples de l'Orient, lours histoires et traditions tant fabuleuses que véritables, leurs religions et leurs sectes, leurs gouvernements, politique, loix, mœurs, coutumes, et les révolutions de leurs empires. Les arts et les sciences, etc. — LA HAYE, *J^n Neaulme et N. Van Daalen, 1777, in-4°, 4 vol. rel.* et le supplément br.

3495. — MARSY (L'abbé DE). — Histoire moderne des Chinois, des Japonais, des Indiens, des Persans, des Turcs, des Russiens, etc. — PARIS, *Desaint et Saillant, 1755, in-12, 30 vol. rel.* (Pour servir de suite à l'histoire ancienne de M. Rollin, nouvelle édition.)

3496. — DEGUIGNES. — Histoire générale des Huns, des Turcs, des Mogols et des autres Tartares occidentaux, etc. Avant et depuis J.-C. jusqu'à présent ; précédée d'une introduction contenant des Tables chronologiques et historiques des Princes qui ont régné dans l'Asie. Ouvrage tiré des livres chinois et des manuscrits orientaux de la bibliothèque du Roi. — Paris, *Desaint et Saillant*, 1756, in-4°, 5 vol. rel.

3497. — RECHERCHES ASIATIQUES, ou Mémoires de la Société établie au Bengale pour faire des recherches sur l'histoire et les antiquités, les arts, les sciences et la littérature de l'Asie. Trad. de l'anglais par A. Labaume. — Paris, *Imprimerie impériale, an XIV (1805)*, in-4°, 2 vol. rel. v. d. s. tr.

3498. — FLANDIN (Eug.). — L'Orient, pendant les années 1840 et 1841. — Paris, *édité par L. Guérin. Dépôt et vente à la librairie Th. Morgand, grand in-f°*, 3 vol. rel.

3499. — HOTTINGER (Joh.-Henric). — Historia orientalis quæ ex variis orientalum monumentis collecta, agit :

I. — De Muhammedismo, ejusque causis etc.

II. — De Saracenismo, seu religione veterum Arabum.

III. — De Chaldaismo, seu superstitione Nabatæorum, Chaldæorum, etc.

IV. — De statu Christianorum et Judæorum tempore orti, etc.

V. — De variis, inter ipsos Muhammedanos, etc., sententiis.

VI. — Accessit, ex occasione genealogiæ Muhammedis, etc. — Tiguri, *typis Joh. Jacobi Bodmeri, anno* MDCLI.

3500. — KEMPFER (E.). — Amœnitatum exoticarum politico-physico medicarum fasciculi V, quibus continentur variæ relationes, observationes et descriptiones rerum persicorum et ulterioris Asiæ, multâ attentione, in peregrinationibus per Universum Orientem collectæ, auctore Engelberto Kæmpfero, D. — Lexoviæ, *typis et impensis Henrici Wilhelmi Meyer*, 1712, in-4° rel. vél. Fleuron avec cette devise : Virtuti nihil inv... Titre rouge et noir. Armoiries de Frédéric Adolphe. Gravures dans le texte et hors texte.

2. — Histoire des Arabes et de l'Islamisme

(Pour celle des Turcs, voyez le N° 3424 et suiv.)

3501. — ABVLFEDAE. — Annales mvslemici arabicè et latinè. — — Hafniae, *Chr. Gottl. Proft*, 1789, in-4°, 4 vol. parch.

3502. — ABULFARAGE. — Specimen historiæ Arabum, sive Gregorii Abul Farajii Malatiensis de origine et moribus Arabum, etc.

Operâ et studio *Edvardi Pocockii* linguarum hebr. et arab. in Academia Oxoniensi professoris. — Oxoniæ, *H. Hall, 1650, petit in-4°.*

3503. — BOULAINVILLIERS (Le Cᵗᵉ). — La vie de Mahomed. — Amsterdam, *Changuion, petit in-8° rel.* (Le titre manque.)

3504. — TURPIN (M.). — Histoire de la vie de Mahomet, législateur de l'Arabie. — Paris, *J.-P. Costard, 1773, in-12, 3 vol. rel.*

3505. — MARIGNY (L'abbé de). — Histoire des Arabes, sous le gouvernement des Califes. — Paris, *veuve Estienne et fils et autres, 1750, in-12, 4 vol. rel.*

3506. — Dᵒ. — Histoire des Révolutions de l'empire des Arabes. — Paris, *Gissey et autres, 1750, in-12, 4 vol. rel.*

3. — Histoire des possessions turques en Asie, y compris la Syrie et l'Arménie

3507. — JAUNA (le Chᵉʳ Dominique). — Histoire générale des Roïaumes de Chypre, de Jérusalem, d'Arménie et d'Egypte, comprenant les Croisades, avec plus d'exactitude qu'aucun auteur moderne les ait encore rapportés et les faits les plus mémorables de l'Empire ottoman, depuis sa fondation jusqu'à la fameuse bataille de Lépante, etc.

On y a ajouté :

1° L'état présent de l'Egypte ;

2° Dissertation sur les caractères hiérogliphiques des anciens égyptiens ;

3° Réflexions sur les moïens de conquérir l'Egypte et la Chypre. — Leide, *J. Luzac, 1747, in-4°, v. f. fil. d., 2 vol.*

3508. — LENORMANT (François). — Histoire des massacres de Syrie en 1860. — Paris, *L. Hachette et Cⁱᵉ, 1861, in-8° br.*

3509. — ANVILLE (d'). — L'Euphrate et le Tigre. — Paris, *Imprimerie royale, 1779, in-4° rel.*

3510. — CHAHAN DE CIRBIED et MARTIN (F.) — Recherches carieuses sur l'histoire ancienne de l'Asie. — Paris, *Le Prieur, 1806, in-8° rel.*

3511. — D°. — 1° Mémoire sur le Gouvernement et la Religion des anciens Arméniens. — PARIS, *J. Smith, 1820, in-8°.* Relié avec :

2° Tableau général de l'Arménie par le même. — PARIS, *J. B. Sajou, 1813, in-8°.*

3512. — INGIGIAN (D^r). — Description du Bosphore par le Dr Ingigian, trad. de l'Arménien par F. Martin. — PARIS, *J. B. Sajou, 1813, in-8° rel.*

3513. — ABVLFEDÆ. — Tabvla Syriæ cvm excerpto geographico ex Ibn ol Wardii Geographiâ et historiâ naturali. Arabicè nvnc primvm edidit, latinè vertit, notis explanavit. Io. Bernhardvs Koehler, etc. — LIPSIÆ, *litteris Schoenermarkii, 1766, in-4° rel.*

3514. — ABULPHARAGII GREGORII, nommé aussi BAR-HEBRÆUS. — Chronicum Syriacum. E Codicibus Bodleianis descripsit, maximam partem vertit, notisque illustravit Paulus Jacobus Bruns, etc. Edidit, ex parte vertit, notasque adiecit Georgius Guillielmus Kirsch, philos, doctor et gymnassi etc. — LIPSIÆ, *apud Adamum Fridericum Boehmium, 1789, in-4° cart.*

3515. — SAINT-MARTIN (M. J.) — Recherche sur l'histoire et la géographie de la Mésène et de la Characène. Ouvrage posthume publié sous les auspices du Ministre de l'Instruction publique. — PARIS, *Imprimerie royale, 1838, in-8° br.*

3516. — DIDIER (CH.) — Séjour chez le Grand Chef de La Mekke. — PARIS, *Louis Hachette, 1857, in-8° rel.*

3517. — POUJOULAT. — Histoire de Jérusalem, ouvrage couronné par l'Académie française. — PARIS, *J. Vermot, 1874, in-8°, 2 vol. br.*

4. — Histoire d'une partie du littoral
de la mer Caspienne et des contrées caucasiennes

3518. — MÉMOIRES historiques et géographiques sur les pays situés entre la mer Noire et la mer Caspienne, contenant de nouveaux détails sur les peuples qui les habitent, etc. — PARIS, *J. H. Jansen, an V, 1797, g^d in-4°, pp. vél. rel.*

3519. — D°. — Les mêmes, sous le titre de voyages historiques et géographiques, etc., etc. — PARIS, *an VI (1798), in-4° rel.* 2 exempl.

3520. — SAINTE-CROIX (Le Baron DE). — Mémoire sur le cours de l'Araxe et du Cyrus. — *In-4°*. S. L. N. D.

3521. — KLAPROTH (J.) Tableau historique, géographique, ethnographique et politique du Caucase et des provinces limitrophes entre la Russie et la Perse. — PARIS, *Ponthieu, 1827, in-8°*.

5. — Histoire de la Perse, etc.

3522. — CLAIRAC (L. A.) — Histoire de la Perse, depuis le commencement de ce siècle. — PARIS, *C.-A. Jombert, 1750, in-12, 3 vol. rel.* (2 ex.)

3523. — GOBINEAU (Le Cᵗᵉ DE). — Histoire des Perses, d'après les auteurs orientaux grecs et latins, etc. — PARIS, *Plon, 1869, in-8°, 2 vol. rel.*

3524. — DU CERCEAU (Le P. J. A.) — Histoire des révolutions de Perse, depuis le commencement de ce siècle jusqu'à la fin du règne de l'usurpateur Aszroff. — PARIS, *Briasson, 1742, in-12, 2 vol. rel.* et un troisième volume contenant l'histoire de Thomas Kouli-Kan.

3525. — PICAULT (CH.) — Histoire des révolutions de Perse, pendant la durée du 18ᵉ siècle de l'ère chrétienne, précédée d'un abrégé de tout ce qui s'est passé de remarquable dans cet empire depuis l'époque de la 1ʳᵉ fondation par Cyrus. — PARIS, *A. Egron, 1810, in-8°, 2 vol.*

3526. — AMBASSADE (L') de D. Garcias de Silva Figueroa en Perse, contenant la politique de ce grand empire, les mœurs du roy Schach Abbas, et une relation exacte de tous les lieux de Perse et des Indes, où cet ambassadeur a esté l'espace de de huit années qu'il y a demeuré. Trad. de l'espagnol par M. de Vicqfort. — PARIS, *Louis Billaine, 1677, in-4° rel.*

3527. — JAUBERT (AMÉDÉE). — Tarikhi Cadjar, histoire de la dynastie des Cadjars. — PARIS, *Imprimerie royale, 1834, in-8° de 27 pages, br.*

3528. — LETTRES PERSANES. — COLOGNE, *P. Marteau, 1744, in-12.* Tome I et II en un seul vol., avec :

Lettres turques, par G. F. Poullain de Saint-Foix. — *P. Marteau, 1744 (69 pages).*

3529. — PECQUET. — Mémoires secrets pour servir à l'histoire de Perse. — Amsterdam, *1746, in-12 rel.*

3530. — MÉMOIRES SECRETS pour servir à l'histoire de Perse. — Berlin, *aux dépens de la Compagnie, 1759, in-32 rel.*

6. — Histoire de l'Inde

3531. — ANVILLE (d'). — Antiquité géographique de l'Inde et de plusieurs autres contrées de la Haute-Asie. — Paris, *Imprimerie royale, 1775, in-4° cart.*

3532. — ANQUETIL DUPERRON. — L'Inde en rapport avec l'Europe. Ouvrage divisé en deux parties :

La 1re sur les intérêts politiques de l'Inde.

La 2e sur le commerce de cette contrée. — Paris, *Moutardier, an VIIe de la République française, in-8° rel., 2 vol.*

3533. — RENNEL (James). — Description historique et géographique de l'Indostan. Traduite de l'Anglais par J.-B. Boucheseiche, sur la 7e et dernière édit. à laquelle on a joint des mélanges d'histoire et de statistique sur l'Inde, trad. par J. Castera. Ornée de 11 cartes. — Leipzic, *Treuttel et Würtz et chez Barth, 1800 g^d in-8°, 3 vol. br.*

3534. — D°. — Atlas revu par le citoyen Buache. — Paris, *Peigné, an VIII, in-4°.*

3535. — D°. — D°, d°, d°, d°. — Paris, *Poignée,* d°, d°.

3536. — D°. — Atlas, *in-4°.*

3537. — TAYLOR (J.) — Lettres politiques, commerciales et littéraires sur l'Inde, ou vues et intérêts de l'Angleterre relativement à la Russie, à l'Indostan et à l'Egypte. Trad. de l'anglais. — Paris, *Marchant, an IX (1801), in-8°.*

3538. — LA FLOTTE (de). — Essais historiques sur l'Inde, précédés d'un journal de voyages et d'une description géographique de la côte de Coromandel. — Paris, *Hérissant, 1769, in-12 rel.*

3539. — DOW (Alex.) — Dissertation sur les mœurs, les usages, le langage, la religion et la philosophie des Hindous, suivie d'une exposition générale et succincte du gouvernement et de l'état actuel de l'Indostan. Trad. de l'anglais, par M. J. (Bergier). — Paris, *Pissot, 1769, in-12 rel.*

3540. — DUBOIS (L'abbé J. A.) — Mœurs, institutions et cérémonies des peuples de l'Inde. — *Imp. royale, 1825, in-8°, 2 vol.*

3541. — RENNEFORT (Souchu de). — Histoire des Indes orientales. — Paris, *Arnould Seneuze, 1688, in-4° rel.*

3542. — DOW (Alex.) — Fragment de l'histoire de l'Indostan avec une relation de la religion ancienne de ses peuples et des Brahmines, tiré de l'anglais. — Londres, *1776, in-12 rel.*

3543. — GIRAUD (F.-S.-Y.) — Beautés de l'histoire de l'Inde. — Paris, *A. Eymery, 1821, in-12, 2 vol.*

3544. — MARAULT (A.-J.) — Résumé de l'histoire des établissements européens dans les Indes occidentales, depuis la découverte du cap de Bonne-Espérance jusqu'à nos jours. — Paris, *Lecointe et Durey, 1825. in-18.*

3545. — LA BOURDONNAIS (B.-F. Mahé de). — Mémoires historiques de B. F. Mahé de la Bourdonnais, gouverneur des Iles de France et de Bourbon, recueillis et publiés par son petit-fils. — Paris, *Pélicier et Châtel, 1828, in-8° cart.*

3546. — INDE (De l') ou réflexions sur les moyens que doit employer la France relativement à ses possessions en Asie. — Paris, *Didot aîné, 1790, in-8°.*

3547. — BARCHOU de PENHOEN (Le baron). — Histoire de la conquête et de la fondation de l'empire anglais dans l'Inde. — Paris, *Ladrange, 1840, in-8°, 6 vol. et un atlas.*

3548. — D°. — Paris, *Comptoir des imprimeurs-réunis, 1844, 6 vol. in-8°.*

3549. — D°. — L'Inde sous la domination anglaise. — Paris, *Comptoir des imprimeurs-réunis, 1844, 2 vol. in-8°.*

3550. — D°. — Paris, *1844, in-8°, 2 vol.*

3551. — MICHAUD (J.). — Histoire des progrès et de la chûte de l'empire de Mysore, sous les règnes d'Hyder-Aly et Tippoo-Saïb. — Paris, *Giguet et Cie, 1801, grand in-8°, 2 vol. cart.*

3552. — D°. — La même. — Paris, *Giguet et Cie, 1801, in-8°, 2 vol.*

3553. — BOLTS (W.). — Etat civil, politique et commercial du Bengale, ou histoire des conquêtes et de l'administration de la Compagnie anglaise dans ce pays. Trad. de l'anglais, par Demeunier. — Maestricht, *J.-E. Dufour, 1775, in-8° rel.*

3554. — HAMONT (TIBULLE). — Un essai d'empire français dans l'Iade au dix-huitième siècle. Dupleix, d'après sa correspondance inédite. Ouvrage accompagné de cartes. — PARIS, *E. Plon et Cie, 1881, in-8° br.*

3555. — BIONNE (HENRY). — Dupleix. Ouvrage illustré des fac-simile d'un portrait, de plans et d'autographes. — PARIS, *Maurice Dreyfous, 1881, 2 vol. in-8° br.*

7. — Histoire de l'archipel Indien, Ceylan et Sumatra, etc.

3556. — GAUTTIER (EDOUARD). — Ceylan, ou recherches sur l'histoire, la littérature, les mœurs et les usages des Chingulais. — PARIS, *Nepveu, 1823, in-18 rel.*

3557. — MARSDEN (W.). — Histoire de Sumatra. Trad. de l'anglais, par Parraud. (Port.) — PARIS, *Buisson, 1788, in-8°, 2 vol. br.*

3558. — ARGENSOLA (B.-L.-D.). — Histoire de la conquête des Iles Moluques par les Espagnols, par les Portugais et par les Hollandais. Trad. de l'espagnol. Fig. et cart. — AMSTERDAM, *J. Desbordes, 1706,*

3559. — CONSTANTIN (DE). — Recueil des voyages qui ont servi à l'éta-tablissement et au progrès de la Cie des Indes orientales, formée dans les Provinces-Unies des Pays-Bas. — AMSTERDAM, *Etienne Roger, 1702, in-12 rel., 4 vol.* Titre rouge et noir. Frontispice gravé.

3560. — MAGON DE SAINT-ELIER (FERDINAND). — Tableaux historiques, politiques et pittoresques de l'Ile de France, aujourd'hui Maurice, depuis sa découverte jusqu'à nos jours. — PORT-LOUIS, *1839, in-8°.*

8. — Histoire d'une partie de l'Asie centrale et septentrionale, comprenant l'Inde au-delà du Gange, le Thibet, la Mongolie et la Tartarie.

3561. — TURPIN (M.). — Histoire civile et naturelle du royaume de Siam et des Révolutions qui ont bouleversé cet empire jusqu'en 1770. — PARIS, *Coutard, 1771, in-12, 2 vol. rel.*

3562. — AUBARET (G.). — Histoire et description de la Basse-Cochin-chine. Trad. d'après le texte chinois original, par Aubaret, capitaine de frégate. — PARIS, *Imprimerie impériale, 1863, grand in-8° rel.*

3563. — VIAL (P.), capitaine de frégate. — Les premières années de la Cochinchine, colonie française, avec une préface de M. Rieunier, capitaine de vaisseau, et une carte de la Cochinchine. Au profit des Alsaciens-Lorrains. — PARIS, *Challamel aîné, 1874, 2 vol. in-18 br.*

3564. — PETIS DE LA CROIX. — Histoire du Grand Genghizcan, premier empereur des anciens Mogols et Tartares. Divisé en 4 volumes, contenant, etc. Traduite et compilée de plusieurs auteurs orientaux. — PARIS, *veuve Jombert, 1710, in-12 rel.*

3565. — CHEREFEDDIN ALI, natif d'Yezd. — Histoire de Timur-Bec, connu sous le nom du Grand Tamerlan, empereur des Mogols et Tartares. En forme de journal historique de ses victoires et conquêtes dans l'Asie et dans l'Europe. Ecrite en persan par Cherefeddin Ali, auteur contemporain, traduite en français par feu Monsieur Petis de la Croix, professeur en langue arabe au Collège royal, avec des notes historiques et cartes géographiques. — PARIS, *André Cailleau, 1722, in-12, 4 vol. reliés.*

3566. — MARGAT (Le P.). — Histoire de Tamerlan, empereur des Mogols et conquérant de l'Asie. — PARIS, *J. Guérin, 1739, in-12, 2 vol. rel.*

3567. — ANNUAIRE de la Cochinchine française pour l'année 1869. — SAÏGON, *Imprimerie du Gouvernement, 1868, in-8° br.*

3567 bis. — LURO (E.). — Le pays d'Annam. Etude sur l'organisation politique et sociale des annamites. — PARIS, *Ernest Leroux, 1878, in-8°.*

9. — Histoire de la Chine et de la Corée

3568. — KIRCHERE (A.) — La Chine illustrée de plusieurs monuments tant sacrés que profanes et de quantité de recherches de la nature et de l'art, etc., avec un dictionnaire chinois et français. Trad. par F. S. Dalquié. — AMSTERDAM, *J. Jansson à Waesberg et les héritiers d'Elysée Weyerstraet, 1670, in-f° rel.*

3569. — CASTILLON (J.) — Anecdotes chinoises, japonaises, siamoises, tonquinoises, etc., dans lesquelles on s'est attaché principalement aux mœurs, usages, coutumes et religions de ces différents peuples de l'Asie. — PARIS, *Vincent, 1774, petit in-8° rel.*

3570. — VOJEU DE BRUNEN (M.) — Histoire de la conquête de la Chine par les Tartares mandchoux, à laquelle on a joint un accord chronologique des annales de la monarchie chinoise, avec les époques de l'ancienne histoire sacrée et profane ; depuis le déluge jusqu'à Jésus-Christ. — LYON, *Duplain, 1754, in-12, 2 vol. rel.*

3571. — ORLÉANS (Le R. P. PIERRE), de la Compagnie de Jésus. — Histoire des deux conquérants tartares qui ont subjugué la Chine. — PARIS, *Chez Claude Barbin, 1688, in-8° rel.*

3572. — HAGER (J.) — Description des médailles chinoises du cabinet impérial de France, précédée d'un essai de numismatique chinoise, avec des éclaircissements sur le commerce des Grecs avec la Chine et sur les vases précieux qu'on y trouve encore. — PARIS, *Imp. impériale, an XIII, 1805, in-4°.*

3573. — LIVRE (Le) des récompenses et des peines. Trad. du chinois, avec des notes et des éclaircissements par Abel de Rémusat. — PARIS, *A. Renouart, 1816, in-8°.*

3574. — KLAPROTH (J.) — Notice sur l'archipel de Jean Potocki, situé dans la partie septentrionale de la mer Jaune. — PARIS, *J.-M. Eberhart, 1820, in-4° rel.*

3575. — PALLU (Lieutenant de vaisseau). — Relation de l'expédition de Chine, d'après les documents officiels. — PARIS, *Imp. impériale, 1863, in-4°.*

3576. — MUTRECY (CHARLES DE). — Journal de la campagne de Chine, 1859-1860. Précédé d'une préface de J. Noriac. — PARIS, *1861, in-8°, 2 vol.*

3577. — RAOUL (E.), pharmacien de 1re classe de la marine. — Formosa (La Belle). Les gages nécessaires. — PARIS, *Challamel aîné, 1885, in-8°.*

10. — Histoire du Japon

3578. — KAEMPFER (ENGELBERT). — Histoire naturelle, civile et ecclésiastique du Japon, composée en allemand, et traduite en français sur la version anglaise de J.-G. Scheuchzer (par Naudé). Planches et cartes. — AMSTERDAM, *H. Uytwerf* et PARIS, *Desaint et Saillant, 1758, in-12, 3 vol. rel.*

3579. — CHARLEVOIX (Le P. DE). — Histoire du Japon, où l'on trouve tout ce qu'on a pu apprendre de la nature et des productions du pays, du caractère, etc. — PARIS, *Rollin, 1754, in-12, 6 vol. rel.*

3580. — HISTOIRE de ce qui s'est passé au royaume du Japon, ès-années 1625, 1626 et 1627, tirée des lettres adressées au R. P. Mutio Viteleschi, général de la Compagnie de Jésus. Trad. de l'italien en français. — PARIS, *S. Cramoisy*, *1633, petit in-8° cart.*

3581. — TILSINGH (J.) — Mémoires et anecdotes sur la dynastie régnante des Djogouns, souverains du Japon, avec la description des fêtes et cérémonies observées aux différentes époques de l'année à la cour de ces princes, et un appendice contenant des détails sur la poésie des Japonais, leur manière de diviser l'année, etc. Publiés avec des notes et éclaircissements par Abel de Rémusat. — PARIS, *A. Nepveu, 1820, in-8°.*

3582. — BOUSQUET (GEORGES). — Le Japon de nos jours et les échelles de l'Extrême-Orient. Ouvrage contenant trois cartes. — PARIS, *Hachette et Cⁱᵉ, 1877, 2 vol. in-8°.*

AFRIQUE

1. — Histoire générale

3583. — MARMOL (L'Afrique de), de la tradvction de Nicolas Perrot, sievr d'Ablancovrt, divisée en trois volvmes, et enrichie des cartes géographiques de M. Sanson, géographe ordinaire du roy.

Avec l'histoire des cherifs, traduite de l'espagnol, de Diego Torres, par le duc d'Angoulesme le Père. — PARIS, *Lovis Billaine, 1667, in-4°, 3 vol. rel.*

3584. — DAPPER (D. M. D'O.) — Description de l'Afrique, contenant les noms, la situation et les confins de toutes ses parties, leurs rivières, leurs villes et leurs habitations, leurs plantes et leurs animaux ; les mœurs, les coutumes, la langue, les richesses, la religion et le gouvernement de ses peuples.

Avec des cartes des états, des provinces et des villes, et des figures en taille-douce qui représentent les habits et les principales cérémonies des habitants, les plantes et les animaux les moins connus. Trad. du flamand. — AMSTERDAM, *Wolfgang, Waesberge, Boom et van Someren, 1686, in-f° rel.* (2 ex.)

3585. — HISTOIRE UNIVERSELLE, depuis le commencement du monde jusqu'à présent ; composée en anglais par une Société de gens de lettres, nouvellement traduite en français par une Société de gens de lettres, fig. et cartes.

Histoire de l'Afrique. — Paris, *Moutard, 1784, in-4°, 5 vol. br.*

3586. — QUATREMÈRE (M.) — Notice d'un manuscrit arabe de la bibliothèque du roi, contenant la description de l'Afrique. — Paris, *Imprimerie royale, 1831, in-4° br.*

3587. — RECUEIL de pièces diverses sur l'Afrique, *in-8°, 2 vol.*

3588. — DEMANET (L'abbé). — Nouvelle histoire de l'Afrique française, avec cartes. — Paris, *Veuve Duchesne, 1767, in-12, 2 tom. en 1 vol. rel.*

3589. — FARIA (Manuel de), y Souza, Caballero de la Orden de Christo, y de la Casa real.

3590. — DESCRIPTION de l'Afrique et des choses mémorables qui y sont contenues. *(La page du titre manque).*

3591. — DUPARC (Edouard de la Barre). — L'Afrique, depuis quatre siècles, dépeinte au moyen de huit croquis successifs avec un texte descriptif. — Paris, *Aux frais de l'auteur, 1873, in-4°.*

2. — Histoire de l'Egypte et de la Nubie

3592. — MURTADI. — L'Egypte de Murtadi, fils du Gaphiphe, où il est traité des Pyramides, du débordement du Nil et des autres merveilles de cette province, selon les opinions et les traditions des arabes, de la traduction de Pierre Vattier, sur un manuscrit arabe de la bibliothèque du cardinal Mazarin. — *L. Billaine, 1666, petit in-12 rel.* (2 exempl.)

3593. — ABD-ALLATIF. — Relation de l'Egypte par Abd-Allatif, médecin arabe de Bagdad, suivi de divers extraits d'écrivains orientaux, et d'un état des provinces et des villages de l'Egypte dans le xive siècle : le tout traduit et enrichi de notes historiques et critiques par M. Silvestre de Sacy, etc. — Paris, *Imprimerie impériale, 1810, in-4° cart.*

3594. — FOURMONT (C. L.) — Description historique et géographique des plaines d'Héliopolis et de Memphis, cartes. — Paris, *Briasson, 1755, petit in-12 rel.* (2 exempl.)

3595. — GROBERT (J.) — Description des Pyramides, de la ville du Caire et de ses environs. — Paris, *Logerot-Petiet, an X, in-4°* (Pl.)

3596. — QUATREMÈRE (Et.) — Mémoires géographiques et historiques sur l'Egypte et sur quelques contrées voisines recueillis et extraits des manuscrits coptes, arabes, etc. de la bibliothèque impériale. — Paris, *F. Schœll, 1811, in-8°, 2 vol.*

3597. — LE MASCRIER (M. l'abbé). — Description de l'Egypte, contenant plusieurs remarques curieuses sur la géographie ancienne et moderne de ce païs, sur ses monuments anciens, sur les mœurs, les coutumes et la religion des habitants, sur le gouvernement et le commerce, sur les animaux, les arbres, les plantes, etc. Composée sur les mémoires de M. de Maillet, ancien consul de France au Caire. Ouvrage enrichi de cartes et de figures. — Paris, *L. Genneau et J. Rollin, 1735, in-4° rel.*

3598. — D°. — La même. Cart. et fig. — La Haye, *J. Beauregard, 1740, in-12, 2 vol. rel.*

3599. — SAVARY (Cl.). — Lettres sur l'Egypte, où l'on offre le parallèle des mœurs anciennes et modernes de ses habitants, où l'on décrit l'état, le commerce, l'agriculture, etc. La descente de Saint-Louis à Damiette, tirée de Joinville et des auteurs arabes. 2e édit. — Paris, *Onfroy, 1786, in-8°, 3 vol.*

3600. — MÉMOIRES sur l'Egypte, publiés pendant les campagnes du général Bonaparte dans les années VI et VII. — Paris, *Didot aîné, an VIII, in-8°.*

3601. — DUBOIS-AYMÉ (Aimé). — Mémoires sur quelques parties de l'Egypte. — Livourne, *Jean Marenich, 1814, in-8° br.*

3602. — REY-DUSSUEIL. — Résumé de l'histoire de l'Egypte. — Paris, *Lecointe et Durey, 1826, in-18.*

3603. — MARIN (F.-L.-C.). — Histoire de Saladin, sultan d'Egypte et de Syrie, avec une introduction, une histoire abrégée de la dynastie des Ayoubites, fondée par Saladin, des notes critiques, etc., etc. — Paris, *Tilliard, 1758, in-12, 2 vol. rel.*

3604. — LESSEPS (Ferd. de). — Question du canal de Suez. — Paris, *H. Plon, 1860, in-8°.*

3605. — D°. — Rapport au nom du Conseil d'administration. — Paris, *H. Plon, 1860, in-8°.*

3606. — RITT (Olivier). — Histoire de l'isthme de Suez, 2ᵉ édit. — Paris, *L. Hachette, 1869, in-8°.*

3607. — FONTANE (M. Marius) et RIOU (M.). — Le canal maritime de Suez, illustré. Histoire du canal et des travaux, par M. Marius Fontane. Itinéraire de l'isthme, par M. Riou. — Paris, *Bureaux de l'Illustration, 1869. in-4°.*

3608. — DESPLACES (Ernest). — Le canal de Suez. Episode de l'histoire du xixᵉ siècle. — Paris, *L. Hachette, 1858, in-8° rel.*

3609. — DIDIER (Charles). — Cinq cents lieues sur le Nil. — Paris, *Hachette, 1858, in-8° rel.*

3. — Histoires des États Barbaresques

3610. — TORRE'S (Die'go de). — Histoire des Chérifs et des royaumes de Maroc, de Fez, de Tarvdant et autres provinces. Trad. de l'espagnol de Die'go Torre's, par M. le duc d'Angoulesme le Père. — A Paris, *chez Louis Billaine, 1677, in-4° rel.*

3611. — CHÉNIER (de). — Recherches historiques sur les mœurs et histoire de l'empire du Maroc. — Paris, *Bailly, 1787, in-8°, 3 vol. rel.*

3612. — ROUDEL-KARTAS. — Histoire des souverains du Maghreb (Espagne et Maroc), et annales de la ville de Fés. Trad. de l'arabe, par A. Beaumier. — Paris, *Imprimerie impériale, 1860, in-8°.*

3613. — PRÉVOST (F.). — La Tunisie devant l'Europe. — Paris, *E. Dentu, 1862, in-8°, 32 pp. br.*

3614. — CHARMES (Gabriel). — La Tunisie et la Tripolitaine. — Paris, *Calman Lévy, 1882, in-12.*

3615. — GUÉRIN (V.). — Voyage archéologique dans la régence de Tunis, exécuté en 1860, et publié sous les auspices et aux frais de M. H. D'Albert, duc de Luynes, membre de l'Institut, par V. Guérin, ancien membre de l'Ecole française d'Athènes, membre de la Société de géographie de Paris, etc. Ouvrage accompagné d'une grande carte de la Régence et d'une planche reproduisant la célèbre inscription bilingue de Thugga. — Paris, *Henri Plon, 1872, grand in-8°, 2 vol.*

3616. — ROUSSET (Camille), de l'Académie française. — La conquête d'Alger. — Paris, *E. Plon et Cⁱᵉ, 1879, in-8° br.*

4. — Histoire des Régions Centrale, Occidentale et Orientale

3617. — PRUNEAU DE POMMEGORGE. — Description de la Nigritie, Cartes. — AMSTERDAM et PARIS, *1789, in-8° rel.*

3618. — ALVAREZ (FRANCISQUE). — Histoire de l'Éthiopie. (La page du titre manque), *in-8° rel.*

3619. — LUDOLF (M.) — Nouvelle histoire d'Abyssinie et d'Ethiopie tirée de l'histoire latine de M. Ludolf (par Destaureaux). — PARIS, *C. Cellier, 1693, iu-12 rel.*

3620. — KOLBE (PIERRE). — Description du cap de Bonne-Espérance, où l'on trouve tout ce qui concerne l'histoire naturelle du pays, la religion, les mœurs et les usages des Hottentots, et l'établissement des Hollandais.

Tirée des mémoires de M. Pierre Kolbe, maître ès-arts, par Bertrand (fig.) — AMSTERDAM, *Jean Catuffe, 1741, petit in-8°, 3 vol. rel.*

3621. — DEVIC (L. MARCEL). — Le pays des Zendjs, ou la côte orientale d'Afrique au Moyen-Age.

Géographie, mœurs, productions, animaux légendaires, d'après les écrivains arabes. — PARIS, *Hachette et Cie, 1883, in-8° br.*

5. — Histoire des îles d'Afrique

3622. — PARTEY (G.) — De Philis insulâ eiusque monumentis commentatio. Accedunt duæ tabulæ æri incis. — BEROLINI, *Fr. Nicolai, 1830, in-8° rel.*

3623. — SAINT-VINCENT (J.-B.-G.-M. BORY DE). — Essai sur les îles Fortunées et l'antique Atlantide, ou précis de l'histoire générale de l'archipel des Canaries. — PARIS, *Baudouin, germinal, an XI, in-4° br.*

3624. — NOTES sur les travaux du port de Saint-Pierre, par un créole de l'île de la Réunion. — SAINT-CLOUD, *Veuve Belin, 1862, gd in-4° br.* (Planches).

3625. — CARAYON (L.). — Histoire de l'établissement français de Madagascar pendant la Restauration. — PARIS, *Gide, 1845, in-8°.*

LES DEUX AMÉRIQUES

1. — Histoire générale

3626. — LAET (Joannis de). — Americæ utriusque descriptis. Novvs orbis seu descriptionis Indiæ occidentalis Libri XVIII. — Lvgd. Batavorum, *apud Elzevirios, 1633.* Cartes, *in-f° rel.*

3627. — D°. — Histoire du Nouveau-Monde, ou description des Indes occidentales, contenant 18 livres. — Leyde, *Bonaventure et Abraham Elseviers, 1640, in-f° parch.*

3628. — TOURON (Le R. P. A.) — Histoire générale de l'Amérique, depuis sa découverte, qui comprend l'histoire naturelle, ecclésiastique, militaire, morale et civile des contrées de cette grande partie du monde. — Paris, *J.-T. Hérissant, 1768, in-12, 4 vol. rel.*

3629. — ROBERSTON (M.). — L'histoire de l'Amérique. Traduite de l'anglais par *Suard* et *Jansen.* — Paris, *Panckoucke, 1778, in-4° rel.*

3630. — D°. — La même. Seconde édit. — Paris, *Pissot, 1780, in-12, 4 vol. rel.*

3631. — D°. — Histoire de la découverte et de la conquête de l'Amérique ; édition nouvelle adaptée à l'usage de la jeunesse, par M. l'abbé Millault. — Paris, *Plon frères, 1850, in-8° rel.*

3632. — AMÉRIQUE SEPTENTRIONALE ET MÉRIDIONALE (L'), ou description de cette grande partie du monde, comprenant l'Amériqne russe, la Nouvelle-Bretagne, la baie d'Hudson, etc., etc.

Avec un précis de la découverte, de la conquête et de l'origine des anciens peuples, etc., etc. Tiré et trad. des historiens et des voyageurs français et étrangers, mis en ordre par une Société de géographes et d'hommes de lettres (fig.) — Paris, *Ledoux, 1835, g^d in-8°.*

3633. — PRADT (de). — Des colonies et de la révolution actuelle de l'Amérique. — P r *Béchet, février 1817, in-8°, 2 vol.*

3634. — D°. — Des trois derniers mois de l'Amérique méridionale et du Brésil, suivis des personnalités et incivilités de la *Quotidienne* et du *Journal des Débats,* 2ᵉ édit. — Paris, *Béchet, août 1817, in-8°.*

3635. — FAUCHAT. — Observations sur les ouvrages de M. de Pradt intitulés : Des colonies, etc. et des trois derniers mois, etc. — Paris, *E. Gide, 1817, in-8°.*

3636. — NOEL (S. B. J.) — L'Amérique espagnole, ou lettres civiques à M. de Pradt. — Paris, *E. Gide, 1817, novembre, in-8°.*

3637. — PRADT (de). — Les six derniers mois de l'Amérique et du Brésil, faisant suite aux ouvrages du même auteur sur les colonies. — Paris, *Béchet, février 1818, in-8°.*

3638. — D°. — L'Europe et l'Amérique, depuis le congrès d'Aix-la-Chapelle. — Paris, *Béchet, 1821, in-8°, 2 vol. cart.*

2. — Amérique septentrionale

A. — Canada

3639. — JUCHEREAU DE SAINT-IGNACE (La Sœur). — Histoire de l'Hôtel-Dieu de Québec. — Montauban, *Jérosme Légier (s. d.), privilège registré en 1751, in-12 rel.*

B. — Etats-Unis, y compris la Floride et la Louisiane

3640. — GELONE (F. D.) — Manuel-guide des voyageurs aux Etats-Unis de l'Amérique du Nord. — Paris, *Pillet, 1818, in-8° br.*

3641. — LABOULAYE (Edouard). — Histoire des Etats-Unis, 4° éd. — Paris, *Charpentier et Cie, 1870, in-8°, 4 vol. br.*

3642. — MAZZEI. — Recherches historiques et politiques sur les Etats-Unis de l'Amérique septentrionale, où l'on traite des établissements de treize colonies, etc.

Par un citoyen de Virginie (Mazzei). Avec quatre lettres d'un bourgeois de New-Heaven sur l'unité de la législation (Condorcet). — Colle, *et se trouve à* Paris, *chez Froullé, 1788, in-8°. 4 parties en 3 vol. rel.*

3643. — CRÈVECŒUR (J. H. Saint-John). — Lettres d'un cultivateur américain, écrites à W. S. Ecuyer, depuis l'année 1770 jusqu'en 1781.

Traduites de l'anglais par l'auteur et publiées par Lacretelle ainé. — Paris, *Cuchet, 1784, in-8°, 2 vol. cart.*

3644. — VERGENNES (M.-C. Gravier Cᵗᵉ de). — Mémoire historique et politique sur la Louisiane. Portrait. — Paris, *Lepetit, an X (1802), in-8° rel.*

3645. — MILFORT (Le Gᵃˡ). — Mémoire ou coup d'œil rapide sur mes différents voyages et mon séjour dans la nation de Crëck. — Paris, *Giguet et Michaud, an XI (1802), in-8° rel.*

3646. — KALMS. — Histoire naturelle et politique de la Pensylvanie et de l'établissement des Quakers dans cette contrée. Trad. de l'allemand par de Surgy. Carte. — Paris, *Ganeau, 1768, in-12 cart.*

3647. — MARSILLAC (J.) — La vie de Guillaume Penn, fondateur de la Pensylvanie, premier législateur connu des Etats-Unis de l'Amérique. — Paris, *Imp. du cercle social, 1791, in-8°, 2 vol. br.*

3648. — BELLOT DES MINIÈRES (Ernest). — La question américaine, suivie d'un appendice sur le coton, le tabac et le commerce général des anciens Etats-Unis, 2ᵉ édit. — Paris, *Dentu, 1861, in-4°.*

3649. — LA RÉVOLUTION américaine dévoilée. — Paris, *E. Dentu, 1861, in-8° br.*

3650. — ÉTATS CONFÉDÉRÉS d'Amérique, visités en 1863. Mémoire adressé à S. M. Napoléon III. — Paris, *d°, 1864, d°.*

3651. — MESSAGE du président Jefferson Davis au Sénat et à la Chambre des Etats confédérés, le 7 décembre 1863. — Paris, *Dubuisson et Cⁱᵉ, 1864, in-8° br.*

3652. — VEGA (Garcilasso de la). — Histoire de la conquête de la Floride, ou relation de ce qui s'est passé dans la découverte de ce pays, par Ferdinand de Soto, composée en espagnol par l'Inca... Traduite en français par P. Richelet. — Paris, *G. Nyon, 1709, in-12.*

3653. — BOUQUET (H.) — Relation historique de l'expédition contre les Indiens de l'Ohio en 1774, commandée par le chevalier Henry Bouquet, Colonel d'infanterie, etc., enrichie de cartes et taille-douces. Trad. de l'anglais par C. G. F. Dumas. — Amsterdam, *M. M. Rey, 1779, in-8° rel.*

3654. — DESLANDES (Chⁱᵉʳ). — Discours sur la grandeur et l'importance de la Révolution qui vient de s'opérer dans l'Amérique septentrionale, sujet proposé par l'Académie des jeux floraux. — Francfort et Paris, *Durand, 1785, in-8° br.*

3655. — SCHEFFER (Arnold). — Histoire des Etats-Unis de l'Amérique septentrionale. — Paris, *Raymond, 1825, in-12 cart.*

3656. — DE KÉRATRY (Le Cte). — L'élévation et la chute de l'empereur Maximilien, par le Cte de Kératry. Précédée d'une préface de Prévost-Paradol, de l'Académie française, 4e édition. — PARIS, *Librairie internationale, 1868, in-8° br.*

3657. — LABOULAYE (EDOUARD). — Histoire des Etats-Unis par Edouard Laboulaye, membre de l'Institut, professeur de législation comparée au collège de France, 4e édit. — PARIS, *Charpentier et Cie, libraires éditeurs, 1870, 3 vol. petit in-8° br.*

3658. — BALCH (THOMAS). — Les Français en Amérique pendant la guerre de l'Indépendance des Etats-Unis, 1777-1783. — PARIS, *Santon;* PHILADELPHIE, *Lippincot;* LEIPZIG, *Brockau; 1872, in-8°.*

3659. — MARGRY (PIERRE). — Mémoires et documents pour servir à l'histoire des origines françaises des pays d'Outre-mer.

Découvertes et établissements des Français dans l'Ouest et dans le sud de l'Amérique septentrionale. — PARIS, *Maisonneuve frères et Ch. Leclerc, 1879-1887, 6 vol., dont 3 reliés.*

3660. — JOUBERT (LÉO). — Washington et la formation de la République des Etats-Unis d'Amérique, orné de 40 grav. — PARIS, *F. Didot et Cie, 1888, in-8° br.*

3661. — QUESTION ANGLO-AMÉRICAINE. — Les Etats-Unis et l'Angleterre au sujet de l'Amérique centrale et du traité Clayton. — BULWER, *in-8° br.*

C. — *Mexique et Californie*

3662. — LENOIR (ALEX.) — Antiquités mexicaines. Relation des trois expéditions du capitaine Dupaix, — PARIS, *J. Didot, 1834-36, in-f° 2 vol. rel.*

3663. — SOLIS (Dom ANTOINE DE). — Histoire de la conqueste du Mexique ou de la Nouvelle-Espagne, par Fernand Cortez, trad. de l'espagnol, par l'auteur du Triumvirat, de Broc, Sr de Citry et de Guette, 5e édit. — PARIS, *Cie des Libraires, 1730, in-12, 2 vol. rel.*

3664. — PRESCOTT (WILLIAM H.) — Histoire de la conquête du Mexique, avec un tableau préliminaire de l'ancienne civilisation mexicaine et la vie de Fernand Cortès. Publiée en français par Amédée Pichot. — PARIS, *F. Didot frères, 1846, in-8°, 3 vol.*

3665. — MONGLAVE (Eugène de). — Résumé de l'histoire du Mexique. — Paris, *Lecointe et Durey, 1826, in-18 br.*

3666. — QUIN (M. J.) — Mémoires autographes de Don Augustin Iturbide, ex-Empereur du Mexique, contenant le détail des principaux événements de sa vie publique, avec une préface et des pièces justificatives. Trad. de l'anglais par I.-T. Parisot. — Paris, *Bossange frères, 1824, in· 8° cart.*

3667. — ARCHIVES de la commission scientifique du Mexique, publiées sous les auspices du ministère de l'Instruction publique. — Paris, *Imp. impériale, 1864-65-66-67-68-69, in-8°, 9 liv. br.*

2668. — LOSA (François), curé de l'église de Mexico. — La vie du Bien-hevrevx Grégoire Lopez. De la traduction de M. Arnauld d'Andilly, sur l'exemplaire imprimé à Madrid en 1658. — Paris, *Pierre Le Petit, 1674, in-12 rel.*

3669. — BURRIEL (André Marc). — Histoire naturelle et civile de Californie, contenant une description exacte de ce pays, de son sol, de ses montagnes, etc. Cartes. Trad. de l'anglais par Michel Venegas. — Paris, *Durand. 1767, in-12, 3 vol. rel.*

3. — Iles Antilles

3670. — EDWARDS (Bryan). — Histoire de l'île Saint-Domingue, extraite de l'histoire civile et commerciale des Antilles, et continuée jusqu'aux derniers événements. Contenant de nombreux détails sur ce qui s'est passé dans cette importante colonie, pendant la Révolution.

Trad. de l'anglais, par J.-B.-J. Breton. Cartes. — Paris, *G. Dufour,* et Amsterdam, *chez le même, an XI (1802), in-12 rel.*

3671. — AUBERTEUIL (Hilliard d'). — Considérations sur l'état présent de la colonie française de Saint-Domingue. Ouvrage politique et législatif, présenté au Ministre de la marine par M. Hilliard d'Auberteuil. — Paris; *Grangé, 1776, in-8° 2 vol. rel.*

3672. — BELLIN (J.-M.) — Description géographique des Isles Antilles possédées par les Anglais, sçavoir :

La Jamaïque, la Barbade, Antigue, Monserrat, Saint-Christophe, Nièves etc. Cartes. — Paris, *Didot, 1768, in-4°, br.*

3673. — GAZETTE DES PETITES ANTILLES ou l'Observateur américain. — La Dominique, *Ch. Dunn* (s. d.), *in-4°.* Le 1er vol. seulement, contenant depuis le 5 de juillet 1774, jusqu'au 27 juin 1775.

3674. — LACROIX (Pamphile de). — Mémoires pour servir à l'histoire de la Révolution de Saint-Domingue. — Paris, *1819, Pillet aîné, in-8°, 2 vol. rel.*

3675. — BOYER-PEYRELEAU. — Les Antilles françaises, particulièrement la Guadeloupe, depuis leur découverte jusqu'au 1er janvier 1823. — Paris, *Brissot-Thivars, 1823, in-8°, 3 vol. br.*

3676. — DANEY (Sydney). — Histoire de la Martinique, depuis la colonisation jusqu'en 1815. — Fort-Royal, *E. Ruelle, 1846, in-8°, 6 vol. rel.*

3677. — ALAUX (Gustave d'). — L'Empereur Soulouque et son Empire. — Paris, *M. Lévy frères, 1856, in-8° br.*

*(Voir, au Catalogue des Sciences et Arts, chapitre des Colonies,
les autres ouvrages concernant les Antilles. la Guyane, etc.)*

4. — Amérique méridionale

A. — *Brésil et Guyane*

3678. — TAUNAY (M.-H.), et DENIS (M.-F.) — Le Brésil ou histoire, mœurs, usages et coutumes des habitants de ce royaume, fig. — Paris, *Nepveu, 1822, in-18, 6 vol.*

3679. — EXPILLY (Charles). — La traite, l'émigration et la colonisation au Brésil. — Paris, *A. Lacroix, 1865, in-8°.*

3680. — AVEZAC (M. d'.) — Considérations géographiques sur l'histoire du Brésil ; examen critique d'une nouvelle histoire générale du Brésil, publiée en portugais par M.-F.-A. de Varuhagen. — Paris, *L. Martinet, 1857, in-8°* (Pl.)

3681. — BELLIN (J.-N.) — Description géographique de la Guyane, cart. pl. et fig. — Paris, *Stoupe, 1763, in-4° rel.*

3682. — LESCALLIER (D.) — Exposé des moyens de mettre en valeur et d'administrer la Guyane. Cart. Nlle édit. — Paris, *Dupont, an VII, in-8°.*

3683. — GALARD-TARRAUBE (Le Vte). — Tableau de Cayenne ou de la Guyane française. — Paris, *an VII, veuve Tillard et fils, in-8°.*

3684. — DENIS (F.) — La Guyane, ou histoire, mœurs, usages et costumes des habitants, 16 grav. — Paris, *Nepveu, 1823, in-18, 2 vol.*

3685. — NOUVION (Victor de). — Extraits des auteurs et voyageurs qui ont écrit sur la Guyane, etc. — Paris, *Bett et Plon, 1844, in-8°*.

B. — Guatemala, Colombie, Pérou, Chili, Paraguay, etc.

3686. — DENIS (F.). — Résumé de l'histoire de Buenos-Ayres, du Paraguay et des provinces de la Plata, suivi du Résumé de l'histoire du Chili, avec des Notes. — Paris, *Lecointe et Durey, 1827, in-18*.

3687. — ZARATE (Augustin de). — Histoire de la découverte et de la conquête du Pérou. Trad. de l'espagnol, par de Broë, sieur de Citry et de la Guette. — Paris, *1742, port. et cartes, in-12, 2 vol. rel.*

3688. — D°. — La même. — Paris, *1874, d°, d°, d°*.

3689. — D°. — La même. — *Imp. aux frais du Gouvernement, août 1830, in-8°, 2 vol. cart.*

3690. — GARCILLASSO DE LA VEGA. — Histoire des Incas, rois du Pérou. — Paris, *imprimé aux frais du Gouvernement, août 1830, in-8°, 3 vol. cart.*

3691. — D°. — Histoire des guerres civiles des Espagnols dans les Indes, — Paris, *imprimé aux frais du Gouvernement, d°, 4 vol. cart.*

3692. — RADIGUET (Max). — Souvenirs de l'Amérique espagnole. — — Paris, *M. Lévy, 1856, grand in-18*.

3693. — ALMANAK NACIONAL para el Estado de Chile. En el ano bisiesto de 1824. — *Imprenta national, s. d., in-18 rel.*

3694. — CHARLEVOIX (Le P. Pre Fois Xavier de). — Histoire du Paraguay. — Paris, *Desaint et autres, 1757, in-12, 6 vol. rel.*

3695. — MURATORI (L.-A.). — Relation des missions du Paraguay. — Trad. de l'italien. — Paris, *Bordelet, 1754, in-12 rel.*

3696. — DEMERSAY (L. Alfred). — Histoire physique, économique et politique du Paraguay et des établissements des Jésuistes. — Paris, *L. Hachette et Cie, 1860, in-8°, 2 vol.* avec atlas *in-4°*.

3697. — GUMILLA (Le P. Joseph). — Histoire naturelle, civile et géographique de l'Orénoque et des principales rivières qui s'y jettent.

Dans laquelle on traite du gouvernement, des usages et des coutumes des Indiens qui l'habitent, etc. Trad. de l'espagnol par Eidous. — AVIGNON et se vend à PARIS, *chez Desaint et Saillant, 1758, in-12,* 3 vol. rel.

3698. — PONCEL (BENJAMIN). — Les ôtages de Durazno. Souvenirs de Rio de la Plata pendant l'intervention anglo-française de 1845 à 1851. — PARIS, *Achille Faure;* MARSEILLE, *Camoin, 1864, in-8° br.*

3699. — RADIGUET (MAX). — Souvenirs de l'Amérique espagnole. — PARIS, *M. Lévy, 1856, in-8° rel.*

3700. — WIENER (CH.). — Chili et Chiliens. — PARIS, *L. Cerf, 1888, in-8° br.*

OCÉANIE

3701. — JARDIN (E.). — Notice sur l'archipel de Mendana ou des Marquises, 1853-54. — CHERBOURG, *1855, in-8° br.*

3702. — RADIGUET (MAX). — Les derniers sauvages. Souvenirs de l'occupation françaises aux îles Marquises, 1842-1849. — PARIS, *L. Hachettu et Cᵗᵉ, s. d., petit in-8° rel.*

3703. — LESSON (Le Dʳ A.). — Les Polynésiens. Leur origine, leurs migrations, leur langage. Ouvrage rédigé d'après le manuscrit de l'auteur, par Ludovic Martinet. — PARIS, *E. Leroux, 1880, gᵈ in-8°,* 4 vol br.

3704. — CUZENT (GILBERT), Pharmacien de la marine, en retraite. — Souvenirs de l'Océanie. — Archipels des îles Marquises, des îles Pomotu, des îles de la Société, des îles Gambier. — BREST, *L. Evain-Roger, 1885, in-8° br.*

3705. — Dᵒ. — O'Taïti (Tahiti). — PARIS, *V. Masson, 1860, in-8° br.*

3706. — HALLIGON (Contre-amiral J.) — Six mois à travers l'Océanie. Souvenirs d'un officier de la corvette l'*Ariane.* — BREST, *A. Dumont, 1889, in-8° br.*

3707. — FORNANDER (ABRAHAM). — An account of the Polynesian race, its origin and migrations. — LONDON, *Trübner, 1878, in-8° rel.*

VI. — PARALIPOMÈNES HISTORIQUES

———•≫✶≪•———

1. — Histoire de la Chevalerie et de la Noblesse. — Ordres militaires, civils et religieux

(Voir, pour les ordres militaires et religieux, la première partie de ce Catalogue, p. 89).

a. — *Histoire de la Chevalerie*

3708. — LA CURNE DE Sᵗᵉ-PALAYE (M. DE). — Mémoires sur l'ancienne Chevalerie, considérée comme établissement politique et militaire. Nouvelle édition. — PARIS, *Veuve Duchesne, 1781, in-12, 3 vol. rel.*

3709. — FAVYN (ANDRÉ). — Le Théâtre d'honneur et de la chevalerie, ou histoire des ordres militaires, des Rois, Princes de la chrétienté et leur généalogie, de l'institution des armes et blasons, rois, hérauts et poursuivants d'armes, duels, tournois, etc., flg. — PARIS, *R. Fouet, 1620, in-4°, 2 vol. rel.*

3710. — SAINT-MAURICE (CH. R. E. DE). — Histoire de la Légion d'honneur, 2ᵉ édition. — PARIS, *A. J. Denain, 1833, in-8°.* (Grav.)

3711. — LIEVYNS, VERDOT et BÉGAT. — Fastes de la Légion d'honneur, biographie de tous les décorés, accompagnée de l'histoire législative et réglementaire de l'ordre, 2ᵉ édition. — PARIS, *1843, gᵈ in-8°,* 2 tomes en un vol rel.

3712. — LÉGION-D'HONNEUR. — Compte-rendu par le Grand Chancelier de l'Ordre de la Légion d'honneur des recettes et dépenses de l'Ordre et Budgets, pour 1820-21-22-23. — *Imprimerie royale, in-4°.*

3713. — COMBAT de Trente Bretons contre Trente Anglais. — PARIS, *Crapelet, 1835, in-4°.*

3714. — Dᵒ, dᵒ. — D'après les documents originaux des xivᵉ et xvᵉ siècles, suivi de la biographie et des armes des combattants, par M. Pol. de Courcy, Correspondant du Ministère de l'Instruction publique pour les travaux historiques. — SAINT-PÔL-DE-LÉON, *chez l'auteur, 1857, in-4° br.*

3715. — MONTAGNAC (Elisée de). — Histoire des Chevaliers hospitaliers de Saint-Jean de Jérusalem, appelés depuis Chevaliers de Rhodes et aujourd'hui Chevaliers de Malte. — Paris, *Aubry, 1863, in-8°.*

3716. — DU BOURG (M. A.), Ordre de Malte. — Histoire du Grand Prieuré de Toulouse et des diverses possessions de l'Ordre de St-Jean de Jérusalem dans le S. O. de la France, Languedoc, Pays de Foix, de Comminges, de Béarn, Gascogne, Guyenne, Périgord, Quercy, Albigeois, Rouergue. Avec les pièces justificatives et les catalogues des Commandeurs. — Paris, Toulouse, *Sistac et Boubée, 1883, in-8°.*

3717. — VAYSSIÈRE (A.) — L'Ordre de Saint-Jean de Jérusalem ou de Malte, en Limousin et dans l'Ancien diocèse de Limoges. — Tulle, *Crauffon;* Limoges, *Ducourtieux, 1884, g^d in-8°.*

3718. — VERTOR (l'Abbé de). — Histoire des Chevaliers hospitaliers de Saint-Jean de Jérusalem, appelés depuis Chevaliers de Rhodes et aujourd'hui Chevaliers de Malthe. Nouvelle édition, augmentée des Statuts de l'Ordre et des noms des Chevaliers. — Paris, *Quillau, 1753, tome 7°, in-8°.*

3719. — MANNIER (E.), Ordre de Malte. — Les Commanderies du Grand-Prieuré de France, d'après les documents inédits conservés aux archives nationales à Paris. — Paris, *Aubry ou Dumoulin, 1872, g^d in-8°.*

3720. — MONTAGNAC (de). — Chevaliers de Malte et de Saint-Jean de Jérusalem. Organisation contemporaine. Liste générale. — Paris, *Bachelin-Deflorenne, 1874, in-8°.*

3721. — NIEPCE (Léopold). — Le Grand Prieuré d'Auvergne, Ordre des Hospitaliers de Saint-Jean de Jérusalem. — Lyon, *H. Georg., 1883, g^d in-8°.*

3722. — MESLIN. — Mémoires historiques concernant l'Ordre royal et militaire de Saint-Louis et l'institution du Mérite militaire. — Paris, *Imprimerie royale, 1785, g^d in-8°.*

3723. — MAZAS (Alex.) — Histoire de l'Ordre royal et militaire de Saint-Louis, depuis son institution en 1693, jusqu'en 1830, terminée par Th. Anne. — Paris, *F. Didot ou Dentu, 1861, 3 vol, in-8°.*

3724. — CARNÉ (Gaston de). [Les Chevaliers bretons de Saint-Michel, depuis la fondation de l'Ordre en 1469, jusqu'à l'ordonnance de 1665, notices recueillies par le comte d'Hozier, publiées avec une préface et des notes par]. — Nantes, *Forest et Grimaud, 1884, in-8°.*

3725. — THURIER (Ch.) et BAILLE (Ch.) — La Chevalerie de Saint-Georges en Franche-Comté, suivie du rôle politique et militaire de la Chevalerie de Saint Georges.— POLIGNY, *Mareschal, 1878, in-8°*.

3726. — SAINT-FOIX (DE). — Histoire de l'ordre du Saint-Esprit. — PARIS, *Veuve Duchesne, 1766, in-8° rel.*

3727. — ORDRES ÉQUESTRES. — Documents sur les Ordres du Temple et de Saint-Jean de Jérusalem en Rouergue, suivis d'une note historique sur la Légion d'honneur et du Tableau raisonné de ces membres dans le même pays. — RODEZ, *Ratery, 1861, in-8°.*

3728. — TEMPLIERS (DES), en Bigorre. — A propos des Crânes de Gavarnie, attribués aux Chevaliers de cet ordre. La 1re page manque.

b. — *Histoire de la Noblesse ; Art du blason ;*
Histoire héraldique

3729. — THIERRIAT (FLORENTIN DE). — Trois traités, savoir : 1° De la noblesse de race ; 2° De la noblesse civile ; 3° Des immunités des Ignobles, — èsquels toutes les questions touchant les exemptions, immunités et autres droits des Nobles et Ignobles sont rédigées en un bel ordre et décidées par la conférence du droit civil romain, etc. — PARIS, *L. Braneau, 1606, petit in-8° cart.*

3730. — MAROIS (F.-C.) — Triomphe de la vraie noblesse. — TROYES, *J. Jacquart, 1630, petit in-8° cart.*

3731. — LA ROQUE (DE). — Traité du ban et de l'arrière-ban, de son origine et de ses convocations anciennes et nouvelles, avec plusieurs anciens rolles tirez des archives publiques, où sont les noms et qualitez des princes, seigneurs, gentilshommes et autres qui se sont trouvés dans les convocations qui en ont été faites. — PARIS, *M. Lepetit, 1676, in-12.*

3732. — D°. — Autre exemplaire, même année.

3733. — BOULAINVILLIERS (Le Cte DE). — Essai sur la noblesse de France contenant une dissertation sur son origine et abaissement, avec des notes historiques, critiques et politiques ;

Un projet de dissertation sur les premiers français et leurs colonies, et un supplément aux notes par forme de dictionnaire pour la noblesse. — AMSTERDAM, *1732 (s. n. d'imp.), in-8°.*

3734. — D°. — Autre exemplaire, même édition.

3735. — D°. — Autre exemplaire, même édition.

3736. — ARCQ (Le Chevalier _D'). — La noblesse militaire ou le patriote français, la noblesse commerçante et la noblesse oisive. — *1756, in-12 relié.*

3737. — GIRAUD. — Histoire de l'esprit révolutionnaire des nobles en France, sous les soixante-huit rois de la monarchie. — Paris, *Baudouin, 1818, in-8°, 2 vol. rel.* (2 exempl.)

3737 bis. — LAIGNE (A.-L. DE). — Les familles françaises considérées sous le rapport de leurs prérogatives honorifiques et héréditaires, ou recherches historiques sur l'origine de la noblesse, les divers moyens dont elle pouvait être acquise en France, l'institution des majorats, et l'établissement des ordres de chevalerie, de la Légion d'honneur et des noms et armoiries. — Paris, *Imprimerie royale, 1815, in-8°.*

3738. — RÉFUTATION de l'écrit intitulé : Histoire de l'esprit révolutionnaire des Nobles en France, accompagnée de réflexions sur certains faits contestés de l'histoire de France et sur certaines maximes dangereuses de la philosophie moderne, par M. de ***. — Paris, *Le Normand, 1819, in-8° br.*

3739. — ROGER (P.) — La noblesse de France aux Croisades. — Paris, *Derache Dumoulin, 1845, in-4°.*

3740. — VINKENHOEF (COHEN DE). — La noblesse de France. Histoire, mœurs, institutions. — Paris, *Dumoulin, 1855, in-8°.*

3741. — BARTHÉLEMY (ED. DE). — De la noblesse au 19e siècle et du rétablissement des dispositions pénales applicables à l'usurpation des titres. — Paris, *E. Dentu, 1857, in-8°.*

3742. — LA GRANGE (Mᶦˢ DE). — De la noblesse comme institution impériale. — Paris, *Dentu, 1857, in-8°.*

3743. — GIRARD (M. J.) — Des titres de noblesse et des noms nobiliaires. — Paris, *E. Dentu, 1857, in-8° de 36 p.*

3744. — CROUY-CHANEL (Auguste de Hongrie, prince DE). — La noblesse et les titres nobiliaires dans les Sociétés chrétiennes. — Paris, *E. Dentu, 1857, in-8° de 53 p.*

3745. — CHASSANT (Alp). — Les nobles et les vilains du temps passé, ou Recherches critiques sur la noblesse et les usurpations nobiliaires. — Paris, *Aubry*, *1857, in-8°.*

3746. — D°. — Nobiliana. Curiosités nobiliaires et héraldiques. Suite du livre intitulé : Les nobles et les vilains. — Paris, *A. Aubry, 1857, in-8°.*

3747. — TOURTOULON (Ch. de). — De la noblesse dans ses rapports avec nos mœurs et nos institutions. — Paris, *A. Aubry, 1857, in-8°.*

3748. — BARTHÉLEMY (Ed. de). — La noblesse en France, avant et depuis 1789. — Paris, *Librairie nouvelle, 1858, in-8°.*

3749. — ESTAINTOT (le Vte Robert d'). — Des usurpations de titres nobiliaires au double point de vue de l'histoire et du droit pénal. — Paris, *E. Dentu, 1858, in-8°.*

3750. — COURCY (Pol de). — De la noblesse et de l'application de la loi contre les usurpations nobiliaires. — Paris, *Aug. Aubry, 1859, in-8°.*

3751. — SÉMAINVILLE (Cte P. de). — Code de la noblesse française ou Précis de la législation sur les titres, épithètes, noms, particules nobiliaires et honorifiques, les armoiries, etc. — Paris, *Principaux libraires, 1860, in-8°.*

3752. — RECUEIL des statuts, décrets, ordonnances et avis relatifs aux titres nobiliaires et au conseil du sceau des titres, publié par ordre de S. E. le Garde des sceaux, ministre de la justice, président du conseil du sceau des titres. — Paris, *Imprimerie impériale, 1860, in-8°.*

353. — NEYREMAND (de). — De la noblesse graduelle. (Extrait de la petite gazette des tribunaux criminels et correctionnels de l'Alsace). — Paris, *Durand;* Colmar, *Hossman, 1860, pl. in-8°, 18 pp.*

3754. — CHERGÉ (Ch. de). — Lettres d'un paysan gentilhomme sur la loi du 28 mai 1858 et le décret du 8 janvier 1859, relatifs aux noms et titres nobiliaires. — Poitiers, *A. Dupré, 1860, in-8°.*

3755. — SAINT-LAURENT (H. Grimouart de). — Questions sur la noblesse et aperçus historiques sur la noblesse de la Vendée. — Nantes, *V. Forest, 1860, pl. in-8° de 68 p.*

3756. — RÉORGANISATION de la noblesse. — Paris, *E. Dentu, 1862, in-8° de 36 p.*

3757. — BATZIN (N.) — Histoire complète de la Noblesse de France, depuis 1789 jusque 'vers l'an 1862, suivie de considérations sur la grandeur de la Noblesse, sa situation actuelle et l'influence morale qu'elle exerce sur les autres classes de la société. — PARIS, *Dentu ;* BRUXELLES, *C. Muquart, 1862, in-8°.*

3758. — BEAUNE (HENRI). — Des distinctions honorifiques et de la particule. — PARIS, *R. Mussat, 1862, in-8°.*

3759. — BEAUTEMPS-DEAUPRÉ (M.-C.) — Du droit des propriétaires de fief d'ajouter le nom de leur fief à leur nom patronymique. — PARIS, *Aug. Durand, 1863, in-8° de 17 p.*

3760. — ESTAINTOT (Vᵗᵉ ROBERT D'). — Des titres de l'ancienne noblesse (Extrait du héraut d'armes). — PARIS, *A. Aubry, 1864, in-12 de 36 p.*

3761. — BISTON (P.). — De la fausse noblesse en France. — PARIS, *A. Aubry, 1864, in-8°.*

3762. — TOURTOULON (CH. DE). — Du droit, de l'usage et de l'abus en fait de titres. (Extrait de la Revue nobiliaire, tome III). —PARIS, *Dumoulin, 1865, in-8° de 29 p.*

3763. — BLANCMESNIL (le Cᵗᵉ DELLEY DE) [Notice sur quelques anciens titres, suivie de considérations sur les Salles des Croisades au Musée de Versailles par le Cᵗᵉ]. — PARIS, *Delaroque aîné, 1866, in-8°.*

3764. — MAGNY (le Marquis de) [CLAUDE-DRIGON]. — De la répression des usurpations de noms et titres de noblesse. Jurisprudence nobiliaire. — PARIS, *Librairie du* Petit Journal ; TURIN, *frères Broca, 1869, in-8°*

3765. — DANGEAU. — La particule nobiliaire. — Grammaire. — Histoire. — Législation. — Civilités. — PARIS, *J. B. Dumoulin, 1870, in-8°.*

3766. — CHARTRIER FRANÇAIS (Le) ou Recueil de documents authentiques à l'usage de la Noblesse. — ORLÉANS, *Masson ;* PARIS, *Dumoulin,* *2ᵃ année 1868 ; 3ᵉ année 1869 ; 4ᵉ année 1870-71, 3 vol. in-8°.*

3767. — TOISON D'OR (Noblesse de contrebande par). — PARIS, *chez les marchands de livres curieux, 1883, in-8°.*

3768. — MODE (DU) d'hérédité des qualifications nobiliaires dans leur état actuel. —ORLÉANS, *H. Herluison, 1886, in-8° de 31 p.*

3769. — PARIS (LOUIS). — Collection de F. Fᵒⁱˢ D'HOZIER. — L'impôt du sang ou la Noblesse de France sur les champs de bataille. — PARIS, *Dumoulin, 1874, 6 tomes en 3 vol. in-8° br.*

3770. — TRÉVÉDY (J.). — Seigneurs nobles et Seigneurs roturiers. — NANTES, *1886, in-8° br.*, 24 p. p.

ART DU BLASON

3771. — DICTIONNAIRE héraldique, contenant tout ce qui a rapport à la science du blason, avec l'explication des termes, leurs étymologies et les exemples nécessaires pour leur intelligence, suivi des ordres de chevaliers dans le Royaume et de l'Ordre de Malthe, par M. G. D. L. T***, écuyer (Gastelier de la Tour). — PARIS, *Lacombe, 1774, p* in-8° rel.

3772. — D°. — Autre exemplaire (F. M.) Même édition.

3773. — ESCHAVANNES (JOUFFROY D'). — Dictionnaire de la noblesse et du blason, — PARIS, *Garnier frères, s. d., g* in-8° (fatigué).

3774. — SAINT-EPAIN (DE). — L'art de composer les livrées au milieu du 19ᵉ siècle, d'après les principes de la science héraldique, précédé d'une notice historique. — PARIS, *chez les principaux libraires, 1853, in-8° de 44 p.*

3775. — ARC (M. L. DOUET D'). — Un traité de blason au 15ᵉ siècle, précédé d'une introduction. — PARIS, *Leleux, 1858, pl. in-8° de 40 p.* (Extrait de la Revue archéologique, 15ᵉ année).

3776. — SICILLE. — Le blason des couleurs ; en armes, livrées et devises, publié et annoté par H. Cocheris. — PARIS, *A. Aubry, 1869, in-8°.*

3777. — VULSON DE LA COLOMBIÈRE. — La science héroïque traitant de la Noblesse, de l'origine des armes, etc. — PARIS, *Cramoisy, 1644, in-f° rel.* (pl.)

3778. — D°. — D°. — Recueil de plusieurs pièces d'armoiries, omises par les auteurs qui ont écrit jusqu'ici sur cette science, avec un discours des principes et fondements du blason, et une nouvelle méthode de connaître les métaux et couleurs sur la taille-douce. — PARIS, *M. Tavernier, 1639, p* in-f° parch.

3779. — DUPUY DEMPORTES (J. B.) — Traité historique et moral du blason, ouvrage rempli de recherches curieuses et instructives sur l'origine et les progrès de cet art. — PARIS, *C. A. Jombert, 1754, in-12 rel.*

3780. — MENESTRIER (le P.) — Nouvelle méthode raisonnée du blason ou de l'art héraldique, mise dans un meilleur ordre et augmentée de toutes les connaissances relatives à cette science, par M. L*** (fig.) — LYON, *P. Brys et Ponthous, 1770, p^t in-8° rel.*

3781. — D°. — Autre exemplaire, même édition.

3782. — GENOUILLAC (GOURDON DE). — Les mystères du blason, de la noblesse et de la féodalité. Curiosités, bizarreries et singularités. — PARIS, *Dentu, 1868, in-8°.*

3783. — ESCHAVANNES (JOUFFROY D'). — Traité complet de la science du blason, à l'usage des bibliophiles, archéologues, amateurs d'objets d'art et de curiosité, numismates, archivistes, etc. — PARIS, *E. Rouveyre, 1880, in-8°.*

3784. — MENESTRIER (C.-F.) — Nouvelle méthode raisonnée pour apprendre le blason d'une manière aisée, réduite en leçons par demandes el par réponses. La première page manque. — *In-8° rel.* (Maculé).

3785. — MAIGNE (W.) — Abrégé méthodique de la science des armoiries, suivi d'un glossaire des attributs héraldiques, d'un traité élémentaire des ordres de chevalerie et de notions sur les classes nobles, les anoblissements, l'origine des noms de famille, les preuves de noblesse, les titres, les usurpations et la législation nobiliaire. — PARIS, *Garnier frères, 1860, in-8°.*

3786. — SAILLY (DE). — De la classification des armoiries. Extrait des mémoires de la Société d'archéologie et d'histoire de la Moselle. — METZ, *Rousseau-Pallez, 1864, pl. in-8°, 29 p. p.*

HISTOIRE HÉRALDIQUE

ARMORIAUX, NOBILIAIRES, ETC.

Europe

3787. — BUFFIER (Le P.) — Introduction à l'histoire des Maisons Souveraines de l'Europe, avec un grand nombre de tables généalogiques. — PARIS, *A.-V. Coustelier, 1717, in-12, 3 vol. rel.*

3788. — RIETSTAP (J.-B.) — Armorial général, précédé d'un dictionnaire des termes du blason. — GOUDA, *Van Goor, 1885, 26 livraisons in-8°.*

3789. — C..... (Cte DE). — Cris de guerre et devises des Etats de l'Europe, des provinces et villes de France et des familles nobles de France, d'Angleterre, des Pays-Bas, d'Italie, de Belgique, etc., etc. — PARIS, *Simon Dautreville et Cie, 1852, in-8°.*

3790. — MAGNY (L. DE). — Le nobiliaire universel ou Recueil général des généalogies historiques et véridiques des Maisons nobles de l'Europe. — PARIS, *Secrétariat de l'Institut héraldique, 1854 et suivantes, 7 vol. in-4°.*

3791. — BOUTELL (M.-A. THE REV. CH.) — Heraldry historical and popular. Second edition, revised and enlarged. — LONDON, *Windsor and Newton, 1863, in-8°.*

3792. — AGHRIM (P. Comte ô KELLY D'). — Essai historique sur l'Irlande, contenant l'origine de toutes les familles nobles de ce pays et suivi de la chronologie historique de tous les rois qui ont gouverné l'Irlande depuis les premiers temps jusqu'à l'invasion des Anglais. — BRUXELLES, *B. Wiart, 1837, in-8°.*

3793. — FLAVIGNY (Vte DE). [Etat de la Compagnie écossaise des gardes-du-corps du roi, à Coblentz en 1791 et 1792, d'après un manuscrit du] publié par son petit-fils le vicomte Alfred de Flavigny. — PARIS, *Dumaine, Champion, 1879, in-8°.*

3794. — HARRIS (NICOLAS, esq.) — Rolls of arms of the Reigns of Henry III, and Edward III. — LONDON, *William Pickering, 1829, in-8°.*

3795. — DEBRETT (JOHN). — The peerage of the united Kingdom of great Britain and Ireland. — LONDON, *Angel Court, 1822, 2 vol. in-8°.*

3796. — LODGE (Esq. EDMUND). — The genealogy of the existing british peerage and baronetage, containing the family's histories of the nobility, under the gracious patronage of the queen's most excellent Majesty and of his royal highness the prince Consort and dedicated by permission to the her royal highness the duchess of Kent. — LONDON, *Hurst, and Blackett, 1859, in-8°.*

3797. — D°. — The peerage and baronetage of the british Empire as at present existing arranged and printed from the personal communications of the Nobility, under the gracious patronage of the Queen's Most excellent Majesty and of his royal highness the prince Consort and dedicaded by permission to her royal highness the duchess and Kent. — LONDON, *Hurt and Blackett, 1860, in-8°.*

3798. — DEBRETT'S ILLUSTRATED Baronetage and Knightage, of the united Kingdom of great britain and Ireland ander the immediate revision and correction of the Baronets and Knights. — LONDON, *1865, in-8°.*

3799. — BURKE (Sir BERNARD. C. B. LL. D.) — A genealogical and heraldic Dictionnary of the peerage and baronetage of the british empire. — LONDON, *Harrison, 1869, g*ᵈ *in-8°.*

3800. — TOURNON (Cᵗᵉ DE). — [Le livre d'or du Capitole, catalogue officiel de la Noblesse romaine annoté par le]. — PARIS, *Lecoffre ;* LYON, *Girard, 1864, in-8°.*

3801. — VIRIVILLE (VALET DE). — Armorial de France, Angleterre, Ecosse, Allemagne, Italie et autres puissances, composé vers 1450, par Gilles le Bouvier, dit Berry.

Texte complet publié pour la première fois d'après le manuscrit original, précédé d'une notice sur la vie et les ouvrages de l'auteur et accompagné de figures héraldiques, dessinées d'après les originaux. — PARIS, *Bachelin-Deflorenne, 1866, in-8°.*

France

3802. — HOZIER (D'). — Armorial général continué par le président d'Hozier et le Cᵗᵉ d'Hozier, 1ʳᵉ et 2ᵉ partie, 1 vol. — PARIS, *Lécureux.*

3803. — MAGNY (L. DE). — Le Nobiliaire universel de France. Recueil général des généalogies historiques des maisons nobles et titrées de la France. — PARIS, *Bibliothèque héraldique,* s. d. 1ᵉʳ volume de la 2ᵉ série, 1865.

3804. — Dᵒ. — Armorial de France. — PARIS, *aux Archives de la Noblesse, années 1874-75, 2 vol. in-8°.*

3805. — MILLEVILLE (HENRI J.-G. DE). — Armorial historique de la Noblesse de France, recueilli et rédigé par un Comité. — PARIS, *Amyot,* s. d., *g*ᵈ *in-8°.*

3806. — DOUET-D'ARCQ. — [Armorial de France de la fin du quatorzième siècle, publié d'après un manuscrit de la bibliothèque impériale et annoté par]. Extrait du Cabinet historique. — PARIS, *Dumoulin, 1861, in-8°.*

3807. — BARTHÉLEMY (Edouard de). — Armorial général des Registres de la Noblesse de France, résumé et précédé d'une Notice sur la famille d'Hozier, d'après des documents inédits. — Paris, *Dentu, 1867, in-8°.*

3808. — PARIS (Louis). — Indicateur du grand Armorial général de France. Recueil officiel dressé, en vertu de l'édit de 1696 (34 vol. de texte et 35 vol. d'armoiries), par Ch. d'Hozier, ou table alphabétique de tous les noms des personnes, villes, communautés et corporations dont les armoiries ont été portées, peintes et blasonnées aux registres inédits dont se compose l'Armorial général de France, etc. — Paris, *Mme Bachelin-Deflorenne, 1865, 2 vol. in-8°.*

3809. — GENOUILLAC (Gourdon de). — Recueil d'armoiries des maisons nobles de France. — Paris, *Dentu, 1860, in-8°.*

3810. — POPLIMONT (Ch.). — La France héraldique. — Saint-Germain, *Eug. Houtte et Cie, 1875. 8 vol. in-8°.*

3811. — SAINT-DENIS (Bonnesèrre de). — [Revue nobiliaire, héraldique et biographique, publiée par]. — Paris, *Dumoulin, 1862 et suiv., 18 vol. in-8°.*

3812. — GUIGARD (Joannis). — Bibliothèque héraldique de France. — Paris, *E. Dentu, 1861, in-8°.*

3813. — BIZEMONT (Le Cte Alf. de), directeur. — Le Héraut d'armes, revue illustrée de la Noblesse. — Paris, *1863-1877, 3 vol. in-8°.*

3814. — ORIGNY (Pierre d'). — Le Hérault de la Noblesse de France. (Extrait de la Revue historique, nobiliaire et biographique.) — Paris, *Dumoulin, 1875, in-8° de 39 p.*

3815. — GENOUILLAC (Gourdon de). — Dictionnaire des fiefs, seigneuries, chatellenies, etc., de l'ancienne France, contenant les noms des terres et ceux des familles qui les ont possédées, leur situation provinciale, les dates de possession, de transmission ou d'érection en terres titrées, etc. — Paris, *Dentu, 1862, in-8°.*

3816. — HAUTERIVE (M. Borel d'). — [Annuaire de la Noblesse de France et des Maisons souveraines de l'Europe, publié par]. — Paris, Santos, *Dentu, de 1844 à 1887, 43 vol. in-8°.*

3817. — BACHELIN-DEFLORENNE. — Etat présent de la Noblesse française, contenant le Dictionnaire de la Noblesse contemporaine et l'Armorial général de la France, d'après les manuscrits de Ch. d'Hozier, les noms, qualités et domiciles de plus de 60,000 nobles et un plus grand nombre de notices généalogiques avec blasons gravés. — PARIS, *Bachelin-Deflorenne, 1884*, 7 *fascicules in-8°*.

3818. — ANNUAIRE héraldique du *Triboulet* de 1880. — PARIS, *Ch. Blot*, s. d., *in-12*.

3819. — LA ROQUE (LOUIS DE) et ED. DE BARTHÉLEMY. — Catalogue des preuves de noblesse reçues par d'Hozier, pour les Ecoles militaires, 1653-1789. — PARIS, *Dentu, Aubry, 1867, pl. in-8° de 32 p.*

3820. — D°, d°. — Supplément au catalogue des familles titrées de France, sous le premier Empire, d'après les documents officiels, suivi de la liste des titres concédés depuis 1866. — PARIS, *Pillet, 1874, pl. in-8° de 31 p.*

3821. — D°, d°. — Catalogue des certificats de noblesse délivrés par Chérin, pour le service militaire, 1781-1789. — PARIS, *Dentu, Aubry, 1864, pl. in-8° de 35 p.*

3822. — D°, d°. — Catalogue des gentilshommes, en 1789, et des familles anoblies ou titrées depuis le premier Empire jusqu'à nos jours, 1806-1866, publiés d'après les documents officiels. — PARIS, *Dentu, Aubry, 1866, in-8°*, contenu dans les livraisons suivantes, savoir :

Picardie. — Alsace et comtat Venaissin. — Lorraine et Bar (double). — Anjou et Saumurois. — Maine, Perche, Thimerais. — Bourgogne, Bresse, Bugey, Valmorey, Dombes. — Franche-Comté. — Champagne. — Dauphiné. — Rouergue et Quercy. — Guienne, Agénois. — Béarn, Navarre et Gascogne. — Isle de France, Soissonnais, Valais, Vermandois (double). — Lyonnais, Forez, Beaujolais. — Languedoc, Généralités de Toulouse et Montpellier (double). — Roussillon, Foix, Comminges. — Auvergne et Rouergue. — Marche et Limousin. — Bourbonnais, Nivernais et Donziois. — Normandie (double). — Orléanais, Blaisois, Beauce, Vendomois. — Poitou. — Périgord, Aunis, Saintonge. — Provence, principauté d'Orange (2 ex.). — Tourraine et Berry. — Bretagne (assemblées de 1746-1764-1789). — Colonies.

3823. — LOUANDRE (CH.). — La Noblesse de France, sous l'ancienne Monarchie. — Ses origines. — Ses titres. — Ses privilèges. — Son rôle politique et social ; sa décadence. — PARIS, *Charpentier, 1886, in-8°*.

3824. — LA CHENAYE-DESBOIS (Aub. de). — Calendrier des Princes et de la Noblesse de France, contenant leur état actuel, par ordre alphabétique. Années 1762-63-64-65-66-67-69. — Paris, *Duchemin*, imprimé aux années précédentes, *8 vol. in-12 obl.* Le vol. de l'année 1763 est en double. Il contient en outre : 1° Traduction d'une relation faite en turc, par un effendi, de la dernière révolte de Constantinople. — Marseille, *veuve Boy, 1781.* — 2° Vert-Vert, ou le Voyage du Perroquet de Nevers. — Amsterdam, *1741.*

3825. — D°. — Etrennes de la Noblesse pour l'année 1771. — Paris, *de la Doué*, s. d., *in-12 obl.* Cet ouvrage fait suite à la Publication des Calendriers, du même auteur.

3826. — D°.— Etat de la Noblesse, année 1782, contenant l'état actuel de la Maison de Bourbon, etc., des chapitres nobles, etc., etc. — Paris, *Le Boucher, 1782, in-12, 3 vol.*

3827. — D°. — Etat de la Noblesse en 1763, pour servir de supplément à tous les ouvrages historiques, chronologiques, héraldiques et généalogiques, servant de suite à la collection des Etrennes à la Noblesse. — Paris, *Leboucher, Onfroy, Lamy, 1783, in-12 obl.*

3828. — ROUSSEL (de). — Etat militaire de France pour l'année 1788. — Paris, *Onfroy, 1788, in-16 obl.*

3829. — ALMANACH de la Noblesse pour 1810. — Paris, *Fain* (s. d.) *in-12.*

3830. — SAINT-ALLAIS (M. de). — Etat actuel de la Noblesse de France. — Paris, *chez l'auteur, 1816, in-12.*

3831. — ALMANACH de la Noblesse du royaume de France, pour l'année 1848, faisant suite aux étrennes à la Noblesse et à l'état de la Noblesse qu'a publiés de la Chenaye-Desbois. — Paris, *Aubert, 1848, in-12.*

3832. — PINARD. — Almanach de la Noblesse à Paris. — Paris, *chez l'auteur, 1866, in-12.*

3833. — ÉTRENNES à la Noblesse, ou état actuel des familles nobles de France pour l'année 1884. — Paris, *Richard et Cie* (s. d.), *in-8°.*

3834. — LA MÉGIE (Le Cte O. de Bessas de). — Légendaire de la Noblesse de France. Devises, cris de guerre, dictons, etc., des provinces, des villes et des familles nobles de la France, au nombre de plus de six mille. — Paris, *Librairie centrale, 1865, in-8°.*

3835. — LEBER (M.-C.) — Des cérémonies du sacre, ou recherches historiques et critiques sur les mœurs, les coutumes, les institutions et le droit public des Français dans l'ancienne monarchie. — PARIS, *Baudouin ;* RHEIMS, *Frémau fils, 1825, in-8°.*

3836. — CARNÉ (GASTON DE). — Les pages des écuries du roi. L'école des pages. — NANTES, *Vincent Forest et E. Grimaud, 1886, in-8°.*

3837. — BARTHÉLEMY (EDOUARD DE). — Les grands écuyers de la grande écurie de France, avant et depuis 1789. — PARIS, *Société des auteurs dramatiques, 1868, in-8°.*

3838. — SAINTE-COLOMBE (Le Cte DE). — Catalogue des émigrés français à Fribourg, en Suisse, de 1789 à 1798. — LYON, *Imprimerie générale, 1881, pl. in-8° de 39 p.*

3839. — GOURNERIE (EUG. DE LA). — Les débris de Quiberon, souvenir des désastres de 1795, suivi de la liste des victimes, rectifiée d'après les documents de la collection Hersart du Buron et tous autres titres contemporains et authentiques. — NANTES, *Libaros, 1875, in-8°.*

3840. — BELLEVAL (RENÉ DE). — Azincourt. — PARIS, *Dumoulin, 1865, in-8°.*

3841. — POLI (Vte DE). — Un régiment d'autrefois, Royal-Vaisseaux, 1638-1792. — PARIS, *Conseil héraldique de France, 1885, in-8°.*

3842. — TRÉZAN (DENIS DE). — Histoire et philosophie mêlées. — Des Croisades à propos du Musée de Versailles. — PARIS, *Aubry, 1866, in-8°.*

3843. — BARTHÉLEMY (EDOUARD DE). — Les ducs et les duchés français avant et après 1789. — PARIS, *Amiot, 1867, in-8°.*

3844. — CHAMBRE DES COMPTES DE PARIS. — Essais historiques et chronologiques. Privilèges et attributions nobiliaires et armorial.

1er fascicule : PARIS, *Clamcrot et Lauwereins, 1866.*

9e fascicule : PARIS, *Dumoulin, 1874, in-2.*

Anciennes provinces de France

ARTOIS, BOULONAIS, PICARDIE, CAMBRÉSIS, FLANDRE

3845. — HAUTERIVE (BOREL D'). — Armorial d'Artois et de Picardie. — PARIS, *Dentu, 1866, in-8°.*

3846. — NOBILIAIRE D'ARTOIS. Introduction. — S. n. d'auteur, ni lieu d'impr., sans date, *pl. in-8°, 50 p.*

3847. — BUSSY (LE Cte LE CLERC DE). — Notes historiques relatives aux offices et officiers du Conseil provincial d'Artois. — DOUAI, *Deregnaucourt, 1843, in-4°.*

3848. — TERNAS (Le Cier AMÉDÉE DE). — La chancellerie d'Artois, ses officiers et leur généalogie continuée jusqu'à nos jours. — ARRAS, *Sueur-Charruey, 1883, gd in-8°.*

3849. — GORGUE-ROSNY (L. E. DE LA). — Recherches généalogiques sur les comtés de Ponthieu, de Boulogne, de Guines et pays circonvoisins. — BOULOGNE-SUR-MER, *Leroy, 1875, 4 vol. in-8°.*

3850. — BELLEVAL (RENÉ DE). — Nobiliaire de Ponthieu et de Vimeu. — AMIENS, *Lemer, 1861, 2 vol. in-8°.*

3851. — BELLEVAL (Mis DE). — Nobiliaire de Ponthieu et de Vimeu. — PARIS, *Bachelin, 1876, in-4°.*

3852. — LOUVENCOURT (Le Cte A. DE). — Etat des fiefs, terres et seigneuries du comté et Sénéchaussée de Ponthieu, au commencement du 18e siècle. — AMIENS, *Delastre-Lenoel, 1881, in-8°.*

3853. — NOBILIAIRES généraux des provinces de France, ou Recueil des Jugements souverains de Noblesse, rendus par les Intendants et Commissaires départis dans les généralités du royaume, lors de la recherche générale des faux nobles, ordonnée par Louis XIV et continuée jusque sous le règne de Louis XV. — Picardie, généralité d'Amiens. — PARIS, *Béthune, 1829, in-8°.*

3854. — BUSSY (LE CLERC DE). — Bailliage d'Amiens. — Ban et arrière-ban. — Rôle des gentilshommes qui se sont offerts à servir personnellement le 11 octobre 1575, document inédit communiqué à la Société des Antiquaires de Picardie. — AMIENS, *Glorieux, 1874, pl. in-8° de 20 p.*

3855. — ROSNY (Eug. de). — Liste des personnes tenant fiefs nobles du baillage d'Amiens, qui contribuèrent à la rançon du roi François Ier, en 1529. — Amiens, *veuve Herment, 1858, pl. in-8° de 16 p.*

3856. — BELLEVAL (René de). — [Rôle des Nobles et Fieffés du bailliage d'Amiens, convoqués pour la guerre le 25 août 1337, publié pour la première fois avec un avant-propos, des notes et des éclaircissements, par]. — Amiens, *Lemer aîné, 1862, petit in-8°.*

3857. — BUSSY (Cte Ch. Le Clerc de). — Armoiries des Mayeurs d'Abbeville (1657-1789). — Amiens, *Lenoël-Hérouart, 1867, pl. in-8° de 40 p.*

3858. — LEROY-MOREL. — Recherches généalogiques sur les familles nobles de plusieurs villages des environs de Nesle, Noyon, Ham et Roye, et recherches historiques sur les mêmes localités. — Amiens, *Lenoël-Hérouart, 1867, in-8°.*

3859. — HAUTERIVE (Borel d'). — Armorial de Flandre, du Hainaut et du Cambrésis, recueil officiel dressé par les ordres de Louis XIV (1696-1710), publié d'après le manuscrit de la Bibliothèque impériale. — Paris, *Dentu, 1856, 2 vol. g^d in-8°.*

3860. — SEUR (Jean de). — La Flandre illustrée par l'institution de la Chambre du Roi, à Lille, l'an 1385, par Philippe-le-Hardi, duc de Bourgogne, etc., laquelle avait, dans sa juridiction, les provinces de Flandre, du Hainaut, d'Artois, de Namur, le Tournésis, le Cambrésis et la seigneurie de Malines, etc. — Lille, *1713, s. n. d'impr.* (Edition rare.)

3861. — TERNAS (de). — [Recueil de la Noblesse des Pays-Bas, de Flandre et d'Artois, par le Ch^{ier} Am. Le Boucq de]. — Œuvre posthume publiée par sa famille. — Douai, *Dechristé, 1884, petit in-4°.*

3862. — ROGER. — [Noblesse et chevalerie du comté de Flandre, d'Artois et de Picardie, publié par]. — Amiens, *Duval, 1843, g^d in-8°.*

3863. — BAECKER (Louis de). — La Noblesse flamande de France en présence de l'art. 259 du Code pénal ; suivie de l'origine de l'orthographe des noms de famille des Flamands de France. — Paris, *Aubry, 1859, petit in-8°.*

3864. — BOUTON (Victor). — La chevalerie dans les Flandres. — Armorial des tournois, joûtes et fêtes aux xve et xvie siècles. — Paris, *chez l'auteur, 1867, in-8°.*

3865. — RESBECQ (Le Cte Fontaine de). — La sainte et noble famille de Lille (1686-1793). — Familles de Flandre, Artois, Hainaut-français. — Lille, *Quarré ;* Paris, *Dumoulin, sans date, g^d in-8°.*

3866. — LIESSART (E.-P.-C., baron du Chambge de). — Notes historiques relatives aux offices et aux officiers du Bureau des Finances de la généralité de Lille. — Lille, *Leleu, 1855, in-8°.*

3867. — TERNAS (Amédée de). — [La chatellenie d'Oisy. Vente et démembrement de son domaine par Henri IV, avec les généalogies des familles de Tournay dit Longhet, de Tournay d'Assignies et Ploto d'Ingelmunster, dressées sur titres par le Ch^{ier}]. — Douai, *Crépin, 1874, in-8° pl. de 30 p.*

3868. — NOTES historiques relatives aux officiers et offices de la Gouvernance du Souverain bailliage de Douai et Orchies. — Douai, *Deregnaucourt, 1810, in-4°.*

3869. — TERNAS (Amédée de) et BRASSART (Félix). — Recherches historiques sur Flers-en-Escrébien Lez-Douai (972-1789. — Douai, *Lucien Crépin, 1873, in-8°.*

Ile de France, Valois, Vermandois, Soissonnais

3870. — MAQUET (A.) et DION (A. de). — Nobiliaire et Armorial du comté de Montfort-l'Amaury.

Notes sur les familles nobles ou bourgeoises qui ont possédé des fiefs ou occupé des charges dans ce comté et les chatellenies de Bretencourt, Epernon, Gambais, Houdan, Neauple-le-Château, Rochefort-en-Iveline et Saint-Léger-en-Iveline, qui en dépendaient. — Rambouillet, *Raynal, 1881, in-8°.*

3871. — BARTHÉLEMY (de). — Armorial général de l'élection de Soissons, publié, pour la première fois, d'après le manuscrit original conservé à la Bibliothèque impériale, et accompagné des notes de l'intendant Dorieux. — Paris, *Aubry, 1866, in-8°.*

3872. — MELLEVILLE (A.). — Dictionnaire historique du département de l'Aisne, contenant l'histoire particulière des villes, bourgs, villages, hameaux et écarts de ce département ; l'archéologie générale et la biographie des hommes qui se sont distingués dans toutes les carrières ; les anciens établissements religieux et de bienfaisance ; les institutions féodales, civiles, militaires, administratives, financières, industrielles et agricoles, etc. — Paris, *Dumoulin, 1865, 2 vol. in-8°.*

3873. — LONGPÉRIER-GRIMOARD (A. DE). — Evêques de Meaux, notice héraldique, généalogique et numismatique. — PARIS, *Dumoulin, 1854, pl. in-8° de 32 p.*

3874. — GIRARD-VÉNEZOBRE (Baronne DE). — Environs de Paris. — Nogent-sur-Marne. — Les fiefs et terres de Beauté, de cher Amy, du Moyneau, de Plaisance, du Perreux, de la Pinelle et de la Queue de Bry (Mouvance de Saint-Maur et d'Ezanville), avec une nomenclature des habitants du pays depuis 1365. — CLERMONT (Oise), *1878, in-8°.*

NORMANDIE

3875. — O'GILVY (GABRIEL). — Nobiliaire de Normandie. Procès-verbaux des Intendants et Commissaires départis devant les grandes recherches juridiques de la Noblesse de cette province en 1463, 1470, 1598, 1634, 1606-1628 et 1696-1727, maintenues, condamnations et armoiries ; état des fiefs simples et titrés, etc. — LONDRES, *O'Gilvy, 1864, 2 vol. gᵈ in-8°.* (Manque un vol.)

3876. — MAGNY (E. DE). — [Nobiliaire de Normandie, publié par une Société de généalogistes, avec le concours des principales familles nobles de la province, sous la direction de M.]. — PARIS, *Aubry*, sans date, *gᵈ in-8°.*

3877. — CANEL (A.). — Armorial des villes et corporations de la Normandie, comprenant la province, les municipalités, les évêchés et chartes, les abbayes, prieurés et couvents, les tribunaux, les corps savants, les communautés d'arts-et-métiers et les associations diverses, etc., etc. — PARIS, *Aubry ;* ROUEN, *Lebrument ;* CAEN, *Gost-Clérisse, 1863, in-8°.*

3878. — MERIEL (AMÉDÉE). — Armorial et Noblesse de l'élection de Falaise. — BELLÈNE, *Ginoux, 1883, pl. in-8° de 50 p.*

3879. — Dᵒ. — Gentilshommes et fiefs du bailliage de Falaise en 1789. Assemblée de l'Ordre de la Noblesse. — BELLÈNE, *Ginoux, 1882, pl petit in-8° de 16 p.*

3880. — LEBEURIER (L'abbé P.-F.-L.). — Recherche de la Noblesse de l'élection d'Evreux, en 1523, avant le démembrement des élections de Conches et de Pont-de-Larche, publiée pour la première fois et annotée. — EVREUX, *Huet, 1868, in-8°.*

3881. — D°. — Rôle des taxes de l'arrière-ban du bailliage d'Evreux, en 1562 ; avec une introduction sur l'histoire et l'organisation du ban et de l'arrière-ban. — Evreux, *Huet ;* Rouen, *Lebrument, 1861, in-8°.*

3882. — BONIN. — Monstres génerralles de la Noblesse du bailliage d'Evreux, en 1459. — Paris, *Dumoulin ;* Rouen, *Lebrument, 1853, in-8°.*

3883. — DES DIGUÈRES (Victor). — Sevigni, ou une Paroisse rurale en Normandie pendant les trois derniers siècles ; suivi de la recherche de la Noblesse, en 1666, dans les élections d'Argentan et de Falaise, et de la liste des gentilshommes du bailliage d'Alençon, signataires des instructions données, en 1789, par l'Ordre de la Noblesse aux Etats-Généraux. — Paris, *Dumoulin, 1865, g*ᵈ *in-8°·*

3884. — D°. — La vie de nos pères en Basse-Normandie. — Notes historiques, bibliographiques et généalogiques sur la ville d'Argentan. — Paris, *Dumoulin, 1879, in-8°.*

3885. — PONTAUMONT (de). — Histoire de la ville de Carentan et de ses notables, d'après les monuments paléographiques. — Paris, *Dumoulin, 1863, in-8°.*

3886. — D°. — Histoire de l'ancienne Election de Carentan, pour faire suite à l'histoire de la ville de Carentan et de ses notables. — Paris, *Dumoulin, 1866, in-8°.*

3887. — CANTREL (Isidore). — Catalogue des gentilshommes de Vire (bailliage) qui ont pris part à l'Assemblée de la Noblesse du grand bailliage de Caen, pour l'élection des Députés aux Etats-Généraux de 1789, suivi de nombreux documents historiques et généalogiques. — Vire, *Barbot et fils, 1862, in-8°.*

3888. — MERVAL (Seph. de). — Catalogue et Armorial des présidents, conseillers, gens du Roi et greffiers du Parlement de Rouen, dressé sur les documents authentiques, ornés de vignettes et de fleurons dessinés, etc. — Evreux, *Hérissey, 1867, in-2.*

3889. — RECHERCHES nobiliaires en Normandie, par un gentilhomme normand, sous-préfet et antiquaire. — Caen, *Le Blanc-Hardel, 1876, g*ᵈ *in-8°.*

3890. — RENAULT. — Revue monumentale et historique de l'arrondissement de Coutances. — Saint-Lo, *1860, in-8°.*

3891. — PATRY. — Anciennes familles de Normandie. — Croquis généalogiques, suivis d'une notice sur les sires d'Auge, par un Gentilhomme normand, 1877-1880. — CAEN, *1880, in-8°*

3892. — NOBLES de l'Election de Pontaudemer. — Manuscrit *petit in-f°*.

BRETAGNE

3893. — LE BORGNE (GUY). — Armorial breton, contenant, par ordre alphabétique et méthodique les noms, qualités, armes et blasons des nobles, annoblis, et tenant terres et fiefs nobles ès-évêchés de Tréguier et de Léon, etc., etc. — RENNES, *J. Ferré, 1667, p^t in-f°*.

Avec instruction des termes usités au blason des armoiries, selon l'ordre alphabétique. Avec le nombre des émaux, leur significations et représentations des écus et pièces plus difficiles que l'on admet en science héraldique, etc. — RENNES, *J. Ferré, 1667, p^t in-f° parch.*

3894. — TOUSSAINT DE SAINT-LUC (le P.) — Mémoires sur l'état du Clergé et de la Noblesse de Bretagne (fig.) — PARIS, *Veuve Rignard, 1691, p^t in-8°, 2 parties en 1 vol. rel.*

3895. — D°. — D°. — Réimpression. — RENNES, *Gauche, 1858.*

3896. — CHEVILLARD (J.) — Nobiliaire de Bretagne, ou Catalogue des Nobles de la province, suivant la dernière réformation des années 1668, 1669, 1670, finie le 24 Mars 1671, ouvrage divisé en 5 cartes (fig.) — PARIS, *1720, g^d in-f° parch.*

3897. — BEAUREGARD (le Chevalier DE). — Nobiliaire de Bretagne, tiré littéralement des registres manuscrits originaux authentiques, tant de la Réformation de 1668 à 1671, que de la grande Réformation de 1400 et des Réformations particulières qu'eurent lieu dans l'intervalle, etc. Avec une notice sur l'origine de la Noblesse, etc. — PARIS, *Bouchar Huzard, 1840, in-8° rel. broch.*

3898. — D°. — Autre exemplaire, même édition.

3899. — D°. —   d°.   d°.

3900. — COURCY (M. P. POTIER DE). — Correspondant des Ministères de l'Instruction publique et de l'Intérieur pour les travaux et les monuments historiques, etc. — Nobiliaire de Bretagne ou tableau de l'aristocratie

bretonne depuis l'établissement de la féodalité jusqu'à nos jours, contenant les noms et armes de tous les gentilshommes bretons qui ont obtenu
des arrêts, tant de la Chambre royale établie par le Roi à Rennes,
l'an 1668, que du Conseil privé et des autres Cours souveraines, etc.,
etc. — Saint-Pol-de-Léon, *Le Blois, 1846, in-4° rel.*

3901. — Dº. dº. — Nobiliaire et Armorial de Bretagne. 2ᵉ édit. — Nantes,
Vincent Forest et Emile Grimaud, 1862, 3 vol. in-4° rel.

3902. — Dº. — Autre exemplaire. — Même édit.

3903. — Dº. — Dictionnaire héraldique de Bretagne ; complément de tous
les nobiliaires et armoriaux de cette province, pour reconnaître les
familles par les armoiries peintes, sculptées, émaillées ou gravées sur
les monuments de toute nature, et pour justifier de la date de ces monuments. — Saint-Brieuc, *L. Prudhomme, 1855, gᵈ in-4° rel.* (Pl)

3904. — Dº. — Autre exemplaire. — Même édit.

3905. — REFUGE (Marquis de). — Armorial et Nobiliaire de l'Evêché de
Saint-Pol-de-Léon, en 1443, par le marquis de Refuge, lieutenant
général des armées du Roi. 2ᵉ édit., publiée avec une introduction et des
notes par Pol de Courcy, auteur du Nobiliaire et du Dictionnaire héraldique de Bretagne. — Paris, *A. Aubry, 1863, in-4°.*

3906. — GRASSERIE (Guérin de la). — Armorial de Bretagne. (Pl.) —
Rennes, *1845-1848, in-4° rel. 3 vol.* Atlas.

3907. — ORDRE (L') des Bannerets de Bretagne, translaté sur le latin et
depuis mis en rimes françaises. — Caen, *Mangel, in-4° rel.*

3908. — SALLES (Henri des). — Evesché de Saint-Malo. — Anciennes
réformations. — Reproduction textuelle d'un manuscrit ayant appartenu
à Monsieur Charles Cunat, et montre de 1472, de l'archi-diaconé de
Dinan. — Documents inédits publiés par M. Henri Des Salles. — Paris,
France, 1864, gᵈ in-8°.

3909. — FOURMONT (H. de). — L'Ouest aux Croisades. — Nantes,
Forest, 1866, 3 vol. in-8°.

3910. — Dº. — Histoire de la Chambre des Comptes de Bretagne. —
Paris, *de Signy et Dubay, 1854.*

3911. — PERTHUIS (Alex.) et NICOLLIÈRE-TEJEIRO (S. de la). —
Le livre doré de l'Hôtel-de-Ville de Nantes, avec les armoiries et les
jetons des Maires. — Nantes, *J. Grimaud, 1873, 2 vol. gᵈ in-8°.*

(Voir plus loin les généalogies particulières.)

Anjou, Maine, Perche, Thimerais

3912. — ANGERS. — Armorial des Maires d'Angers, publié sous les auspices et la direction de la Société d'agriculture, sciences et arts. — Angers, *Cosnier, 1845, in-8°.*

3913. — MAULDE (de). — Essai sur l'Armorial de l'ancien diocèse du Mans. — Le Mans, *Monnoyer, 1885, petit in-8°.*

3914. — CAUVIN (Th.). — Essai sur l'Armorial du diocèse du Mans, — Le Mans, *Monnoyer, 1840, petit in-8°*

3915. — POINTEAU (L'abbé Ch.). — Les Croisés de Mayenne, en 1158. — Etude sur la liste donnée par Jean de la Fustaye, suivie de documents inédits. — Le Mans, *Pellechet, 1879, in-8°..*

3916. — CASSE (Baron du). — Le Panthéon Fléchois. — Paris, *Dillet, 1883.*

Vendée, Poitou, Angoumois, Aunis, Saintonge

3917. — SAUZAY (Pierre de). — Roolles des bans et arrière-bans de la province de Poictou, Xaintonge et Angoumois, tenus et convoqués sous les règnes des rois Louis XI, en l'an 1467, par Yvon du Fou, chevalier, chambellan du dit seigneur roy. Celui de l'an 1491 sous le règne du roy Charles VIII, par Jacques de Beaumont, Sgr de Bressuire grand séné-chal du Poictou, etc. — Poictiers, *Fleuriav, 1667, gd in-8°.*

3918. — DUGAST MATIFEUX (Chles). — Etat du Poitou, sous Louis XIV (Rapport au roi et mémoire sur le Clergé, la Noblesse, la Justice et les finances par Charles Colbert de Croissy. Catalogue alphabétique des Nobles dressé par Jacq-Honoré Barentin. Liste des condamnés comme faux nobles. Mémoire statistique de Maupou d'Ableiges et autres docu-ments officiels annotés et publiés par). — Fontenay-le-Comte, *Robuchon, 1865, gd in-8°.*

3919. — RAVAN (H.) — Etat des nobles du Poitou. A l'occasion de l'aide extraordinaire offerte par eux à F. de La Trémouille, commissaire géné-ral du roy, en Poitou et Saintonge, pour le rachat de la rançon de François Ier, après la bataille de Pavie (janvier 1529). — Niort, *Clouzot, 1864, pl. in-8° de 26 p.*

3920. — BEAUCHET-FILLEAU (H.) — Tableau des émigrés du Poitou aux armées des princes et de Condé. — POITIERS, *Ch. Pichot, 1845, in-8°.*

3921. — LA PORTE (ARMAND DE). — Armorial de la Noblesse du Poitou convoquée pour les Etats-Généraux en 1789. — POITIERS, *Boileau et Raymond;* NIORT, *Clouzot;* PARIS, *Dumoulin, 1874, g^d in-8°.*

3922. — GOUGET (A.) — Armorial du Poitou et état des Nobles réservés dans toutes les élections de la généralité, par lettre alphabétique, paroisse par paroisse, élection par élection, suivi de la carte onomatograhique des maisons nobles du Poitou et d'uue liste des noms des principales familles municipales de Niort, etc. — NIORT, *Robin et Favre, 1866, g^d in-8°.*

3923. — CHANCEL (CH. DE). — L'Angoumois en l'année 1789, ou analyse des documents authentiques qui ont constaté, à cette époque, les assemblées, les délibérations, la situation respective des trois ordres de la province, par suite de la convention des Etats-Généraux, précédée d'un coup d'œil sur les assemblées nationales de l'ancienne France. — ANGOULÊME, *Perez-Lecler et autres libraires, 1847, in-8°.*

3924. — A. (TH. DE B.) — Procès-verbal de l'assemblée du ban et arrière-ban de la sénéchaussée d'Angoumois, et rôle des Nobles comparant pour rendre le service en personne (1er et 2 septembre 1635). Avec le blason des armoiries des gentilshommes convoqués, et des annotations sur leurs alliances, leur filiation, la situation de leurs flefs et leur représentation actuelle, etc., etc. (1666-1667). — NIORT, *L. Clouzot, 1866, in-8°.*

3925. D°. — Rôles saintongeais suivis de la table alphabétique générale des Nobles des élections de Saintes et de St-Jean d'Angély, maintenus par d'Aguesseau (1666-1667). Avec indication du domicile et des armoiries de chaque gentilhomme assigné. — NIORT, *Clouzot, 1869, g^d in-8°.*

3926. — MORINERIE (DE LA). — La Noblesse de Saintonge et d'Aunis convoquée pour les Etats-Généraux de 1789. — PARIS, *Dumoulin, 1861. g^d in-8°.*

3927. — TRÉSORIÈRE (M. A. BARBOT DE LA). — Annales historiques des anciennes provinces d'Aunis, Saintonge, Poitou, Angoumois, Périgord, Marche, Limousin et Guienne.

Première partie : Mélange religieux, politique et philosophique.

Seconde partie : Hommes de lettres, académiciens, auteurs, savants, etc. PARIS, *Allard, 1858, in-4°.*

3928. — LA ROCHELLE (Nobiliaire de la généralité). — S. d. ni n. d'aut. et d'imp., *pl. in-8° de 37 p.*

TOURAINE

3929. — BUSSEROLLE (J.-X. CARRÉ DE). — Armorial général de la Touraine, précédé d'une notice sur les ordonnances, édits, déclarations, etc., relatifs aux armoiries avant 1789. — TOURS, *Georget-Joubert, 1867, in-8°.*

3930. — D°. — Supplément à l'armorial général de la Touraine. — TOURS, *Suppligeon, 1884, in-8°.*

3931. — D°. — Catalogue analytique d'aveux de fiefs rendus par des familles de la Touraine, de l'Anjou, du Maine et du Loudunois (17e et 18e siècle). — TOURS, *Suppligeon, 1885, in-8°.*

3932. — D°. — Calendrier de la noblesse de la Touraine, de l'Anjou, du Maine et du Poitou. — TOURS, *Bereau de la publicité, 1867 et 1868, 2 vol. in-8°.*

3933. — LIGNIM (LAMBRON DE). — Procès-verbal des séances de l'Ordre de la Noblesse du bailliage de Touraine, assemblé à Tours, le 16 mars 1789, en exécution des ordres du Roi, pour la convocation des Etats-Généraux du royaume. — TOURS, *Ladevèze, 1864, in-8°.*

3934. — BUSSEROLLE (J.-X. CARRÉ DE). — Les vrais et les faux titres de noblesse. — Liste de titres concédés à des familles de la Touraine, de l'Anjou, du Maine et du Poitou. — TOURS, *Suppligeon, 1886, in-8°.*

BERRY, ORLÉANAIS, BLAISOIS, VENDOMOIS, BOURBONNAIS, NIVERNAIS

3935. — TAUSSERAT (J.-B.-E.). — Chroniques de la chatellenie de Lury. Texte et dessin (vingt lithographies). — BOURGES, *David;* VIERZON, *Castex, 1878, in-8°.*

3936. — LIGNIM (H. LAMBRON DE). — Les gloires municipales de la France. — Armorial des Maires de la ville d Orléans. Tiré à 100 exempl. — TOURS, *Ladevèze, 1851, pl. in-4° de 11 p.*

3937. — S. (L. DE L.). — Tableau général de la Noblesse des bailliages de Blois et Romorantin en 1789. — PARIS, *Aubry, 1863, in-8°, pl. de 20 p.*

3938. — MAUDE (M. A. DE). — Armorial du Vendômois. — PARIS, *Bachelin-Deflorenne, 1867, pl. in-8° de 52 p.*

3939. — SOULTRAIT (Le Cᵗᵉ GEORGES DE). — Armorial du Bourbonnais. — MOULINS, *Desrosiers et fils, 1857, gᵈ in-8°.*

3940. — Dᵒ. — Armorial de l'ancien duché du Nivernais, suivi de la liste de l'assemblée de l'Ordre de la Noblesse du bailliage de Nivernais aux Etats-Généraux de 1789. — PARIS, *V. Didron, 1847, gᵈ in-8°.*

3941. — Dᵒ. — Armorial historique et archéologique du Nivernais. — NEVERS, *Michot, 1879, 2 vol. gᵈ in-8°.*

MARCHE, AUVERGNE, LIMOUSIN, PÉRIGORD

3942. — LES GENS DE QUALITÉ en Basse-Marche. — Etudes et documents généalogiques; 1ʳᵉ livraison contenant :

1° Préface générale ; 2° Notice sur les limites et les divisions de l'ancienne Basse-Marche ; 3° Convocation du ban de Basse-Marche en 1577 ; 4° Répartition entre les Nobles de Basse-Marche des sommes dépensées par leurs députés aux Etats-Généraux de 1614, etc., etc. — LIMOGES, *H. Ducourtieux;* POITIERS, *Blanchier, 1886, pl. de 48 p., in-8°.*

3943. — LA PORTE (ARMAND DE). — Armorial de la Noblesse de la Marche, convoquée pour les Etats-Généraux en 1789. — POITIERS, *Wirquin;* GUERET, *Détoulle;* PARIS, *Champion, 1874, gᵈ in-8°.*

3944. — BOUILLET (J. B.) — Nobiliaire d'Auvergne. — CLERMONT-FERRAND, *Ferol, de 1847 à 1853, 7 vol. gᵈ in-8°.*

3945. — LECLER (l'abbé). — Nobiliaire du diocèse et de la Généralité de Limoges par l'abbé Joseph Nadaud, curé de Teyjac, publié sous les auspices de la Société archéologique et historique du Limousin. — LIMOGES, *H. Ducourtieux, 1878, 4 vol. gᵈ in-8°.*

3946. — ARBELLOT (l'abbé). — Les chevaliers limousins à la première croisade (1096-1102). — PARIS, *R. Haton, 1881, pl. in-8° de 72 p.*

3947. — GUIBERT (LOUIS). — Les émigrés limousins à Quiberon. — LIMOGES, *Veuve Ducourtieux, 1886, pl., pᵗ in-8° de 34 p.*

3948. — MATAGRIN (A.) — La Noblesse de Périgord en 1789. — PÉRIGUEUX, *Boucharie, 1857, in-8°.*

GUIENNE, GASCOGNE, ARMAGNAC, ROUERGUE, QUERCY, ETC

3949. — O'GILVY ET DE BOURROUSSE DE LAFFORE. — Nobiliaire de
Guienne et de Gascogne, Revue des familles d'ancienne chevalerie ou
anoblies de ces provinces, antérieures à 1789. — PARIS, *Dumoulin*,
*1863, 4 vol. g*ᵈ *in-8°.*

3950. — ESTAING (le Vᵗᵉ DE BASTARD D'). — La Noblesse d'Armagnac en
1789, ses procès-verbaux et ses doléances, avec une introduction historique et une Table raisonnée des familles et des armoiries des électeurs.
— PARIS, *E. Dentu, 1862, in-8°.*

3951. — CAUNA (Bᵒⁿ DE). — Armorial des Landes et partie du Béarn,
précédé des Assemblées de la Noblesse et du Clergé de Dax, des cahiers
du Tiers-Etat et de la Noblesse des Landes en 1789, etc. — PARIS,
Dumoulin ; BORDEAUX, *Dupuy et Cⁱᵉ, 1863-65-69, 3 vol. in-8°.*

3952. — DUFOUR. — Dénombrements des fiefs et arrière-fiefs du
Quercy, en 1504. — CAHORS, *Layton, s. d.*

3953. — ROUERGUE (Documents historiques et généalogiques sur les
familles et les hommes remarquables du), dans les temps anciens et
modernes. — RODEZ, *Ratery, 1853-54-57-60, 4 vol. in-8°.*

LANGUEDOC

3954. — ROQUE (LOUIS DE LA). — Armorial de la Noblesse de Languedoc.
Généralités de Toulouse et de Montpellier. — MONTPELLIER, *Seguin ;*
PARIS, *Didot-Dentu, 1860, 3 vol g*ᵈ *in-8°.*

3955. — LA ROQUE (LOUIS DE). — Annuaire historique et généalogique
de la province de Languedoc. — PARIS, *Dentu ou Aubry, 1861, g*ᵈ *in-8°.*

3956 — CARRIÈRE (le Vᵗᵉ DE). — Les officiers des Etats de la province
de Languedoc, publié par les soins de M. le Vicomte Albert de Carrière.
PARIS, *Aubry, 1865, in-8°.*

3957, — BRÉMOND (ALPHONSE). — Nobiliaire toulousain. Inventaire
général des titres probants de Noblesse et de dignités Nobiliaires. —
TOULOUSE, *Bonnal et Givrac, 1863, 2 vol. g*ᵈ *in-8°.*

3958. — BOUTON (VICTOR). — Armorial des Capitouls de Toulouse, tiré
de l'Armorial général de France, de d'Hozier. — PARIS, *V. Bouton,
1876, p*ᵗ *in-8°.* — De 1696 à 1711.

3959. — A. C. P. — Armorial général des personnes, domaines, compagnies, corps et communautés (circonscription actuelle de l'Aude.) Extrait de l'armorial général (manuscrit), dressé en vertu de l'Edit de 1696, et déposé à la Bibliothèque nationale. — CARCASSONNE, *François Pomiès, 1876, g*^{d} *in-8°.*

3960. — THEILLIÈRE (l'abbé). — Armorial des barons diocésains du Velay. — LE PUY, *Freydier, 1880, g*^{d} *in-8°.*

PROVENCE, DAUPHINÉ

3961. — GENOUILLAC (H. GOURDON DE) et le Marquis DE PIOLENC. — Nobiliaire du département des Bouches-du-Rhône. Histoire. Généalogie. — PARIS, *Dentu, 1863, se trouve aussi chez Dumoulin et chez Aubry, in-8°.*

3962. — MONTGRAND (le Cte GODEFROY DE). — Liste des gentilshommes de Provence qui ont fait leurs preuves de Noblesse pour avoir entrée aux Etats tenus à Aix de 1787 à 1789. — MARSEILLE, *Marius Olive, 1860, in-8°.*

3963. — D°. — Armorial de la VIlle de Marseille, recueil officiel dressé par les ordres de Louis XIV, publié pour la première fois d'après les manuscrits de la Bibliothèque impériale. — MARSEILLE, *Gueidon, 1864, in-8°.*

3964. — TEISSIER (OCT.) et J. LAUGIER, — Armorial des Echevins de Marseille, de 1660 à 1790. — MARSEILLE, *Imprimerie Marseillaise, 1883, in-4°.*

3965. — D°. — Etat de la Noblesse de Marseille en 1693. — MARSEILLE, *V. Boy, 1868, in-12.*

3966. — LETTRE de M. Fabry de Chateaubrun sur la Noblesse Avignonaise et Comtadine, en 1715. Réimpression avec suites pour les familles qui y sont nommées. (Tiré à 80 ex.) — AVIGNON, *Dounet, 1862, in-8°.*

3967. — LA BATIE (DE RIVOIRE DE). — Armorial de Dauphiné, contenant les armoiries figurées de toutes les familles nobles et notables de cette province, accompagnées de notices généalogiques complétant les nobiliaires de Chorier et de Guy Allard. — LYON, *A. Brun, 1867, in-4°.*

3968. — MAIGNIEN (EDMOND). — Généalogies et armoiries dauphinoises. — GRENOBLE, *Brevet, 1870, pl, in-8° de 64 p.*

3969. — ARMORIAL général du Lyonnais, Forez et Beaujolais, comprenant les armoiries des villes, des corporations, des familles nobles et bourgeoises actuellement existantes ou éteintes ; des archevêques, des gouverneurs et des principaux fonctionnaires publics de ces provinces. Le tout composé de 2080 blasons dessinés, et d'environ 3000 notices héraldiques et généalogiques. — LYON, Á. Brun, 1860, in-4°.

3970. — LIVRE D'OR (Le) du Lyonnais, du Forez et du Beaujolais. — LYON, Bibliothèque de la Ville, 1866, s. n. d'auteur, in-8°.

3971. — VOLEINE (MOREL DE) et H. DE CHARPIN. — Recueil de documents pour servir à l'histoire de l'ancien gouvernement de Lyon, contenant des notices chronologiques et généalogiques sur les familles nobles ou anoblies qui en sont originaires ou qui y ont occupé des charges et des emplois ; avec le blason de leurs armes. — LYON, Perrin, 1854, in-2.

3972. — NIEPCE (LÉOPOLD). — Les titres de la Noblesse ancienne et moderne du Lyonnais, transcrits sur les registres de la Cour d'appel de Lyon, 1808-1858. — LYON, H. Georg, 1880, in-8°.

3973. — VALOUS (DE). — Recherche des usurpateurs des titres de Noblesse dans la Généralité de Lyon (1696-1718). Publié d'après le manuscrit original, précédée d'une notice et suivie d'une table. — LYON, A. Brun, 1882, pl. in-8° de 47 p.

3974. — VARAX (PAUL DE). — La Seigneurie de Jarnieux, en Lyonnais. — LYON, Imprimerie générale, 1883, g^d in-8°.

3975. — LUPPÉ (DE). — Documents pour servir à l'histoire du Forez. Recherches et descriptions des anciens monuments héraldiques, encore conservés dans les environs de Bourg-Argental, suivies de notes sur les maisons auxquelles ils appartiennent. — LYON, A. Vingtrinier, 1866, pl. in-8° de 21 p.

3976. — BROUTIN (AUGUSTE). — Notes historiques sur les familles nobles du Forez qui ont fourni des sujets aux Couvents de Montbrison, 3e vol. de « l'Histoire des Couvents. » — SAINT-ETIENNE, Ménard et Ding, 1881, g^d in-8°.

3977. — GRAS (PIERRE). — Répertoire héraldique ou armorial général du Forez, dressé d'après les monuments, suivi de la description des blasons de la Diana, etc. — PARIS, Bachelin-Deflorenne, 1874, g^d in-8°.

3978. — VALENCHES (D'AFFIER DE). — Recherches concernant principalement l'Ordre de la Noblesse sur l'Assemblée bailliagère de la Province de Forez, convoquée à Montbrison, en Mars 1789, pour l'élection des députés aux Etats-Généraux du Royaume. Sommaire historique. Convocation. Procès-verbaux. Listes nominatives. La nouvelle Diana en armorial. Pièces justificatives et notes, etc. — LYON, *L. Perrin, 1860, in-2.*

3979. — LA PORTE (le Dr J. E. MINJOLLAT DE). — Histoire de l'Aubespin-en-Jarez (Forez), aujourd'hui paroisse de l'Aubépin, diocèse de Lyon, renfermant des notes généalogiques sur les familles de l'Aubespin de Saint-Amour, d'Harcourt, de Roussillon, de Grolée, qui ont possédé ce fief. — GRENOBLE, *Prudhomme, 1874, in-8°.*

3980. — LA TOUR-VARAN (DE). — Etudes historiques sur le Forez. Armorial et généalogies des familles qui se rattachent à l'histoire de Saint-Etienne, ou aux chroniques des châteaux et des abbayes. — SAINT-ETIENNE, *Montagny, 1854, in-8°.*

3981. — LA ROCHE LA CAZELLE (Bon Fd DE). — Histoire de Beaujolais et des sires de Beaujeu, suivie de l'Armorial de la province. — LYON, *L. Perrin, 1853, 2 vol. gd in-8°.*

3982. — FAMILLES CHEVALERESQUES (LES) du Lyonnais, Forez et Beaujolais, aux Croisades. — La première page manque.

3983. — BAUX (JULES). — Nobiliaire du département de l'Ain (17e et 18e siècle), Bresse et Dombes. — BOUR-EN-BRESSE, *Martin-Bottier, 1862 et 64, 2 vol. in-8°.*

3984. — MESNIL (Révérend DU). — Armorial historique. Bresse. Bugey. Dombes. Pays de Gex. Valromey et Franc-Lyonnais, d'après les travaux de Guichenou, d'Hozier, Aubret, Steyert, Baux, Guiche, les archives et les manuscrits, etc., avec les remarques critiques de Ph. Collet. — LYON, *A. Vingtrinier, 1873, 2 vol. in-4°.*

3985. — VALOUS (DE). — Citoyens et bourgeois de Lyon, à diverses époques, 3 familles de Chaponay. Notice et généalogie rédigées d'après les documents. — LYON, *Aug. Brun, 1882, pl. in-8° de 48 p.*

FRANCHE-COMTÉ, BOURGOGNE, DOMBES

3986. — BOUCHOT (HENRY). — Armorial général de France, Franche-Comté. Recueil officiel dressé en vertu de l'Edit de 1696, par Ch. d'Hozier. — DIJON, *Darantière, 1875, in-8°.*

3987. – SUCHAUX (Louis). — Galerie héraldo-nobiliaire de la Franche-Comté. — Paris, *H. Champion;* Vesoul, *Lépagnez ;* Besançon, *Marion,* *1878, 2 vol. in-8°.*

3988. — MARCHES (A. S. des). — Histoire du parlement de Bourgogne, de 1733 à 1790, complétant les ouvrages de Palliot et de Petitot, et renfermant l'état du parlement depuis son établissement, selon l'ordre de la création et de la succession des charges. — Chalons-sur-Saône, *1851, in-2.*

3989. — BEAUNE (Henri) et d'ARBAUMONT (Jules). — La Noblesse aux Etats de Bourgogne, de 1350 à 1789. — Dijon, *Lamarche, 1864,* g^d *in-8°.*

3990. — ARBAUMONT (J. d'). — Armorial de la Chambre des Comptes de Dijon, d'après le manuscrit inédit du père Gautier, avec un chapitre supplémentaire pour les officiers du bureau des finances de la même ville. — Dijon,.*Lamarche, 1881,* g^d *in-8°.*

3991. — ARCELIN (Adrien). — Indicateur héraldique et généalogique du Maconnais. — Paris, *Aubry ;* Macon, *Durand, 1866, in-8°.*

3992. — FONTENAY (Harold de). — Armorial de la ville d'Autun ou Recueil des armoiries de ses familles nobles et bourgeoises, de ses évêques, de son clergé séculier et régulier et de ses corporations civiles et religieuses. — Autun, *M.ºDéjussien, 1868, in-8°.*

3993. — VALENCHES (M. P. d'Assier de). — Mémorial de Dombes, en tout ce qui concerne cette ancienne Souveraineté. Son histoire, ses princes, son parlement et ses membres, avec liste nominative, un armorial et pièces justificatives, 1523-1771. — Lyon, *Perrin, 1864, p* *in-8°.*

3994. — VARAX (Paul de), — Notice sur la Seigneurie de Masoncles, en Charollais. — Lyon, *Imprimerie générale, 1884, pl. in-8° de 60 p.*

Champagne

3995. — CAUMARTIN (Mgr de). — Sommaires du procès-verbal de la recherche de la Noblesse de Champagne. — Paris, *Aubry, 1867, in-8°.*

3996. — CAUMARTIN (de). — Procez-verbal de la recherche de la Noblesse de Champagne. Avec les armes et blasons de chaque famille, augmenté de la division de la province de Champagne par Généralités et Elections, d'après le dénombrement publié en 1735. — Chalons, *Seneuze, 1673, in-8°.*

3997. — ROSEROT (Alphonse). — Armorial du département de l'Aube. — Troyes, *Dufour-Bouquot, 1879, in-8°.*

3998. — BARTHÉLEMY (Edouard de), — Armorial général de la Généralité de Châlons-sur-Marne, publié pour la première fois d'après le manuscrit original conservé à la Bibliothèque impériale. Elections de Châlons, Sainte-Ménehould,.Epernay, Sézanne et Vitry-le-François. — Paris, *Aubry, 1862, in-8°.*

3999. — BISTON (P) — De la Noblesse maternelle en Champagne et de l'abus des changements de noms, 2ᵉ édit. — Paris, *Aubry ;* Chalons, *Martin, 1859, pl. in-8° de 44 p.*

4000. — Dº. — De la Noblesse maternelle en Champagne, 3ᵉ édition. — Paris, *Labitte, 1878, pl. in-8° de 30 p.*

4001. — KAUFMANN (M. A). — Notice historique et descriptive sur le château de Brugny, en Champagne. — Paris, *Plon frères, 1852, pl. in-4° de 22 p.*

LORRAINE, BARROIS, EVÊCHÉS, VERDUNOIS, CLERMONTOIS

4002. — GEORGEL (Alcide de). — Armorial des familles de Lorraine titrées ou confirmées dans leurs titres au xixᵉ siècle. — Elbeuf, *chez l'auteur, 1882, in-fº.*

4003. — RENÉ (le Duc). — Nobiliaire du duché de Lorraine et de Bar, avec le blason de leurs armes, depuis 1382. — Gand, *Duquesne, 1862, in-8°.* (Copie de l'édition de Liège).

4004. — LEPAGE (H.) et GERMAIN (L.) — Complément au Nobiliaire de Lorraine de dom Pelletier, précédé d'une dissertation sur la Noblesse et suivi de listes chronologiques et alphabétiques des anoblis, depuis l'origine jusqu'en 1790, et des nobles faits ou reconnus écuyers, gentilshommes, chevaliers, barons, comtes et marquis. — Nancy, *Crépin-Deblond, 1885, in-8°.*

4005. — CAYON (Jean). — Ancienne chevalerie de la Lorraine, ou Armorial historique et généalogique des Maisons qui ont formé ce corps souverain, en droit de siéger aux assises, avec un discours préliminaire et d'autres éclaircissements. — Nancy, *Cayon-Liébault, 1850, gᵈ in-4°.*

4006. — BOUTON (Victor). — Bibliothèque héraldique. — [De l'ancienne chevalerie de Lorraine. — Documents inédits publiés par]. — Paris, *chez l'auteur, 1861, in-8°.*

4007. — HUSSON (MATHIEU), l'Escossais. — Le simple crayon utile et curieux de la Noblesse des duchés de Lorraine et de Bar et des éveschés de Metz, Toul et Verdun, 1674. — NANCY, *Librairie de Cayon-Liébault, 1857*. Atlas d'armoiries, *in-4°*.

4008. — BRÉMOND (ALPHONSE). — La Moselle Nobiliaire et héraldique ou État de la Noblesse de ce département au moment de sa transformation en Province lorraine, contenant les noms patronymiques de fiefs et les surnoms des familles nobles ou réputées telles, avec leurs titres nobiliaires, dignités et fonctions publiques ou honorifiques ; la description héraldique de leurs armoiries, leur province d'origine, etc. — METZ, *Thomas, 1879, in-8°*.

4009. — DUMONT. — Nobiliaire de Saint-Mihiel. — NANCY, *Collin ;* PARIS, *Derache, 1865, 2 vol. in-8°*.

4010. — BEAUPRÉ. — Les gentilshommes verriers ou Recherches sur l'industrie et les privilèges des Verriers dans l'ancienne Lorraine, aux xv°, xvi° et xvii° siècles. — NANCY, *Ainzelin et Cie, 1846, in-8°*.

4011. — LES TROIS ORDRES de la province des Evêchés et du Clermontois. — Noblesse. Assemblées politiques tenues à Metz 1787-1788-1789. Recherche de 1674. Ancienne chevalerie lorraine. — METZ, *Rousseau-Pallez, 1863, in-8°*.

4012. — MICHEL (EMMANUEL). — Biographie du Parlement de Metz. — METZ, *Nouvian, 1853, g^d in-8°*.

ALSACE

4013. — BARTHÉLEMY (DE). — Armorial de la Généralité d'Alsace. Recueil officiel dressé par les ordres de Louis XIV. — PARIS, *Aubry, 1861, in-8°*.

4014. — MULLER (E.) — Le magistrat de la ville de Strasbourg. Les stettmeisters et ammeisters, de 1674 à 1790. Les prêteurs royaux, de 1785 à 1790, et Notices généalogiques des familles de l'ancienne Noblesse d'Alsace, depuis la fin du 17° siècle. — STRASBOURG, *Salomon, 1862, in-8°*.

HISTOIRE GÉNÉALOGIQUE DE LA NOBLESSE

France

MAISONS SOUVERAINES, PRINCIÈRES, ETC.

4015. — LA CHENAYE DES BOIS (AUBERT DE). — Dictionnaire de la Noblesse, contenant les généalogies, l'histoire et la chronologie des familles nobles de France, etc., etc. On a joint à ce Dictionnaire le tableau généalogique, etc., des Maisons souveraines de l'Europe, etc., etc., 2ᵉ édit. — PARIS, *Veuve Duchesne, 1770,* et le Supplément par Badier, intitulé : Recueil de généalogies, pour servir de suite au Dictionnaire de la Noblesse. — PARIS, *Lamy, 1783-1786, in-4°, 15 vol. rel.*

4016. — Dᵒ. — Dᵒ. — Dictionnaire généalogique, héraldique, chronologique et historique, contenant l'origine et l'état actuel des premières Maisons de France, etc. — PARIS, *Duchesne, 1757, 3 vol. in-8° rel.*

4017. — Dᵒ. — Même édition que le numéro 4015. — *12 vol. in-4° rel.* Pas de supplément.

4018. — ANSELME (le Père). — Histoire généalogique et chronologique de la Maison royale de France, des Pairs, Grands Officiers de la Couronne et de la Maison du Roi, et des anciens barons du Royaume, etc., continuée par M. de Fourcy, 3ᵉ édition, revue, corrigée et augmentée par le P. Ange et le P. Simplicien. — PARIS, *la Compagnie des libraires, 1726, in-f°, 9 vol. rel.*

4019. — Dᵒ. — Le Palais de l'honneur, contenant les généalogies historiques des illustres Maisons de Lorraine, de Savoie et de plusieurs nobles familles de France. Ensemble l'origine et explication des armes, devises et tournois ; l'Institution des ordres militaires et des principales charges et dignités de la couronne, les Cérémonies qui s'observent en France au Sacre des Rois et Reines, leurs entrées solennelles, etc. Avec un traité pour apprendre la science du blason. Armoiries et figures. — PARIS, *E. Loyson, 1664, in-4° rel.*

4020. — BAUCLAS (G. H. DE). — Dictionnaire universel historique et chronologique, géographique et de jurisprudence civile, criminelle et de Police des Maréchaussées de France, depuis le commencement de la Monarchie, etc., etc. — PARIS, *Veuve Ganeau, 1758, in-4° rel.*

4021. — WAROQUIER (L. Ch^les Cte de). — Etat général de la France, enrichi de gravures, contenant :

1° Les qualités et prérogatives du Roi, la généalogie abrégée de la Maison royale, le clergé de la Cour, les officiers de la Maison du Roi, de sa musique, de sa chambre et de sa garde-robe, de ses bâtiments et Maison royale.

2° Les troupes de la Maison du Roi, le grand Ecuyer, etc., etc. — Paris, *chez l'auteur, chez Nyon, Veuve Duchesne et autres, 1789,* tome 1er, *in-8°.*

4022. — SAINT-ALLAIS (M. de). — [Nobiliaire universel de France ou Recueil général des généalogies historiques des Maisons nobles de ce Royaume, par]. Avec le concours de MM. de Courcelles, de l'abbé de l'Espines, de Saint-Pons et autres généalogistes célèbres. — Paris, *1873, 41 vol. in-8°.*

4023. — GUIGARD (Joannis). — Indicateur du Mercure de France, 1672-1789. Contenant, par ordre alphabétique, les noms des personnages sur lesquels on trouve, dans cette collection, des Notices biographiques et généalogiques, avec renvoi aux années, tomes et pages. — Paris, *Bachelin-Deflorenne, 1869, in-8°.*

4024. — WAROQUIER DE COMBLES (le Cte de). — Tableau généalogique, historique de la Noblesse, enrichi de gravures, contenant :

1° L'état des vrais marquis, comtes, vicomtes et barons.

2° Les généalogies des familles.

3° Une table des noms de famille compris dans l'ouvrage, etc., etc. — Paris, *Nyon, 1786,* tom. 1 à 7 et tom. 9, *in-12.* (Le tome 8 manque).

4025. — DICTIONNAIRE DES ANOBLIS, 1270-1668, suivi du Dictionnaire des familles qui ont fait modifier leurs noms, 1803-1870. — Paris, *Bachelin-Deflorenne, 1875, g^d in-8°.*

4026. — DICTIONNAIRE des anoblissements. — Paris, *J. Bonaventure,* sans date. La première page manque (mauvais état).

4027. — COURCY (Potier de). — Histoire généalogique et chronologique de la Maison royale de France, des pairs, grands officiers de la couronne et de la Maison du Roy et des anciens barons du royaume. Le tout dressé sur titre originaux par le père Anselme, augustin déchaussé, continué par M. du Fourmy.

Tome 4e ; 1re, 2e et 3e livraisons.

Tome 9e ; 2e partie. — Paris, *Firmin Didot frères, fils et Cie, 1870
et 1872, in-2.*

Autre Tome 9e ; 2e partie, *1879.*

4028. — ANNUAIRE généalogique et historique pour 1822. — Paris,
Maze, s. d., in-18.

4029. — CALENDRIER historique, héraldique et généalogique des
familles nobles de France, pour 1856. Première année. — Tours, *Cattier ;*
Rouen, *Bureau de publication, s. d., in-12*

4030. — CALENDRIER des Princes et de la Noblesse pour 1885 et 1886,
1re et 2e années. — Paris, *Veuve A. Labitte, s. d., 2 vol. in-8°.*

4031. — VASSEL (C. de). — Généalogies des principales familles de
l'Orléanais. Table analytique des manuscrits d'Hubert. — Orléans,
Herluison, 1862, gd in-8°.

4032 — DÉSORMEAUX (J. Ripault). — Histoire de la Maison de
Montmorenci, contenant la généalogie de la Maison et son histoire,
depuis l'année 960 jusqu'en 1531. — Paris, *Desaint et Saillant, 1764,
in-12, 5 vol. rel.*

GÉNÉALOGIES PARTICULIÈRES

(Par ordre alphabétique des noms de Maisons).

4033. — BOUTEILLIER (L. de) et G. de BRAUX. — La famille de
Jeanne d'Arc. Documents inédits. Généalogie. Lettres de J. Hordal
et de Cl. du Lis à Ch. du Lis. — Paris, *Claudin, 1878, in-8° ;* Orléans,
Herluison.

4034. — Do. — Nouvelles recherches sur la famille de **Jeanne d'Arc.**
Enquêtes inédites. Généalogie. — Paris, *Claudin ;* Orléans, *Herluison,
1879, in-8°.*

4035. — VIRIVILLE (Vallet de). — Opuscules historiques relatifs à **Jeanne d'Arc**, dite la Pucelle d'Orléans. Nouvelle édition, précédée d'une Notice historique sur l'auteur, accompagnée de diverses notes, de développements et de deux·tableaux généalogiques inédits avec blason. — Paris, *Aubry, 1856, in-8°.*

4036. — ARGY (Généalogie de la famille d'). — Seigneurs chatelains **d'Argy, de Lamps** et **de Palluau,** en Berry ; Seigneurs de Mesvres, de la Cour d'Argy, de Néron, de la Raudière, de Lezevin, de Kergrois, comtes d'Argy ; seigneurs de Pons, du Haut-Teneuil, de Manne, d'Azay, de la Rochepeloquin, etc., en Touraine, Biésois, Vendômois, Bretagne et au Maine. — Sans date ni nom d'auteur et d'imprimeur, *pl. in-8° de 70 pages.*

4037. — JAURGAIN (J. B. E. de). — **Arnaud d'Oihenart** et sa famille. — Paris, *Champion, 1885, gᵈ in-8°.*

4038. — ASFELD (Cl. Fᵒⁱˢ Bidal, Marquis d'), Maréchal de France, 1667-1743. — Lettres patentes de 1730, érigeant en sa faveur, le marquisat **d'Asfeld,** et retraçant sa carrière militaire, avec précis sur la famille **Bidal** et sur la terre d'Ecry-Avaux et Asfeld (Ardennes). — Arcis-sur-Aube, *Frémont, 1881, in-8°, 34 p.* Sans nom d'auteur.

4039. — VALOUS (de). — **Châtillon d'Azergues.** Son Château, sa Chapelle et ses Seigneurs, par A. Vachez, suivi d'une Note analytique sur la Charte inédite de Châtillon. — Lyon, *Vingtrinier, 1869, in-8°.*

4040. — BELLEVAL (René de). — Jean **de Bailleul,** roi d'Ecosse et Sire de Bailleul en Vimeu. — Paris, *Dumoulin, 1866, in-8°.*

4041. — TERNAS (Le Chʳ Am. de). Histoire de la terre et du comté de **Belleforière** de 1076 à 1789, suivie de la généalogie de l'illustre Maison de ce nom. — Douai, *L. Crépin, 1880, in-8°.*

4042. — RIFFÉ (Paulin). — Essais généalogiques sur les anciennes familles du **Berry.** — Sans lieu d'impression, sans date, ni nom d'imprimeur.

4043. — POLI (Vᵗᵉ Oscar de). — Les Seigneurs et le Château de **Bethon.** — Paris, *Conseil héraldique de France, 1885, in-8°.*

4044. — SOULTRAIT (de). — Notice historique et généalogique sur la famille de **Bourgoing** en Nivernais et à Paris. — Lyon, *L. Perrin, 1855, in-8°, 55 p.*

4045. — TERNAS (le Chʳ AMÉDÉE DE). — [Notice généalogique de la famille de **Bouteville**, d'après les manuscrits de Mʳ], publiée par sa famille, suivie des généalogies des **Masse de Combles, Ghesquière de Stradin, Linart d'Aveluy, Vaillant de Bovent de Brusle et de Pieffort.** — DOUAI, *Dechristé, 1884, gᵈ in-8°.*

4046. — GÉNÉALOGIE de la Maison de **Bréhant,** en Bretagne. — PARIS, *Bachelin-Deflorenne, 1867, in-8°.*

4047. — SUPPLÉMENT à la généalogie de la Maison de **Bréhant,** en Bretagne, imprimée en 1867, suivi d'un index alphabétique général des noms propres. — PARIS, *Bachelin-Deflorenne, 1869, in-8°.* (Sans nom d'auteur, 2 exemplaires).

4048. — CHAPERON. — Généalogie. — BREST, *Roger père, 1876, in-8° br.*

4049. — CHAUSSÉE (DE LA). — Seigneurs de la **Chaussée, de Bournezeau, d'Ambrette, de Louen, du Lac, de Baincy, de Champmargou, du Pin-du-Rouvre, de Chantemerle, de Schen, de St-Prix, de Beaumanoir,** en Poitou et en Flandre. — Sans indication de lieu d'impression, ni nom d'auteur, sans date, *in-8°, 12 p.*

4050. — TERNAS (Chʳ AMÉDÉE DE). — Généalogie de la famille **Cosson,** Seigneurs d'Ambrines, Halloi, Rémy, Barlin, Rionval, etc., publiée sur titres originaux et documents divers. — DOUAI, *L. Crépin, 1875, in-8°, 48 p.*

4051. — COURCIVAL (DE). — Notices généalogiques sur la famille Stellaye de Baigneux de **Courcival** et ses alliances, 1ʳᵉ partie. — Généalogie. — MAMERS, *G. Fleury et Dangin, 1883, in-8°, 64 p.*

4052. — COURSON (DU BUISSON DE). — [Maison **du Buisson,** branche de **Courson-Cristot.** Mémoire rédigé après longues recherches et sur documents authentiques, par]. — TARBES, *Telmon, 1868, in-8°.*

4053. — ALTENSTEIN (Bᵒⁿ DE STEIN D'). — Généalogie de la famille de **Fourneau de Cruyckenbourg.** — BRUXELLES, *A. Vanderauwera, 1863, in-8°, 40 p.*

4054. — LA CHESNAYE DESBOIS. — Famille de **Douvet.** — PARIS, *Renou, sans date, in-8°, 15 p.*

4055. — DREUILLE (Généalogie de la famille DE), Seigneurs de **Dreuille**, d'Issards, de Boucherolles, de Chastenay, d'Ardennes, de Bloux, de Maulais, de Grandchamp, de Villeban, de la Lande, de Franchesse, de Lorgues, d'Aveil-sur-Loire, de Lucy-sur-Abron, de la Barre, de la Motte-Josserand, etc., Comtes de Dreuille, en Bourbonnais et en Nivernais. — Sans date ni nom d'auteur et d'imprimeur, *in-8°, 29 p.*

4056. — GUILLAUME (l'Abbé). — Généalogie et Journal de famille de **Méry d'Elvange.** — Sans date ni nom d'imprimeur, *in-8°, 20 p.*

4057. — FADATE. — Maison de **Fadate**, Seigneurs de Saint-George-sur-Arnon, Sainte-Solanges le Chesne, La Varenne, Champeaux, etc. Orig. de Crémone, depuis la naturalisation : Berri, Champagne, Touraine. — PARIS, *Bureau du Cabinet historique, 1868, in-8°, 24 p.*

4058. — REBOUL (ERNEST). — Les de **Ferry** et les d'**Escrivan**, verriers provençaux ; Mémoire publié par la Société académique du Var, sous les auspices de l'Administration municipale de Toulon. — PARIS, *L. Trehner, 1873, in-8°, 36 p.*

4059. — NOTICE généalogique sur la famille **du Fresne**, de Calais, avec pièces justificatives. — PARIS, *Bureau du Cabinet historique, 1865, in-8°, 27 p.*

4060. — GARGAN (Généalogie historique de la Maison DE), suivie de ses dernières alliances et d'un armorial. — METZ, *Ch. Thomas, 1881, in-8°.*

4061. — ESTOURBILLON (le Cᵗᵉ RÉGIS D'). — Documents pour servir à l'histoire des anciens Seigneurs de la **Garnache**, 16ᵃ et 17ᵉ siècle. — NANTES, *Forest, 1885, in-8°, 31 p.*

4062. — GAUDECHART (DE), Seigneurs de **Gaudechart**, de Dargies en partie, de Bachivilliers, du Fayol, de Villotran, de Mesanguy, de Saint-Rimault, d'Esseville, de Courcelles, de Mattancourt, de l'Epine, d'Evry, d'Hémevilliers, marquis de Querrien, Seigneurs de Roquancourt, de Cauville, de Vazou, etc., en Beauvaisis et en Picardie. — Sans nom d'auteur ni lieu d'impression, *in-8°, 44 p.*

4063. — BARTHÉLEMY (E. DE). — Notice généalogique et historique sur la famille **Godet**, en Champagne. Extrait de la Revue de Champagne et de Brie. — PARIS, *H. Menu, 1868, in-8°, 30 p.*

4064. — LA FERRIÈRE-COURCY (le Cᵗᵉ H. DE). — Les **La Borderie**, Etude sur une famille Normande. — PARIS, *Aubry, 1857, in-8°.*

4065. — POLI (Vte Oscar de), — Précis généalogique de la Maison de **La Noue.** — Paris, *Conseil héraldique de France, 1886, in-8°.*

4066. — LA PORTE (A. de). — Histoire généalogique des familles nobles du nom de **de La Porte,** avec les maintenues, les preuves de Noblesse et les sources. — Poitiers, *Oudin frères, 1882, g^d in-8°.*

4067. — LAROCHE-FONTENILLES (de). — Seigneurs de **La Roche,** barons de Cessac et de Lavedan, comtes de Courtenay, marquis de Fontenilles, de Rambures, de Gensac, etc., en Guienne et en Picardie. — Sans date ni nom d'auteur et d'imprimeur, *in-8°, 14 p.*

4068. — HERMANSART (Pagart d'). — La Maison de Laurétan issue des Lorédan, de Venise, en Allemagne, dans les Pays-Bas et en Artois. — Saint-Omer, *d'Homont, 1886, in-8°.*

4069. — COLLIGNON. — Précis historique sur la Maison de **Bony de Lavergne** et quelques autres. Extrait de l'Annuaire historique de la Noblesse française. — Metz, *Collignon, 1837, pl. in-8° de 74 p.*

4070. — MESNIL (Révérend du). — Maison de **Montagnac.** — Notice généalogique. — Paris, *Bureau du Cabinet historique, 1865, in-8°, 16 p.*

4071. — MESNIL (E. Révérend du). — François de **Montherot** et sa famille, d'après les documents authentiques. Généalogie. Extrait de la Revue du Lyonnais. — Lyon, *And. Vingtrinier, 1869, in-8°, 38 p.*

4072. — DÉSORMEAUX (J. Ripault). — Histoire de la Maison de **Montmorency,** contenant la généalogie de la Maison et son histoire, depuis l'année 960, jusqu'en 1531. — Paris, *Desaint et Saillant, 1764, in-12, 5 vol. rel.*

4073. — TIMON-DAVID (l'abbé). — Notice sur la famille de **Moustier.** — Marseille, *Cayer et Cie, 1871, in-8°, 36 p.*

4074. — PALAFOX (Fragment de la Généalogie de la Maison de), en Aragon. Extrait du Cabinet historique. — Paris, *Pillet fils,* sans date, *pl. in-8° de 15 p.*

4075. — PLOESQUELLEC (Généalogie de la famille et Seigneurie de). — Lannion, *Henri Mauger, 1883, 36 p. in-8° br.*

4076. — PRAT (le Marquis du). — Généalogie historique, anecdotique et critique de la Maison **Du Prat.** — Versailles, *Dagneau jeune, 1857, in-8°.*

4077. — BUSSEROLLES (J. X. Carré de). — Recherches historiques sur l'ancienne baronnie de **Preuilly**, première baronnie de Touraine et sur les anciens châteaux de Bossay et de Fontbaudry (Indre-et-Loire). — Tours, *Cattier, 1853, pl. in-8° de 24 p.*

4078. — V. de V. — Notice sur **Quincarnou** et sa famille, rédigée d'après les documents originaux. — Lyon, *V. Cartay, 1877, in-8°, 31 p.*

4079. — CHEVALIER (Jules). — [Histoire généalogique de la Maison de **Rabot**, par Jean Rabot, annotée et publiée par]. — Valence, *J. Céas et fils, 1886, gᵈ in-8°.*

4080. — SAINT-PHALLE (Essai généalogique sur la Maison de), d'après des monuments, et d'après les titres existant encore en 1860 dans des dépôts publics, et dans des chartriers. Notices sur un grand nombre de Maisons et digressions épisodiques sur des titres, mœurs, usages et coutumes du temps. — Coulommiers, *Moussin, 1860, gᵈ in-8°.*

4081. — VARAX (Paul de). — Généalogie de la Maison de **Sainte-Colombe**, ses alliances et ses Seigneuries. Nombreux documents intéressant le Beaujolais, le Forez, le Lyonnais, le Dauphiné, le Poitou, le Charollais et autres provinces. — Lyon, *Imprimerie générale, 1881, in-8°.*

4082. — COSTON (le Bᵒⁿ de). — Le capitaine Joachin de **Suffise, sieur de La Croix**, gentilhomme ordinaire de la Chambre d'Henri III (1559-1625). — Valence, *Chenevier, 1875, pl. in-8° de 32 p.*

4083. — FORTINS (le Chⁱᵉʳ de). — Histoire généalogique de la Maison de **Surgères**, en Poitou. — Etude biographique. (Extrait de la Revue de Bretagne et Vendée). — Nantes, *Forest;* Paris, *Champion, 1881, in-8°, 12 p.*

4084. — TEIL (Bᵒⁿ du). — Généalogie historique de la Maison **du Teil** et de son tronc primordial Adhémar de Monteil remontant, par ses ascendants directs, jusqu'à l'origine de la nationalité française et les temps des rois mérovingiens. — Paris, *E. Martinet, 1879, gᵈ in-8°.*

4085. — TEMPLE (du). [Généalogie de la famille], sieurs de la Moularde, de Mérobert, de Chevrigny, de Rougemont, de Monlafilan, de Beaujeu, etc., au pays Chartrain. — Sans date ni lieu d'impression, et sans nom d'auteur, *in-8°, 10 p.*

4086. — NOTICE historique sur la Maison de **Touchet**, de la province de Normandie, 876 à 1877. — Caen, *Le Blanc-Hardel, 1879, in-8°.*

4087. — HOZIER (D'). — Notice historique et généalogique sur la Maison d'Arnaud de **Valabris**. Cette généalogie est signée d'Hozier dans l'Armorial général. — Lyon, *L. Perrin, 1856, pl. in-8°, de 24 p.*

4088. — VAN CAPPEL, Seigneurs de Woorbanck, de Noortbergue, de Spyeker, de Briaerde, de Porthove, de Neufflefs, de Bacquelroot-Griboval, de la Nieppe, de West. Cappelle, de Nieuwenheim, etc., aux Pays-Bas et au Cambrésis. — S. d. ni n. d'aut[r] et d'impr, *in-8°, 16 p.*

4089. — VAUZELLES (Ludovic de). — [Discours de l'Estoc et généalogie des comtes de **Vintimille**, Paléologues et Lascaris, par le sieur de Vintimille, publié pour la première fois par]. — Lyon, *A. Vingtrinier, 1873, g[d] in-8°, 48 p.*

4090. — TERNAS (Ch[r] Amédée du). — Généalogie de la famille **Foucques de Wagnonville**, originaire d'Abbeville, avec une Notice sur M. de Wagnonville, le généreux donateur du Musée de Douai. — Douai, *Crépin ;* Paris, *Dumoulin ;* Gand, *C. Vyt, 1881, in-8°, 18 p.*

Pologne

4091. — NOTICES sur les familles illustres et titrées de Pologne, suivies de trois planches coloriées, contenant les armes des familles mentionnées dans ces Notices. — Paris, *Franck ;* Bruxelles et Leipzig, *A. Lacroix, Verboreckhoven et Cie, 1862, in-8°.*

2. — ARCHÉOLOGIE

A. — Introduction, Dictionnaires, Traités élémentaires, Collections et Mélanges

4092. — BAUDELOT de DAIRVAL (M.) — De l'utilité des voyages et de l'avantage que la recherche des antiquités procure aux savants. — Paris, *P. Aubouïn et P. Emery, 1686, in-12, 2 vol.*

4093. — D°. — La même. Nouvelle édition, augmentée (fig.) — Rouen, *Ch. Ferrand, 1727, in-12, 2 vol. rel.*

4094. — MONCHABLON (E. J.) — Dictionnaire abrégé d'antiquités pour servir à l'intelligence de l'histoire ancienne, tant sacrée que profane, et à celle des auteurs grecs et latins. — Paris, *Desaint et Saillant, 1761, in-12 rel.*

4095. — D°. — Le même. Nouvelle édition. — Paris, *Saillant et Nyon, et la Veuve Desaint, 1773, in-12 rel.*

4096. — THEIL (M. N.) — Dictionnaire de biographie, mythologie, géographie anciennes, etc. — Paris, *F. Didot frères, fils et Cie, 1865, g^d in-18 rel.* (Traduit, en grande partie, de l'anglais du Docteur Smith, par M. N. Theil, professeur au Lycée impérial Saint-Louis.

4097. — RICH (Antony). — Dictionnaire des antiquités romaines et grecques, accompagné de 2,000 gravures d'après l'antique, représentant tous les objets de divers usages d'art et d'industrie des grecs et des romains. Trad. de l'anglais sous la direction de M. Chéruel, Inspecteur de l'Académie impériale de Paris. — Paris, *F. Didot frères, fils, et Cie, 1859, in-12 rel.*

4098. — MARTIGNY (l'abbé). — Dictionnaire des antiquités chrétiennes. Paris, *L. Hachette, 1865, g^d in-8°.*

4099. — GIRAULT DUVIVIER (C. P.) — Encyclopédie de l'antiquité ou origine, progrès, état et perfection des arts et des sciences, d'après les meilleurs auteurs. — Paris, *Janet et Cotelle, 1830, in-8°, 4 vol.*

4100. — VAN DALE (Ant.) — Dissertationes IX. Antiquitatibus, quin et marmoribus, cum Romanis, tum potissimum Græcis, illustrandis inservientes. Cum figuris æneis. — Amstelodami, *apud Henricum et Viduam Theodori Boom, 1702, in-4° rel.*

4101. — PERROT (Georges), GUILLAUME (Edm.) et DELBET (Jules). — Exploration archéologique de la Galatie et de la Bithynie, d'une partie de la Mysie, de la Phrygie, de la Cappadoce et du Pont. — Paris, *F. Didot, 1862, in-f°, 2 vol.* (Le 2e contient les planches et les cartes).

4102. — LEDAIN (l'abbé). — Lettres et notices d'archéologie, de numismatique, de topographie gallo-romaine et d'histoire. — Metz, *Nouvian, 1869, in-8° cart.*

4103. — LE BAS (Philippe). — Voyage archéologique en Grèce et en Asie-Mineure sous la direction de M. Philippe Le Bas (1842-1844). Planches de topographie, de sculpture et d'architecture, gravées d'après les dessins de E. Landrez, publiées et commentées par Salomon Reinach. Paris, *F. Didot et Cie, g^d in-4°.* Tome Ier.

4104. — PIERRET (l'abbé Ch.) — Manuel d'archéologie pratique. Ouvrage dédié à Mgr le cardinal Gousset, archevêque de Rheims. — Paris, *V. Didron, in-8° br.*

4105. — CROZES (Hippolite). — Répertoire archéologique du département du Tarn. — Paris, *Imprimerie impériale, 1865, in-4° br.*

4106. — GUÉRIN (V.) — Voyage archéologique dans la Régence de Tunis, exécuté en 1860 et publié sous les auspices et aux frais de M. le duc de Luynes. (Carte de la Régence). — Paris, *H. Plon, 1862, 2 vol. in-8°.*

4107. — CAUMONT (de). — Abécédaire ou rudiment d'archéologie. — Paris, *Derache, 1853, in-8°.*

4108. — PIERRET (Paul). — Dictionnaire d'archéologie égyptienne. — Paris, *Imprimerie nationale, gd in-12 rel.*

4109. — BIBLIOTHÈQUE de poche par une Société de gens de lettres et d'érudits. — Curiosités de l'archéologie et des Beaux-Arts. — Paris, *Paulin et Le Chevalier, 1855, in-8° br.*

4110. — BERGUES-LAGARDE. — Mosaïque, — Archéologie. — Villeneuve, *E. Glady, 1844, in-8° br.*

4111. — MÉLANGES d'archéologie et d'histoire. (Ecole française de Rome), années 1883-84-85-86-87-88, le 1er et le 2e fascicule de 1889. — Paris, *Ernest Thorin, in-8°, 6 vol. rel.*

4112. — GAZETTE archéologique. — Recueil de monuments pour servir à la connaissance et à l'histoire de l'art dans l'antiquité et le moyen-âge, fondé par J. de Witte et Fr. Lenormant, publié par les soins de J. de Witte et Robert de Lasteyrie, etc., etc. — Paris, *A. Lévy* (9e, 10e, 12e, 13e et 14e années seulement).

4113. — BOSC (Ernest). — Dictionnaire de l'archéologie et des antiquités chez les divers peuples. 450 grav. dans le texte. — Paris, *F. Didot et Cie, 1881, petit in-8° br.*

4114. — DUMONT (Albert) et CHAPLAIN (Jules), membre de l'Institut. — Mélanges archéologiques. — Paris, *F. Didot et Cie, 1887-1889, in-f° broché.*

4115. — RAYET (Olivier). — Etudes d'archéologie et d'art. Illustré de 5 photogravures et de 112 gravures. — Paris, *F. Didot et Cie, 1888, in-8° br.*

4116. — ANNUAIRE de la Société française de numismatique et d'archéologie. Les années 1866 et 1867 sont complètes. (Manque la 1re livraison du tome IIIe.) La 1re livraison du tome IV existe seule. — PARIS, *au siège de la Société, 1866-67-70 et 73, in-8° br.*

B. — Mœurs et usages

a. — *Usages civils et militaires de différents peuples.*

4117. — SABBATHIER (M.), professeur au Collège de Châlons-sur-Marne, et secrétaire perpétuel de l'Académie de la même ville. — Les mœurs, coutumes et usages des anciens peuples. — CHALONS-SUR-MARNE, *Bouchard, et PARIS, Delalain, 1770, in-4° rel.*

4118. — BAIF (LAZARE DE). — De re vestiaria libellvs, ex Bayfio excerptus : addita vvlgaris lingue interpretatione, in adolescentulorum gratiam atque utilitatem. — PARISIIS, *apud Nicolaum Buffet, 1536, petit in-8°.*

Relié avec :

Ioannis Rauisii textoris niuernensis non vulgaris editionis Epistolæ nunc recêsa quopiam accuratius castigate et prope innumeris mendis absterse.— PARISIIS, *apud Mauricium de Porta, 1538, in-8°.*

Et :

Gvilielmi Houveti Carnotensio ad generosum adolescentem Geraldum gallum Parisiensem patricum Geraldi galli in senatu Parisiensi consiliarij filium micropedia epistolaris.

4119. — PORCACCHI (THOMASUS). — Fvnerali antichi di diversi Popoli, et nationi ; forma, ordine, et pompa di sepolture, di essequie, di conse-crationi antiche et d'altro, descritti in Dialogo da Thomaso Porcacchy da Castiglione Arretino. Con la Figure in Rame di Girolamo Porro Padovano. — IN VENETIA, *1574 (fig.), in-4° rel.*

4120. — MURET (N.). — Cérémonies funèbres de toutes les nations. — PARIS, *L'st. Michalley, 1679, petit in-12 rel.*

4121. — FEYDEAU (ERNEST). — Histoire des usages funèbres et des sépultures des peuples anciens. (Pl. et Pl.) Ouvrage publié sous les auspices de M. le Ministre de l'instruction publique et des cultes. — PARIS, *Gide et Baudry, 1856, gd in-4° rel., 2 vol.*

4122. — MAURIÈS (P.). — Archéologie. Découverte d'un tombeau antique dans un tumulus près de Kerhuon. — *In-8° rel.*

4123. — COCHET (L'abbé). — Sépultures gauloises, romaines, franques et normandes, faisant suite à la Normandie souterraine. — Paris, *V. Didron, 1857, in-8°.* (Pl.)

4124. — MURET (M.). — Traité des Festins. — Paris, *Guillaume Desprez, 1782, petit in-8° rel.*

4125. — NICOLAÏ (M.). — Recherches historiques sur l'usage des cheveux postiches et des perruques, dans les temps anciens et modernes. Trad. de l'allemand de Jansen, par Nicolaï. — Paris, *L. Collin, 1809, in-8°.* (Fig.)

4126. — MERCURIALE (Hieron). — De arte gymnesticâ, libri sex : in quibus exercitationum omnium vetustarum genera, loca, modi, facultates, et quidquid denique ad corporis humani exercitationes pertinet, diligenter explicatur, etc. — Parisiis, *apud Iacobum du Puys, via D. Ioannis Lateranensis, sub signo Samaritanæ, 1577, in-4° rel. f. d.*

4127. — SABBATHIER (Fr.). — Les exercices du corps chez les anciens. — Paris, *Delalain, 1772, in-8°, 2 vol. rel.*

4128. — DELISLE DE SALES. — Lettre de Brutus sur les chars anciens et modernes. — Londres, *1771, in-8° rel.*

b. — *Poids, mesures et monnaies des Anciens.*

4129. — CENALIS (Rob.). — De verâ mensurarum poderumque ratione opus de integro instauratu, a Reverendo in Christo patre Roberto Cenali, divina clementia Espicopo Abrincensi, Theologo doctore ordine et origine Parisiensi. — Liber iâ tertiò auctus et recognitus ab authore. Accedunt et paralipomena quœdâ. — Parisiis, *apud Ioannem Roigny sub Basilisco et quatuor Elementis, in via ad divum Iacobum, 1547, in-8° rel.*

4130. — PAUCTON (A.-J.-P.). — Métrologie ou traité des mesures, poids et monnaies des anciens peuples et des modernes. — Paris, *veuve Desaint, 1780, in-4° rel.*

4131. — ROMÉ DE L'ISLE (M. de). — Métrologie ou tables pour servir à l'intelligence des poids et mesures des anciens, et principalement à déterminer la valeur des monnaies grecques et romaines, d'après leur rapport avec les poids, les mesures et le numéraire actuel de la France. — Paris, *Imprimerie de Monsieur, 1789, in-4° rel.*

4132. — GREPSIUS (Stan.) — De multiplici siclo et talento hebraico. Item, de mensuris hebraicis, tàm aridorum quàm liquidorum. His præmissa est epitome de ponderibus et mensuris, quæ apud profanos leguntur auctores, ex Budaeo potissimum desumpta. Invenies hic multa hactenus nostri sœculi hominibus incognita. — Antuerpiæ, *ex officina Christophori Plantini, 1578, petit in-8°.*

Relié avec :

Exterarum ferè omnium et præcipuarum gentium anni ratio, et cum Romano collatio : rara et exquisita rerum scitu dignissimarum cognitione, ac diversi generis auctorum explicatione referta ; Joanne Lalamantïo apud Hœduos Burgundiæ medico auctore, 1521.

Mœurs et usages des anciens Egyptiens. — Hiéroglyphes.

4133. — KIRCHER (A.). — Sphinx mystagoga, sive diatribe hieroglyphica, quâ mumiæ, ex Memphiticis Pyramidum adytis erutæ, et non ità pridem in Galliam transmissæ, juxta veterum Hieromystorum mentem, intentionem que plena fide et exacta exhibetur interpretatio. Ad inclytos, abstrusiorumque cognitionum periti instructissimos Galliæ Philologos directa. — Amstelodami, *ex officina Janssonio-Waesbergiana, anno* mdclxxvi, *in-f° rel.*

4134. — HORAPOLLO. — Hieroglyphica græcé et latiné, cum integris observationibus et notis Joannis Merceri et David Hœschelli, et selectis Nicolai Caussini. Curante Joanne Cornelis de Pauw, qui suas etiam observationes addidit. — Trajecti ad Rhenum, *apud Melchior. Leonardum Charlois, 1727, in-4° rel.*

4135. — D°. — Hiéroglyphes, dits d'Horapolle. Trad. du grec par Riquier. — Amsterdam et Paris, *J.-F. Bastien, 1779, in-12 rel.*

4136. — CHAMPOLLION (Le Jeune M.). — Précis du système hiéroglyphique des anciens Egyptiens, ou recherches sur les éléments premiers de cette écriture sacrée, sur leurs diverses combinaisons, et sur les rapports de ce système avec les autres méthodes graphiques égytiennes. 2° édit. — Paris, *Imp. roy., 1828, in-8°, 2 vol.,* un de planches.

4137. — D°. — Lettre à M. Dacier, secrétaire perpétuel de l'Académie royale des inscriptions et belles-lettres, relative à l'alphabet des hiéroglyphes phonétiques employés par les Egytiens pour inscrire sur leurs monuments les titres, les noms et les surnoms des souverains grecs et romains. — Paris, *F. Didot, 1822, in-8° br.*

4138. — KLAPROTH (M. J.). — Seconde lettre à M. de S****, sur les hiéroglyphes. — PARIS, *J.-S. Merlin, 1827, in-8° br.*

4139. — SALVOLINI (F.). — Des principales expressions qui servent à la notation des dates sur les monuments de l'ancienne Egypte, d après l'inscription de Rosette. — PARIS, *Dondey-Dupré, père et fils, 1833, in-8° br.*

4140. — D°, d°. — Analyse grammaticale raisonnée de différents textes anciens égyptiens, ouvrage dédié à Sa Majesté le roi de Sardaigne. — PARIS, *veuve Dondey-Dupré, 1837, in-4°.* Planches.

4141. — D°, d°. —. Traduction et analyse grammaticale des inscriptions sculptées sur l'obélisque égyptien de Paris. — PARIS, *veuve Dondey-Dupré, 1837, in-4° rel.*

4142. — D°, d°. — Analyse grammaticale raisonnée de différents textes anciens égyptiens. Vol. premier, texte hiéroglyphique et démotique de la pierre de Rosette. — PARIS, *veuve Dondey-Dupré, 1836, in-4° rel.*

4143. — KIRCHER (A.). — Œdipus Œgyptiacus, hoc est universalis hieroglyphicæ veterum doctrinæ temporum, injuriâ abolitæ instauratio. — ROMÆ, *V. Mascardi, 1652, in-f°, 4 vol. rel.*

4144. — D°. — Autre exemplaire, même édition.

4145. — ÉCLAIRCISSEMENTS sur le cercueil du roi Memphite Mycérinus ; trad. de l'anglais et accompagnés de notes par Ch. Lenormant, suivis d'une lettre sur les inscriptions de la grande pyramide de Giseh, par M. le docteur Lepsius. — PARIS, *Leleux, 1839, in-4° rel.*

4146. — MÉLANGES d'archéologie égyptienne et assyrienne. — PARIS, *Imp. nationale et A. Franck, 1873-1876.* 8 fascicules formant 3 tomes. Manque le second fascicule.

Mœurs et usages des anciens Grecs

4147. — FURGAULT (N.) — Nouveau recueil historique d'antiquités grecques et romaines, en forme de dictionnaire, pour faciliter l'intelligence des auteurs grecs et latins. Nouvelle édition. — PARIS, *Brocas, 1787, p^t in-8° rel.*

4148. — MEURSIUS (J.) — Græcia ludibunda, seu, de ludis Græcorum liber singularis. Accedit D. Sovteri Palamedes, sive, de tabulâ lusoriâ, aleâ et variis ludis, libri tres. — Lugduni, *Batavorum, ex officinâ Elzevirianâ, 1625, p^t in-8°, v. f. fil.*

4149. — FUSTEL de COULANGES. — La Cité antique. — Etude sur le Culte, le Droit, les Institutions de la Grèce et de Rome. — Paris, *in-8° br.*

Mœurs et usages des anciens Romains

4150. — MANUTIUS (P.) — Antiquitatum romanorum liber de legibus. Index rerum memorabilium. — Parisiis, *apud Bernardum Turrisanum, via Jacobea, in Aldina bibliotheca, 1557, p^t in-8° rel.*

4151. — HILDEBRAND (F.) — Antiquitates romanæ in compendium contractæ et juxta ordinem alphabeti dispositæ. Editio decima figuris æneis exornata. Accedunt Ottonis Aicher de Comitiis Romanorum Lib. III. — Trajecti ad Rhenum, *apud Joh. et Matth. Visch, 1731, p^t in-12, vel. frap.*

4152. — ARNAY (d'). — De la vie privée des Romains. — Lausanne, *M. M. Bousquet, 1757, in-18 rel.*

4153. — NIEUPOORT (M.) — Explication abrégée des coutumes et cérémonies observées chez les Romains, pour faciliter l'intelligence des anciens auteurs. Trad. par M. l'abbé *** Desfontaines. — Paris, *Jean Desaint, 1741, in-12 rel.*

4154. — BRIDAULT (M.), Maître de pension. — Mœurs et coutumes des Romains. — Paris, *Le Mercier, 1754, in-8° rel.* |

4155. — FRIEDLŒNDER (L.) — Mœurs romaines du règne d'Auguste à la fin des Antonins. Trad. libre faite sur la 2e édition allemande, etc., par Ch. Vogel. — Paris, *C, Reinwald, 1865, in-8°, 2 vol. rel.*

4156. — JAMES (Le docteur Constantin). — Toilette d'une Romaine au temps d'Auguste, et conseils à une Parisienne sur les cosmétiques. 2e édit. — Paris, *L. Hachette et Cie, 1866, in-8° br.*

4157. — ARNAY (J.-B.-D.). — De la vie privée des Romains. — Lausanne, *M. M. Bousquet, et Paris, 1757, in-12.*

Relié avec :

BEAUSOBRE (L.). — Essai sur le bonheur, ou réflexions philoso-phiques sur les biens et les maux de la vie humaine. Nouvelle édition.— AMSTERDAM, *J.-H. Schneider*, 1759, in-8°.

JOURNAL en forme de lettres, mêlé de critique et d'anecdotes, par Madame B*** (Benoît). — *In-8°.*

PERNETTY (L'abbé J.). — Observations sur la vraie philosophie, dédiées à feue Madame la présidente de Fleurieu. — LYON, *Aimé Dela-roche, 1757, in-8° rel.*

4158. — ARNAY (J -B.-D.). — Habitudes et mœurs privées des Romains. Nouvelle édition. — PARIS, *Maillard, 1295, in-8°.*

4159. — BOISSIER (GASTON). — Cicéron et ses amis. Etude sur la société romaine du temps de César. 2ᵉ édit. — PARIS, *Hachette, 1870, gᵈ in-18.*

4160. — BUTEL-DUMONT (G.-M.). — Recherches historiques et cri-tiques sur l'administration publique et privée des terres chez les Romains depuis le commencement de la République jusqu'au siècle de Jules César. — PARIS, *veuve Duchesne, 1779, in-8° rel.*

4161. — FYOT DE LA MARCHE (FR.). — Le Sénat romain. — PARIS, *P. Eymery, 1702, in-12 rel.*

4162. — CHAPMAN (M.). — Essai sur le Sénat romain. Trad. de l'anglais par Larcher. — PARIS, *Ganeau, 1765, in-12 rel.* (2 ex.)

4163. — SÉRAN DE LA TOUR (L'abbé). — Histoire du tribunat de Rome, depuis sa création, l'an 261 de la fondation de Rome, jusqu'à la réunion de sa puissance à celle de l'empereur Auguste, l'an 730 de la fondation de Rome. Son influence sur la décadence et la corruption des mœurs. — AMSTERDAM, *Vincent, 1774, in-8° rel.*

4164. — BERGIER (N.). — Histoire des grands chemins de l'Empire romain, contenant l'origine, les progrès et étendue quasi incroyable des chemins militaires pavés depuis la ville de Rome jusqu'aux extrémités de l'Empire. Nouvelle édition. Cart. et fig. — BRUXELLES, *J. Léonard, 1728, in-4°, 2 vol. rel.*

2. — ARCHÉOLOGIE *(2ᵐᵉ partie)*

ARCHÉOGRAPHIE

A. — Introduction, Histoire des Beaux-Arts dans l'antiquité et traités qui se rapportent à cette Histoire

4165. — BOUCHER DE PERTHES. — Antiquités celtiques, etc. Mémoire sur l'industrie primitive, etc. — PARIS, *1849, in-8°, pl.*

4166. — LUBBOCK (SIR JOHN). — L'homme avant l'histoire. Traduit de l'anglais. — PARIS, *Saillière, 1867, in-8° rel.*

4167. — Dᵒ. — Dᵒ. — Les origines de la civilisation. Etat primitif de l'homme et mœurs des sauvages modernes, par sir John Lubbock. Trad. de l'anglais pour la seconde édition, par M. Ed. Barbier. — PARIS, *Germer-Baillière, 1873, in-8° rel.*

4168. — H. LE HON. — L'homme fossile en Europe, son industrie, ses mœurs, ses œuvres d'art. Quatre-vingts gravures. — PARIS, *C. Reinwald, 1877, in-8° rel.*

4169. — ROUGEMONT (FRÉDÉRIC DE). — L'âge du bronze ou les sémites en Occident, matériaux pour servir à l'histoire de la haute antiquité. — PARIS, *Didier et Cⁱᵉ, 1866, in-8° rel.*

4170. — FERGUSSON (JAMES) — Les monuments mégalithiques de tous pays, leur âge et leur destination. Trad. de l'anglais par l'abbé Hamard. — RENNES, *Berthelot, 1878, in-8° br.*

4171. — EVANS (JOHN D. C. L.) — Les âges de la pierre, armes et instruments de la Grande-Bretagne. Trad. de l'anglais par E. Barbier, avec 476 fig. intercalées dans le texte. — PARIS, *Germer-Baillière, 1878, in-8°.*

4172. — CHATELLIER (PAUL DU). — Les époques préhistoriques et gauloises dans le Finistère. Inventaire des monuments de ce département des temps préhistoriques à la fin de l'occupation romaine. — PARIS, *E. Lechevalier, 1889, in-8° br.*

4173. — BÉZIER. — Inventaire des monuments mégalithiques du département d'Ille-et-Vilaine. — Rennes, *Catel et Cie*, *1883, in-4° br.*

4174. — ZIMMERMANN (W.-F.-A.). — L'homme, problèmes et merveille de la nature humaine physique et intellectuelle. Origine de l'homme, son développement de l'état sauvage à l'état de civilisation ; exposé complet d'anthropologie et d'ethnographie à l'usage des gens du monde, trad. sur la 8ᵉ édition allemande. 4ᵉ édit. — Paris, *Schulz et Thuillié, 1864, in-8° rel.*

4175. — LYELL (Sir Ch^{es}). — L'ancienneté de l'homme. — L'homme fossile en France, communications faites à l'Institut (Académie des sciences), par MM. Boucher de Perthes, Boutin, etc., etc., avec deux planches et figures intercalées dans le texte. — Paris, *J.-B. Baillière et fils, 1864, in-8°, 2 vol. rel.*

4176. — MEIGNAN (Mgr), évêque de Châlons-sur-Marne. — Le monde et l'homme primitif selon la Bible. — Paris, *Victor Palmé, 1869, in-8° rel.*

4177. — FIGUIER (Louis). — L'homme primitif. Ouvrage illustré par E. Bayard et par Delahaye. — Paris, *L. Hachette, 1870, g^d in-8°.*

4178. — BROUILLET (A.) et MEILLET (A.). — Epoques anté-diluviennes et celtique du Poitou. — Paris, *Dumoulin*, s. d. *(1862), g^d in-8° rel.* (50 pl.)

4179. — DESOR (E.). — Les palafittes, ou constructions lacustres du lac de Neufchâtel, ornées de 95 gravures. — Paris, *Reinwald, 1865, in-8°.*

4180. — LINAS (Charles de). — L'histoire du travail à l'Exposition universelle de 1867. — Paris, *Didron, 1878, in-8° br.*

4181. — CAUMONT (M. de). — Cours d'antiquités monumentales. — Paris, *Lance, 1830, in-8° rel.*

4182. — BATISSIER (L.). — Histoire de l'art monumental dans l'antiquité et le moyen-âge, suivie d'un traité de la peinture sur verre. — Paris, *Furne et Cie, 1845, g^d in-8° rel.* (Pl.)

4183. — DEMMIN (Aug^{te}). — Guide de l'amateur de faïences et porcelaines, poteries et terres cuites, peintures sur lave, émaux, pierres précieuses artificielles, vitraux et verreries. 3ᵉ édit. — Paris, *V. Renouard, 1867, in-12, 2 vol.* (Fig.)

4184. — BORDEAUX (Raymond). — Traité de la réparation des églises, principes d'archéologie pratique. 2ᵉ édition. (Fig.). — Paris, *Aubry, 1862, in-18.*

4185. — SAULCY (F. DE). — Histoire de l'art judaïque, tirée des textes sacrés et profanes. — PARIS, *Didier, 1858, in-8°.* (Pl.)

4186. — CLARAC (Cte DE). — Manuel de l'histoire de l'art chez les anciens. Description des Musées de sculpture antique et moderne du Louvre. — PARIS, *Renouard et Cie, 1847, in-12, 3 vol.*

4187. — BELGRADO (DA). — Dell'architettura Egiziana dissertatione. — PARMA, *Stamperia reale, 1786, in-4° cart.*

4188. — BŒTTIGER (CH. A.) — Les Furies, d'après les poètes et les artistes anciens. Trad. de l'allemand par T. F. Winckler. — PARIS, *A. Delalain, 1802, in-8° br.*

B. — Mélanges et Recueils de Monuments en tout genre

4189. — AGOSTINI (DON ANT.) — Dialoghi di Don Antonio Agostini, Arcivescovo di Tarracona intorno alle medaglie, inscrittioni et altre antichita, tradotti di lingua Spagnvola in Italiana da Dionigi Ottaviano sada et dal medesimo accresciuti, con diuersi annotationi, et illustrati con disegni di molte Medaglie et d'altre figure. — ROMA, *1592, petit in-f° vel.*

4190. — CAYLUS (le Cte DE). — Recueil d'antiquités égyptiennes, étrusques, grecques et romaines. Nouvelle édition. — PARIS, *Desaint et Saillant, 1761, in-4°, 7 vol.* v. D. S. T.

4191. — PONCELIN DE LA ROCHE-TILLAC (J. CH.) — Chef-d'œuvres de l'antiquité sur les beaux-arts, monuments précieux de la Religion des Grecs et des Romains, de leurs sciences, de leurs lois, etc., etc. Tirés des principaux cabinets de l'Europe et gravés par Bernard Picart, publiés par Poncelin de la Roche-Tillac. — PARIS, *Lamy, 1784, |in-f°, 2 vol. rel.*

4192. — BLOUET (ABEL). — Expédition scientifique de Morée ordonnée par le gouvernement; architecture, sculpture, inscriptions et vues du Péloponèse, des Cyclades et de l'Attique. — PARIS, *F. Didot, 1831, g^d in-f°, 3 vol. rel.*

4193. — BEULÉ. — Fouilles et découvertes résumées et discutées en vue de l'histoire de l'art, Grèce et Italie, Afrique et Asie. — PARIS, *Didier, 1873, 2 vol. in-8°.*

4194. — SPONIUS (Jacobus). — Miscellanea eruditæ antiquitatis : in quibus Marmora, Statuæ, Musiya, Toreumata, Gemmæ, Numismata, Grutero, Ursino, Boissardo, Reinesio, aliisque antiquorum monumentorum collectoribus ignota, et hucusque inedita referuntur ac illustrantur ; curâ et studio Jacobi Sponii, Lugdunensium Medicorum Collegio, Patavinæ Recuperatorum et Regiæ Nemausensi Academiæ Aggregati. — Lugduni, *sumptibus auctoris, anno* mdclxxxv, *cum privilegio regis, in-1° rel. parch.*

C. — Description des Musées et des Collections de Monuments antiques

4195. — DAVID (F. A.) — Muséum de Florence ou Collection de pierres gravées, statues, médailles et peintures, qui se trouvent à Florence, principalement dans le cabinet du Grand-Duc de Toscane, dessiné et gravé par F. A. David, avec des explications françaises par Mulot. — Paris, *David, 1787-1803, in-4°, 8 vol. cart.*

4196. — NOTICE des statues, bustes, bas-reliefs des galeries des antiques du Musée Napoléon, ouvertes, pour la première fois, le 18 brumaire an 9. — Paris, *an XII, in-12.*

4197. — VISCONTI (le Chevalier). — Description des antiques du Musée royal. — Paris, *1817, p^t in-8°.*

4198. — CLARAC (le Cte de). — Description des antiques du Musée royal, commencé par feu M. le Chevalier Visconti. — Paris, *Mme Hérissant Le Doux, 1820, p^t in-8°,* avec un supplément, *2 vol.*

4199. — CHAMPOLLION (le jeune). — Lettres à M. le duc de Blacas d'Aulps, relatives au Musée royal égyptien de Turin. — Paris, *F. Didot, 1824-1826, g^d in-8° cart., 2 vol.*

4200. — D°. — Atlas *in-4°.*

4201. — PASSALACQUA (M. J^ph), de Trieste. — Catalogue raisonné et historique des antiquités découvertes en Egypte.— Paris, *1826, in-8° rel.*

4202. — SOMMERARD (de). — Musée des Thermes et de l'Hôtel de Cluny. Catalogue et description des objets d'art de l'antiquité du Moyen-Age et de la Renaissance, exposés au Musée. — Paris, *Hôtel de Cluny, in-8°.*

4203. — MORTILLET (Gabriel et Adrien de). — Musée préhistorique. Photogravures Michelet. — Paris, *C. Reinwald, 1881, g^d in-4° br.*

4204. — BABELON (Ernest), Bibliothécaire au département des médailles et antiques de la Bibliothèque nationale. — Le cabinet des antiques à la Bibliothèque nationale. — Choix des principaux monuments de l'antiquité, du moyen-âge et de la renaissance. — Paris, *Lévy, 1888, 2 g^ds in-f°* *cartonnés.*

D. — Monuments antiques de tout genre, découverts à Herculanum et Pompéï

4205. — COCHIN et BELLICARD. — Observations sur les antiquités de la ville d'Herculanum, avec quelques réflexions sur la peinture et la sculpture des anciens, et une courte description de plusieurs antiquités des environs de Naples. — Paris, *C.-A. Jombert, 1754, in-12 cart.*

4206. — D°. — 2° édition. — Paris, *C.-A. Jombert, 1755, in-12 cart.*

4207. — FOUGEROUX DE BONDAROY (A.-D.). — Recherches sur les ruines d'Herculanum et sur les lumières qui peuvent en résulter relativement à l'état présent des sciences et des arts, avec un traité sur la fabrique des mosaïques. — Paris, *Desaint, 1770, petit in-8° cart.* (2 ex.)

4208. — DAVID (F.-A.). — Antiquités d'Herculanum, ou les plus belles peintures antiques et les marbres, bronzes, meubles, etc., etc., trouvés dans les excavations d'Herculanum, Stabia et Pompeia. Gravées par F.-A. David, avec leurs explications par P.-S. Maréchal. — Paris, *David, 1780-1808, in-4°, 12 vol. rel. en 10 vol.*

4209. — BRETON (Ernest). — Pompeia décrite et dessinée par E. Breton, de la Société impériale des antiquaires de France, etc., suivie d'une notice sur Herculanum. 2° édit. — Paris, *Gide et J. Baudry, in-8° rel.*

4210. — BOISSIER (Gaston). — Promenades archéologiques. Rome et Pompéï, avec 8 plans. 3° édit. — Paris, *Hachette et Cie, 1887, petit* *in-8° br.*

E. — Monuments divers d'architecture

4211. — RUINES (Les) de Palmyre, autrement dite Tedmor, au Désert, par Rob. Wood, Borra et Dawkins. — Londres, *Millau, 1753, g^d in-f°.* D. S. T.

4212. — RUINES (Les) de Balbec, autrement dite Héliopolis, dans la Cœlosyrie. — Londres, *1757, g^d in-f°, pl. p.* V. F. D. S. T.

4213. — LE TRONNE (J.-A.). — Mémoire sur le tombeau d'Osymandyas, décrit par Diodore de Sicile. Remarques sur plusieurs inscriptions grecques du colosse de Memnon et sur celle du Nilomètre d'Eléphantine. — *Imp. royale, 1822, in-8°.*

4214. — SÉRAPÉUM (Le) de Memphis, par Auguste Mariette-Pacha, publié d'après le manuscrit de l'auteur, par G. Maspero, professeur au Collège de France, directeur général des Musées d'Egypte. — Paris, *Vieweg, 1882. in-4°.* Tome 1er et supplément (en publication).

4215. — ATLAS. 1re livraison. — Paris, *Vieweg, 1882, in-f°.*

4216. — MASTABA (Les) de l'ancien Empire, fragment du dernier ouvrage de A. Mariette, publié d'après le manuscrit de l'auteur, par G. Maspero. — Paris, *Vieweg, 1882, g^d in-4°.* 6 livraisons.

4217. — LE ROY (J.-D.). — Les ruines des plus beaux monuments de la Grèce. — Paris, *H.-E. Guérin et L.-F. de la Tour, 1758, g^d in-f°,* mar. fil. Dent. arm. D. S. P. D. S. T.

4218. — BRETON (Ernest). — Athènes décrite et dessinée, suivie d'un voyage dans la Péloponèse. — Paris, *Gide, 1862* (Pl.), *g^d in-8° rel.*

4219. — MAJOR (Th.). — Les ruines de Paestum ou de Posidonia dans la Grande-Grèce. Trad. de l'anglais par Jacques Varennes. — Londres, *T. Major. Imprimées par J. Dixwelli, 1768, g^d in-f°,* mar. rouge fil. D. S. T.

4220. — D°. — Les mêmes. Trad. libre de l'anglais, par Dumont. Imprimé à Londres, en 1767, par M***, etc. — Londres et Paris, *1769, g^d in-4° rel.*

4221. — BRALION (Le P. N.). — Les curiosités de l'une et l'autre Rome, ou traité des plus augustes Temples et autres principaux lieux saints de Rome chrétienne, et des plus notables monuments et vestiges d'antiquité et magnificence de Rome payenne. (Fig.) — Paris, *E. Couterot, 1655, petit in-8°.* Parch.

4222. — LÉON (Fr.). — Les merveilles de Rome avec les sept merveilles du monde. (Fig.) — Rome, *F. Buagni, 1690, petit in-8° rel.*

4223. — NODOT. — Nouveaux mémoires ou observations qu'il a faites sur les monuments de l'ancienne et de la nouvelle Rome, avec les descriptions exactes des uns et des autres. Cart. et fig. — Amsterdam, *Z. Châtelain, 1706, in-12, 2 vol. rel.*

4224. — OVERBECK (Bonaventure d'). — Les restes de l'ancienne Rome, recherchés avec soin, dessinés sur lieux et gravés. — Amsterdam, *J. Crellius, 1709, gᵈ in-fº, 3 vol.* v. m. fil. D. S. T.

4225. — BARBAULT. — Les plus beaux monuments de Rome ancienne, ou Recueil des plus beaux morceaux d'architecture de l'antiquité Romaine qui existent encore avec leur explication. — Rome, *Bouchard et Gravier, 1761, gᵈ in-fº,* v. fil. D. S. T.

4226. — Dº. — Les plus beaux édifices de Rome moderne, ou Recueil des plus belles vues des principales églises, places, etc., etc. de Rome. — *Bouchard et Gravier, 1763, gᵈ in-fº* fil. D. T. S.

4227. — Dº. — Recueil de divers monuments anciens, répandus en plusieurs endroits de l'Italie. — Rome, *Bouchard et Gravier, 1770, gᵈ in-fº* v. fil. D. S. T.

4228. — RAPPORT de la Commission instituée à Rome pour constater les dégâts occasionnés aux Monuments par les armées belligérantes pendant le siège de cette ville en 1849. — Paris, *Imp. impériale, 1850, in-4º rel.* (Pl.)

4229. — ROME souterraine. — Résumé des découvertes de M. de Rossi dans les catacombes romaines, et en particulier dans le cimetière de Calliste, par J. Spencer Nortcote et W.-R. Brownlow, trad. de l'anglais, avec des additions et des notes, par Paul Allard, avocat, et précédé d'une préface, par M. de Rossi. Illustré de soixante-dix vignettes, de vingt chromo-lithographies, et d'un plan du cimetière de Calliste. — Paris, *Didier et Cⁱᵉ, 1872, gᵈ in-8º rel.*

4230. — KIRCHER (Ath.) — Latium, id est nova et parallela Latii, tum veteris, tum novi descriptio (pl.) — Amstelodami, *apud Joannem Janssonium, A. Waesberge, 1671, in-fº rel.*

4231. — FÉLIBIEN des AVAUX. — Les plans et les descriptions de deux des plus belles maisons de campagne de Pline, le Consul, etc. — Paris, *Florentin, 1599, in-12 rel.* (pl.)

4232. — CAPMARTIN de CHAUPY (l'abbé). — Découverte de la maison de campagne d'Horace. — Rome, *Zempel, 1767, in-8º, 3 vol. rel.*

4233. — BOISSIER (Gaston). — Nouvelles promenades archéologiques. Horace et Virgile, 2 cartes. — Paris, *Hachette et Cie*, *in 16*.

4234. — CARLI (El Conte Alessandro). — Dell'Anfiteatro di Verona ragionamento critico. — Verona, *1785, in-8° rel.*

4235. — GIORGI (J. A. de). — Mémoire historique sur l'ancien cours des eaux dans la ville d'Alexandrie. — Alexandrie, *Victor Alauzet, an XIII, in-4° cart.*

4236. — RONCHAUD (L. de). — Au Parthénon. — 1° Les prétendues Parques du fronton oriental ; 2° La décoration intérieure de la Cella. Tiré de la petite bibliothèque d'art et d'archéologie. — Paris, *Leroux, 1886, in-12 br.*

4237. — BORREL (E. L.) — Les monuments anciens de la Tarentaise (Savoie). Ouvrage honoré d'une souscription de M. le Ministre de l'Instruction publique. — Paris, *Ducher et Cie, 1884, g^d in-4° br.*

4238. — D°. — Atlas.

4239. — LAVERGNE (Alexandre de). — Châteaux et ruines historiques. Illustrations de Théodore Frère. — Paris, *Charles Warée, 1845, in-4°.*

4240. — BORDEAUX (Raymond). — Etudes héraldiques sur les anciens monuments religieux et civils de la ville de Caen. Fig. par M. G. Bouet, peintre. — Caen, *Hardel, 1846, in-8°.*

4241. — LE BLANT (E.) — Sarcophages chrétiens de la Gaule. — Paris, *Imp. nationale, 1886, in-f° cart.*

4242. — LA CROIX (Le R. P. Camille de). — Monographie de l'Hypogée Martyrium de Poitiers, décrit et dessiné par l'inventeur. Texte. — Paris, *F. Didot, 1888, in-f° br.*

4243. — D°, — Atlas. — Même format.

4244. — SARZEC (Ernest de), Consul de France à Bagdad, correspondant de l'Institut. — Découvertes en Chaldée, publié par les soins de Léon Heuzey, membre de l'Institut, conservateur des antiquités orientales. — Paris, *Ern. Leroux, 1884, in-f°*, 1re et 2e livraisons. Ouvrage accompagné de planches.

F. — Obélisques, Pyramides, Colonnes, Arcs-de-Triomphe

4245. — KIRCHER (A.) — Obeliscus Pamphilius, hoc est, interpretatio nova Obelisci hieroglyphici quem ex veteri hippodromi Antonini Caracallæ Cæsaris in agonale Forum transtulit Innocentius X, fig. — Romæ, 1650, L. Grignanus, in-4° rel.

4246. — CHAMPOLLION-FIGEAC (J.-J.) — L'Obélisque de Louqsor transporté à Paris. Notice historique, descriptive, etc., avec les figures de l'Obélisque et l'interprétation de ses inscriptions, etc., par Champollion, jeune (pl.) — Paris, F. Didot, 1838, in-8°.

4247. — L'HOTE (Nestor). — Notice historique sur les obélisques égyptiens, et en particulier sur l'obélisque de Louqsor, rédigée par Nestor L'Hote, de l'expédition de Champollion le Jeune, en Egypte et en Nubie, d'après les meilleurs documents, et offrant les noms et époques des rois qui ont fait ériger ces différents monolithes. — Paris, Leleux, 1836, in-8° br.

4248. — CIACCONNE (A.). — Colonna traiana, eretta dal senato e popolo romano all' Imperatore Traiano Avgvsto nel suo foro in Româ, scolpita con l'historie della guerra dacica la prima e la seconda expeditione e vittoria contro il re Decebalo. Nuovamente disegnata, et intagliata da Pietro Santi Bartholi. Con l'espos.itione latina d'Alfonso Ciaccone, compendiata nella vulgare lingua sotto ciascuna immagine, accresciuta di medaglie, inscrittioni, e trofei, da Gio. Pietro Bellori. Con diligente cura, e spesa ridotta à perfettione, e data in luce da Gio. Giacomo de Rossi dalle sue stampe in Roma, alla pace con Privilegio del S. Pontefice.

4249. — DENIS-LAGARDE (M.). — Etude sur la colonne milliaire de Kerscao, sur la route de Lesneven à Plouguerneau. (Bulletin de la Société Académique de Brest, série 1, tome IV. 20.)

4250. — GOTLOB (Joh. Boehmii), p. p. coll. Mai. Princ. socii post. arc de Augustino Olomucensi et patera ejus aurea in nummophylacio serenis. princ. reg. elect. Dresdae adservata, commentariolus accedit ejusd. paterae delineatio adornata a Guil. Ern. Tenzelio V. C. — Dresdae et Lipsiae, a. 1758, apud Ge. Conr. Valtherum. Bibliopol. aulic. in-8° rel.

G. — Sculpture et monuments analogues

4251. — GUASCO (L'abbé de). — De l'usage des statues chez les Anciens. Essai historique. — Bruxelles, J.-L. de Boubers, 1768, in-4° rel. (Pl.)

4252. —, QUATREMÈRE DE QUINCY (A.-C.). — Le Jupiter olympien, ou l'art de la sculpture antique, considéré sous un nouveau point de vue, etc., et l'histoire de la statuaire en or et en ivoire chez les Grecs et les Romains, etc. — PARIS, *F. Didot, 1814, g^d in-f° cart.*

4253. — TRÉVÉDY (M^r). — Le groupe équestre de Guelen (commune de Briec). Extrait du Bulletin de la Société archéologique du Finistère, avec deux gravures. — QUIMPER, *1886, Salaün, in-8° br., 30 pp.*

4254. — NOTICE historique sur les 12 statues élevées sur le pont Louis XVI. Pl., 32 pp.

H. — Pierres gravées et camées

4255. — CAYLUS (Le Cte DE). — Recueil de trois cents têtes et sujets de composition gravés par M. le Cte de Caylus, d'après les pierres antiques du cabinet du Roi. 2e édition, donnée par le graveur Basan, qui y a ajouté le titre de chaque sujet. — PARIS, s. d., *Basan, in-4° cart.*

4256. — CHABOUILLET. — Catalogue général et raisonné des camées et pierres gravées de la Bibliothèque impériale, suivi de la description des autres monuments exposés dans le cabinet des Médailles et Antiques. — PARIS, *J. Claye, 1858, in-18.*

J. — Vases, etc.

4257. — DAVID (F.-A.). — Antiquités étrusques, grecques et romaines, gravées par F.-A. David. Avec leurs explications, par D'Hancarville. — PARIS, *chez l'auteur, 1785, in-4° cart.*

4258. —, CLEUZIOU (H. DU). — La poterie gauloise. Etude sur la collection Charvet. — PARIS, *1872, J. Baudry, in-8° rel.* (Avec un hommage manuscrit de l'auteur à M. de Saulcy.)

4259. — RAYET (OLIVIER), professeur d'archéologie, et MAXIME COLLIGNON, chargé du cours d'archéologie à la Faculté des lettres de Paris. — Histoire de la céramique grecque. — PARIS, *1888, Georges Decaux, g^d in-4° br.*

4260. — DUMONT (ALBERT) et CHAPLAIN (J.). — Les céramiques de la Grèce propre. Vases peints et terres cuites. 1re partie. Seconde partie (les 7 premiers fascicules). — Mélanges archéologiques. — PARIS, *Firmin Didot et Cie, 1889.*

K. — Numismatique

4261. — PATIN (Ch.). — Introduction à la connaissance des médailles. 2ᵉ édition. (Fig.) — *De l'impression d'Elzevier, 1667, in-12 rel.*

4262. — JOBERT (Le P. L.). — La science des médailles pour l'instruction de ceux qui commencent à s'appliquer à la connaissance des médailles antiques et modernes. — Paris, *L. Lucas, 1692, in-12 rel.*

4263. — COHEN (Henry), — Description historique des monnaies frappées sous l'Empire romain, communément appelées médailles impériales. — Paris, *Rollin, 1859, in-4°, 7 vol. rel.* (Pl.)

4264. — HENNIN (Michel). — Manuel de numismatique ancienne, contenant les éléments de cette science et les nomenclatures avec l'indication des divers degrés de rareté des monnaies et médailles antiques et des tableaux de leurs valeurs actuelles. — Paris, *Merlin, 1830, in-8°, 2 vol. rel.*

4265. — TOCHON D'ANNECY (J. F.), Membre de l'Institut. — Recherches historiques et géographiques sur les médailles des nomes ou préfectures de l'Egypte. — Paris, *Imprimerie royale, 1822, in-4° rel.*

4266. — Dᵒ. — Dᵒ. — Dissertation sur l'époque de la mort d'Antiochus VII Evergètes Sidétès, roi de Syrie, sur deux médailles antiques de ce prince, et sur un passage du IIᵉ livre des Macchabées. — Paris, *L. G. Michaud, 1815, iu-4° rel,*

4267. — HUCHER (Eugène). — L'art gaulois ou les Gaulois d'après leurs médailles. — Paris, *A. Morel, 1868, in-4° rel.* (Pl.)

4268. — GÉNÉBRIER (Cl.) — Histoire de Carausius, Empereur de la Grande-Bretagne, collègue de Dioclétien et de Maximien. Prouvée par les médailles. Par occasion, il y est parlé de la guerre des Bagaudes sous la conduite d'Amandus leur Empereur. — Paris, *Jacques Guérin, 1740, in-4° rel., v. f.*

4269. — ADLER (J. G. C.) — Collectio nova numorum cuficorum seu arabicorum veterum, CXVI continens numos plerosque ineditos e Museis Borgiano et Adleriano. Digesta et explicata a Iacobo Georgio Christiano Adler, Th. D. et Prof., etc. — Hafniæ, mdccxcii. *Excudebat Fridericus Wilhelmus Thiele, in-4° rel.* (Pl.)

4270. — PRIME (W. C.) — Coins, Medals, and Seals, ancient and modern. Illustrated and described, with a sketch of the history of coins and coinage, instructions for young collectors, tables of comparative rarity, price lists of english and american coins, medals and tokens, etc., etc. — NEW-YORK, *Harper et Brothers, 1864, in-8°.*

4271. — NORIS (F. H.) — Annus et epochæ Syrómacedonum in vetustis urbium Syriæ nummis præsertim Mediceis expositæ. Additis fastis consularibus anonymi omnium optimis. Accesserunt nuper dissertationes de Paschali latinorum Cyclo annorum LXXXIV, ac Ravennata annorum XCV. Auctore F. Henrico Noris Veronensi Augustiniano, Serenissimi Mag. Ducis Etruriæ Theologo, etc. — LIPSIÆ, *apud Th. Fritsch, 1696, in-4°, rel. en p. de velin.* Fleuron frappé. Ensemble, avec changement de pagination, Dissertationes tres superioribus quinque adjectæ.

4272. — LEROUX (Jos. D. M.) — Le Médailler du Canada. The Canadian Coin Cabinet. — MONTRÉAL, *Beauchemin et fils, s. d., in-8° parch. noir.*

4273. — D°. — Vade mecum du collectionneur. Collector's Vade mecum MONTRÉAL, *Beauchemin et Valois, s. d., in-8° parch. noir.*

4274. — MARCHANT (le Baron). — Lettres sur la numismatique et l'histoire annotées par MM. Ch. Lenormant, F. de Saulcy, etc. Nouvelle édition. — PARIS, *Leleux, 1851, in-8° br.*

4275. — MAURIÈS. — Mémoire sur quelques pièces, monnaies, médailles et jetons, etc., *in-8°, 36 p. rel.*

4276. — SOULEY (F. DE). — Eléments de l'histoire des ateliers monétaires du royaume de France, depuis Philippe-Auguste jusqu'à François Ier inclusivement. — PARIS, *C. Van Petheghem, 1877, in-4°.*

L. — Inscriptions et Marbres

4277. — MAFFEI (F. S.) — Græcorum siglæ lapidariæ a marchione Scipione Maffeïo collectæ. atque explicatæ. — VERONÆ, MDCCXLVI, *pt in-8°.* Relié avec :

GUIGNES (DE). — Mémoire dans lequel on prouve que les Chinois sont une colonie égyptienne, etc. — PARIS, *Desaint et Saillant, 1759, pt in-8°.* (Pl.), et

COCHIN (MM. le Fils) et BELLICARD. — Observations sur les antiquités de la ville d'Herculanum, avec quelques réflexions sur la peinture
et la sculpture des anciens, et une courte description de quelques
antiquités des environs de Naples. — Paris, *A. Jombert, 1754*,
p^t in-8°. (Fig.), et

COYER (M. l'abbé). — Dissertation sur la différence de deux anciennes
religions, la grecque et la romaine. — Londres, *Duchesne, p^t in-8° rel.*

4278. — AKERBLAD (J.-D.) — Inscriptionis Phœniciæ oxoniensis nova
interpretatio. — Parisiis, *ex typographiâ reipublicæ, anno X (1802)*,
planche.

4279. — ROUGÉ (M. le Vte E. de). — Inscriptions et notices recueillies
à Edfou (Haute-Egypte), pendant la mission scientifique de M. le Vte E.
de Rougé, publiées par M. le Vte Jacques de Rougé. — Paris, *E. Leroux,
1880, 2 vol. in-4° br.*

4280. — BARTHÉLEMY (l'abbé). — Dissertation sur une ancienne
inscription grecque, relative aux finances des Athéniens, contenant l'état
des sommes que fournirent, pendant une année, les trésoriers d'une
caisse particulière. — Paris, *Imprimerie royale, 1792, in-4° rel.*

4281. — CIANTAR (J. A.) — De antiquâ inscriptione nuper effossâ in
Melitæ Urbe notabili dissertatio, Comitis. — *J. A. Ciantar, 1749, in-4°
rel.* (Pl.)

4282. — GUILHERMY (F. de). — Inscriptions de la France, du ve au
xviiie siècle. — Paris, *Imprimerie nationale, 4 vol. in-4° cart.*

4283. — RÉNIER (Léon). — Inscriptions romaines de l'Algérie, recueillies
et publiées sous les auspices de S. E. M. Hippolite Fortoul. — Paris,
Imprimerie impériale, 1858. Liv. 1, 2, 3, 4, 5, 6, 7, 8, 9, 10, 11, 12,
13, 14.

4284. — LE BLANT (Edmond). — Inscriptions chrétiennes de la Gaule
antérieures au viiie siècle. — Paris, *Imprimerie impériale, 1856,
in-4° cart.*

4285. — D^o. — Etude sur les sarcophages chrétiens antiques de la ville
d'Arles. Dessins de M. P. Fritel, *in-f^o cart.*

4286. — LAJARD (Félix) — Nouvelles observations sur le grand bas-
relief mithriaque de la collection borghèse, actuellement au Musée royal
de Paris. — Paris, *F. Didot, 1828, in-4° rel.*

3. — HISTOIRE LITTÉRAIRE

A. — Histoire générale de la littérature

4287. — JUVENEL DE CARLENCAS. — Essai sur l'histoire des belles-lettres, des sciences et des arts. Nouvelle édit. augmentée. — Lyon, F^{res} Duplain, 1757, in-12, 4 vol. rel.

4288. — RIGOLEY DE JUVIGNY. — De la décadence des lettres et des mœurs, depuis les Grecs et les Romains jusqu'à nos jours ; 2e édit. — Paris, Mérigot, 1787, in-12 rel.

4289. — JARRY DE MANCY (A.). — Atlas historique et chronologique des littératures anciennes et modernes, des sciences et des beaux-arts, d'après la méthode et sur le plan de l'atlas de **A. Lesage** (Cte de Las Cases), et propre à former le complément de cet ouvrage. — Paris, J. Benard, 1831, g^d in-f^o cart.

4290. — IRAIL (L'abbé). — Querelles littéraires, ou mémoires pour servir à l'histoire des révolutions de la République des lettres, depuis Homère jusqu'à nos jours. — Paris, Durand, 1761, in-12, 4 vol. rel.

4291. — CRENIUS (Th.). — De furibus librariis dissertatio epistolica ad eximii et singularis ingenii, doctrinæ, virtutis et elegantiæ Virum **Fridericum Danielem Knochium**, Mœno-Francofurtanum, elegantioribus studiis operam navantem. — Lugduni Batavorum, 1705, petit in-8°. Relié avec : Joannis **Pierii Valeriani** Bellunensis. De litteratorum infelicitate, libri duo, etc. — Venetiis, 1720, apud Jacobum Sarzinam.

Du même : Antiquitatum Bellunensium, sermones quattuor, etc. — Venetiis, d^o.

JUNIO (Hadriano). — Hesychii Milesii, illustrii cognomento, de his qui eruditionis fama claruere, liber. — Antuerpiæ, ex officina Chr. Plantini, 1572.

4292. — NODIER (C^{Hles}). — Questions de littérature légale.

Du plagiat. De la supposition d'auteurs, des supercheries qui ont rapport aux livres.

Ouvrage qui peut servir de suite au Dictionnaire des anonymes et à toutes les bibliographies. — Paris, Barba, 1812, in-8° br.

4293. — FOUCHER (Victor). — Le congrès de la propriété littéraire et artistique, tenu à Bruxelles en 1858. — Paris, *M. Lévy frères, 1858, petit in-8° br.*

4294. — COMETTANT (Oscar). — La propriété intellectuelle au point de vue de la morale et du progrès. 3ᵉ édit. — Paris, *Guillaumin et Cⁱᵉ, 1862, petit in-8° br.*

a. — *Histoire de la littérature chez les Anciens et au moyen-âge.*

4295. — LOÈVE-VEIMARS (A.). — Histoire des littératures anciennes. — Paris, *Raymond, 1825, in-12 rel.*

4296. — HARRIS (J.). — Histoire littéraire du moyen-âge. — Paris, *Maradan, 1789, in-12 rel.*

4297. — BERINGTON (J.). — Histoire littéraire des huit premiers siècles de l'ère chrétienne, depuis Auguste jusqu'à Charlemagne. Trad. de l'anglais par Boulard. — Paris, *Delaunay, 1814, in-8° br.*

4298. — DENINA (Ch.). — Tableau des Révolutions de la littérature ancienne et moderne. — Paris, *Des-Ventes, 1767, in-8° br.*

4299. — HAURÉAU (B.). — Singularités historiques et littéraires. — Paris, *M. Lévy frères, 1861, in-8° br.*

4300. — LENIENT (C.). — La satire en France au moyen-âge. — Paris, *Hachette et Cⁱᵉ, 1877, in-12 br.*

4301. — AUBERTIN (Ch.). — Histoire de la littérature française au moyen-âge, d'après les travaux les plus récents. — Paris, *Eug. Belin, 1876, in-8°, 2 vol.*

b. — *Histoire littéraire moderne de tous les peuples.*

4302. — HISTOIRE LITTÉRAIRE DE LA FRANCE. — Ouvrage commencé par les Religieux bénédictins de la Congrégation de Saint-Maur, et continué par les membres de l'Institut (Académie royale des Inscriptions et Belles-Lettres). — Paris, *Firmin Didot frères et chez Treuttel et Wurtz.*

4303. — NISARD (D.). — Histoire de la littérature française. — Paris, *F. Didot frères, 1844, in-8° rel.*

4304. — D°. — D°, 4ᵉ édit. — D°, d°, d°, d°, *4 vol. rel.*

4305. — GERUZEZ (Eugène). — Histoire de la littérature française, depuis ses origines jusqu'à la Révolution. Nouvelle édit. — Paris, *Didier et Cⁱᵉ, 1861, in-8°, 2 vol. rel.*

4306. — D°. — Essais d'histoire littéraire. 2ᵉ édit. 1ʳᵉ série : Moyen-âge. Renaissance. — Paris, *Garnier frères, 1853, petit in-8°*, mar. noir ; d. s. tr.

4307. — MOLAND (Louis). — Origines littéraires de la France. — Paris, *Didier et Cⁱᵉ, 1862, gᵈ in-18 br.*

4308. — LAHARPE (Jⁿ-Fᵒⁱˢ). — Correspondance littéraire, adressée à S. A. S. Mᵍʳ le Grand Duc, aujourd'hui l'Empereur de Russie, et à M. le Cᵗᵉ André Schowalow, depuis 1774 jusqu'à 1789. — Paris, *Migueret, an XII (1804), in-8°, 6 vol. rel.*

4309. — COLNET DE RAVEL (Ch. Jos.). — Correspondance turque, pour servir de supplément à la correspondance russe de J.-F. Laharpe, contenant l'histoire lamentable des chutes et rechutes tragiques de ce grand homme. 2ᵉ édit. — Paris, *Colnet et autres, an X (1801), in-8° rel.*

4310. —'CHÉNIER (M. J. de). — Tableau historique de l'état et des progrès de la littérature française, depuis 1789. — Paris, *Maradan, 1818, in-8° br.* 3ᵉ édit.

4311. — D°. — D°. Nouvelle édit. — Paris, *Baudouin frères, 1821, in-18 rel.*

4312. — D°. — Observations critiques sur l'ouvrage intitulé : *Le Génie du Christianisme.* — Paris, *Maradan, 1817, in-8° rel.*

4313. — HENRY et APFFEL. — Histoire de la littérature allemande, d'après la 5ᵉ édit. de Heinsius. Avec une préface de M. Matter. — Paris, *Brockhaus et Avenarius ;* Leipzic, *1839, in-8° br.*

4314. — TAINE (H.). — Histoire de la littérature anglaise. — Paris, *L. Hachette, 1863, gᵈ in-8°, 3 vol. rel.*

4315. — TODERINI (L'abbé J.-B.). — De la littérature des Turcs. Trad. de l'italien en français par l'abbé de Cournand. — Paris, *Poinçot, 1789, in-8°, 3 vol. br.*

4316. — MERVESIN (Joseph). — Histoire de la poésie française. — Paris, P. Giffart, 1706, in-8° rel.

4317. — LAMBERT (L'abbé). — Histoire littéraire du règne de Louis XIV, dédiée au Roi. — Paris, Prault, 1751, in-4°, 3 vol. rel.

4318. — BELJAME (Alex.). — Le public et les hommes de lettres, en Angleterre, au 18e siècle, 1660-1744 (Dryden, Addison, Pope). — Paris, Hachette et Cie, 1881, in-8° br.

B. — Histoire des langues ; paléographie ; diplomatique ou connaissance des écritures

4319. — HUGO (Hermanus). — De prima scribendi origine et universa rei litterariæ antiquitate, cui notas opusculum de scribis, apologiam pro Wœchtlero, præfationem et indices adjecit C. H. Trotz. — Trajecti ad Rhenum, apud Herm. Besseling, 1738, in-8° rel.

4320. — VAINES (Dom de). — Dictionnaire raisonné de diplomatique, contenant les règles principales et essentielles pour servir à déchiffrer les anciens titres, diplômes et monuments, ainsi qu'à justifier de leur date et de leur authenticité, etc. — Paris, Lacombe, 1774, in-8°, 2 vol. reliés.

4321. — WAILLY (M. Natalis de). — Eléments de paléographie. — Paris, Imprimerie royale, 1838 (Planches), g^d in-4°, 2 vol. rel.

4322. — TROMBELLI (D. Giovan-Grisostomo). — Arte di conoscere l'Età de Codici latini, e italiani, — Bologna, 1756, in-4° rel.

4323. — TEULET (Alexandre). — Layettes du Trésor des chartes. — Paris, H. Plon, 1863, in-4°, 2 vol. rel.

4324. — ISOGRAPHIE des hommes célèbres ou Collection de fac-simile, de lettres autographes et de signatures. — Paris, A. Mesnier, 1828-1830, g^d in-4°, 3 vol. rel.

4325. — RECUEIL de fac-simile de toutes espèces d'écritures française et anglaise, etc., pour exercer à la lecture des manuscrits et des écritures difficiles. — Paris, Pitois-Levrault et Cie, in-8° cart.

4326. — ALBUM PALÉOGRAPHIQUE ou Recueil de documents importants, relatifs à l'histoire et à la littérature nationales, reproduits en héliogravure, etc. — Paris, Quantin, 1887, g^d in-f° cart.

C. — Histoire des Sciences, des Arts et celle des inventions et découvertes

4327. — SAVERIEN. — Histoire des progrès de l'esprit humain dans les Sciences exactes et dans les Arts qui en dépendent. Avec un abrégé de la vie des auteurs les plus célèbres dans les sciences. — Paris, *Lacombe,* 1766, *in-8° rel.*

4328. — ORIGNY (A. J. B. d'). — Dictionnaire des origines, ou Epoques des inventions utiles, des découvertes importantes, et de l'établissement des peuples, des religions, des sectes, des hérésies, des loix, des coutumes, des modes, des dignités,. etc. — Paris, *J. F. Bastien,* 1777, p^t *in-8°,* 7 *vol. rel.*

4329. — NOEL (Fr.) et M. CHARPENTIER. — Nouveau Dictionnaire des origines, inventions et découvertes, dans les arts, les sciences, la géographie, le commerce, l'agriculture, etc. — Paris, *Janet et Cotelle,* 1827, *in-8°,* 2 *vol. br.*

4330. — VERGILIUS (Polydorus). — De inventoribus rerum Libri VIII, et de prodigiis Libri III. Cum indicibus locupletissimis. — Amstelodami,. *Dan. Elzevirivm,* 1671, *in-12,* 2 *vol. rel.*

4331. — D°. — Les Mémoires et histoire de l'origine, invention et autheurs des choses. Faicte en latin, et divisée en huit livres, par Polydore Vergile, natif d'Urbin, et traduicte par Françoys de Belle-Forest, comingeois. Avec une table très ample des noms, matières et choses mémorables y contenues. — Paris, *Robert Le Mangnier,* 1576, *in-8°,* v. f. fil.

4332. — D°. — Des inventeurs de différentes choses. Trad. du latin par M^tre Louis, Chevalier, Président au Parlement en 1728, manuscrit *in-4°,* 2 *vol.* v. f. d. s. tr.

4333. — DUTENS (M.) — Origine des découvertes attribuées aux modernes. Où l'on démontre que nos plus célèbres philosophes ont puisé la plupart de leurs connaissances dans les ouvrages des anciens, et que plusieurs vérités importantes sur la religion ont été connues des Sages du Paganisme, 2e édition. — Paris, *Veuve Duchesne,* 1776, *in-8°,* 2 *vol. rel.*

4334. — FIGUIER (Louis). — Les grandes inventions, anciennes et modernes, dans les sciences, l'industrie et les arts. — Paris, *L. Hachette et Cie,* 1861, g^d *in-8° rel.*

4335. — D°. — Exposition et histoire des principales découvertes scientifiques modernes, 5° édition. — Paris, *Langlois et Leclercq et chez V. Masson, 1858, in-8° br.* Tomes 1er, 2°, 3° et 4°.

4336. — L'année scientifique et industrielle ou exposé annuel des travaux scientifiques, des inventions et des principales applications de la science à l'industrie et aux arts, qui ont attiré l'attention publique en France et à l'étranger. — Paris, *L. Hachette et Cie, 1857 et suiv., pt in-8°,* 30 tomes, dont 19 rel. et 11 br. comprenant 30 années, de 1856 à 1886 incl.

4337. — D°. — D°, d°, d°, d°. — Autre exemplaire pour les 19 premiers tomes, c'est-à-dire de la 1re à la 19e année incl.

4338. — D°. — D°, d°, d°, d°. — Autre exemplaire pour les 6 premiers tomes, savoir :

1re année. — 1 tome.
2me année. — 1 tome.
3me année. — 2 tomes.
4me année. — 1 tome.
5me année. — 1 tome.

4339. — D°. — D°, d°, d°, d°. — Autre exemplaire du tome 11e (année 1866).

4340. — LANGEL (A.) — Etudes scientifiques. — Paris, *L. Hachette et Cie, 1859, in-18.*

4341. — ANNUAIRE de l'Institut des Provinces et des Congrès scientifiques, 1857. — Paris, *Derache ;* Caen, *Hardel, in-8° br.*

4342. — PENHOEN (Barchou de). — H'stoire de la philosophie allemande. — Paris, *Comptoir des Imprimeurs réunis, 1844, in-8°,* 2 vol.

4343. — MARIE (Maximilien). — Histoire des sciences mathématiques et physiques. — Paris, *Gauthier-Villars, de 1883 à 1888, 12 vol. in-8°.*

4344. — JACOB (bibliophile), Paul LACROIX. — Curiosités de l'histoire des arts. — Paris, *A. Delahays, 1858, in-8° rel.*

D. — Histoire de l'Instruction publique, des Universités et des diverses Ecoles

4345. — DUBARLE (Eug.). — Histoire de l'Université de Paris. — Paris, *F. Didot frères, 1844, in-8°,* 2 vol br.

4346. — JOURDAIN (Charles). — Histoire de l'Université de Paris au xviie et au xviiie siècle ; *in-f°, 2 vol rel.*

Le 2e vol. a pour titre : Index chronologicus chartarum pertinentium ad historiam Universisatis parisiensis. Ab ejus originibus ad finem decimi sexti sæculi. Adjectis insuper pluribus instrumentis quæ nondum in lucem edita erant. — Venit Parisiis, *L. Hachette et Socios, 1862.*

4347. — ÉCOLES NORMALES (Séances des) recueillies par des sténographes, et revues par les professeurs Nouvelle édit. — Paris, *Imprimerie du Cercle social, 1800, an IX de la Rép. fse, in-8°, 13 vol. rel.*

4348. — MASSUET et Cie. — Bibliothèque raisonnée des ouvrages des savants de l'Europe. Juillet 1728, juin 1753. — Amsterdam, *Wetsteins, 1728 à 1753, in-12, 50 vol. rel.*

4349. — ANNUAIRE de l'Instruction publique pour l'an XII, ou Recueil complet des lois, arrêtés, etc. — Paris, *Courcier, an XII (1804), in-8° broché.*

4350. — ASSOCIATION AMICALE des anciens élèves de l'Ecole centrale des arts et manufactures, 1832-1860.

4351. — D°. — Le même, 1832-1866. — *Septembre 1866, in-8° br.*

4352. — D° des élèves de Sainte-Barbe. Annuaire de 1859. 40e année ; *in-8° br.*

4353. — RAPPORT AU ROI par le Ministre secrétaire d'Etat au département de l'Instruction publique, sur l'exécution de la loi du 28 janvier 1833, relatif à l'instruction primaire. — Paris, *Imprimerie royale, avril 1834, in-4° rel.*

4354. — INSTRUCTION ÉLÉMENTAIRE pour la formation et la tenue des Salles d'asile de l'enfance. — Paris, *1833 et 1835, in-8°, 2 vol. br. de 48 et de 54 p. p.*

4355. — CHARTE-VÉRITÉ (La) ou le monopole universitaire devant les Chambres. — Paris, *Poussielgue, 1844, in-8° br.*

4356. — INSTRUCTION PRIMAIRE OBLIGATOIRE, EN FRANCE (De la nécessité de rendre l'). — Mémoire publié à l'appui des vœux, au nombre de trente-trois, émis en faveur de l'instruction obligatoire, en 1858, par le Conseil général du département du Haut-Rhin, et de 1834 à 1849, par les Conseils généraux des départements de la Moselle, du Bas-Rhin, du Gard, du Pas-de-Calais, de la Drôme, de l'Aube, de la Charente, de la Mayenne, du Nord et de l'Aisne. — Montbéliard, *Barbier, 1861, in-8° br.*

4357. — CONCOURS ouvert entre les instituteurs publics, par arrêté du 12 décembre 1860. — Paris, *Imprimerie impériale*, *1861, in-8° br.*

4358. — ENSEIGNEMENT SUPÉRIEUR (L') devant le Sénat. — Discussion extraite du *Moniteur*, avec préface et pièces à l'appui. — Paris, *Hetzel, 1868, in-8° br.*

4359. — RAPPORT au Président de la République sur l'Enseignement supérieur. — *1878, Berger-Levrault et Cⁱᵉ.* Exemplaire envoyé par le Sous-Préfet de Brest à M. le Maire, pour la Bibliothèque de la ville ; *in-4°.*

4360. — COMPTE-RENDU des travaux du Cercle parisien de la Ligue de l'Enseignement, pour l'année 1878 et pour 1879. — Paris, *Imprimerie nouvelle, 1878-'79-80, in-8° br.*

4361. — DESSOYE (A). — *Jean Macé* et la fondation de la Ligue de l'Enseignement, avec un avis au lecteur, par Henri Martin. — Paris, *C. Masson et Flammarion*, s. d., *in-8° br.*

4362. — EGGER (E.). — La tradition et les réformes dans l'enseignement universitaire. — Souvenirs et conseils. — Paris, *Masson, 1883, in-8° br.*

4363. — DU CASSE (Bᵒⁿ Albert). — Le Panthéon fléchois. Dédié à l'Association fléchoise. — Paris, *Dillet, 1883, in-8° br.*

4364. — ANNUAIRE de l'enseignement élémentaire en France et dans les pays de la langue française, publié sous la direction de **M. Jost.** — Paris, *Colin, 1886, in-12 br.*

4365. — GUILLAUME (M. J.). — [Procès-verbaux du comité d'Instruction publique de l'Assemblée législative, publiés par]. — Paris, *Imprimerie nationale, 1889, gᵈ in-4° cart.*

4366. — CHASSIOTIS (G.). — L'Instruction publique chez les Grecs, depuis la prise de Constantinople par les Turcs jusqu'à nos jours.

Avec statistique et quatre cartes figuratives pour l'année scolaire 1878-1879. — Paris, *Ernest Leroux, 1881, gᵈ in-8° br.*

E. — Histoire et Mémoires des Académies et autres Sociétés savantes

4367. — PELISSON et D'OLIVET. — Histoire de l'Académie, depuis son établissement jusqu'en 1700 ; avec des remarques et des additions. — Paris, *J.-B. Coignard, 1729, in-4°, 2 vol. rel.*

4368. — D°. — La même, 2ᵉ édit. — PARIS, *d°, 1730, d°, °.d*

4369. — RECUEIL de plusieurs pièces de poésie, présentées à l'Académie française pour les prix des années 1720 et 1721.

Avec plusieurs discours qui ont esté prononcez dans l'Académie, et plusieurs pièces de poésie qui ont esté lues en différentes occasions. — PARIS, *J.-B. Coignard, 1721, in-12 rel.*

4370. — ALEMBERT (D'). — Eloges lus dans les séances publiques de l'Académie française. — PARIS, *Panckoucke et chez Moutard, 1779, in-12 rel.*

4371. — HISTOIRE de l'Académie royale des Inscriptions et Belles-Lettres, depuis son établissement jusqu'à présent. — LA HAYE, *veuve A. Troyel, 1718, in-12, 4 vol. rel.*

4372. — D°. — La même. — LA HAYE, *veuve A. Troyel, 1718 et suiv.*; AMSTERDAM, *1721*; PARIS, *C. Panckoucke, d°, in-12, 16 vol. rel.* (jusqu'en 1766).

4373. — MÉMOIRES de littérature, tirés des Registres de l'Académie royale des Inscriptions et Belles-Lettres, depuis son renouvellement. — LA HAYE, *veuve A. Troyel, 1719, in-12, 64 vol. rel.*

4374. — HISTOIRE suivie de l'Académie royale des Inscriptions et Belles-Lettres, depuis son établissement.

Avec les éloges des académiciens morts, le catalogue et les différentes éditions de leurs ouvrages, et une Table chronologique de tous les changements arrivez dans les listes de l'Académie, etc. — AMSTERDAM, *François Changuion, 1743, in-12, 2 vol. rel.*

4375. — MÉMOIRES de l'Institut royal de France ; Académie des Inscriptions et Belles-Lettres, contenant :

1° Sujets divers d'érudition. — PARIS, *Imprimerie royale, 1844 et suiv., in-4°.* 9 tomes en 13 vol., du tome 1ᵉʳ au 8ᵉ inclus.

2° Antiquités de France. — PARIS, *d°, 1843 et suiv., d°.* 6 tomes en 7 vol., du tome 1ᵉʳ au 7ᵉ inclus.

3° Académie des Inscriptions et Belles-Lettres. — PARIS, *d°, 1844 et suiv., d°.* 16 tomes en 28 vol., du tome 14ᵉ au 30ᵉ inclus.

4° Notices et extraits des manuscrits de la Bibliothèque nationale et autres Bibliothèques, publiés par l'Institut national de France.

Faisant suite aux notices et extraits lus au Comité établi dans l'Académie des Inscriptions et Belles-Lettres. — PARIS, *Imprimerie nationale, 1850 et suiv., d°.* 14 tomes en 21 vol., du tome 15ᵉ au 29ᵉ inclus.

4376.— DUHAMEL (J.-B.)— Regiæ scientiarum Academiæ historia in quâ prœter ipsius Academiæ originem et progressus, variasque dissertationes et observationes per triginta quatuor annos factas, quàm plurima experimenta et inventa, cùm physica, tùm mathematica in certum ordinem digeruntur. Secunda editio. — Paris, *J.-B. Delespine, 1701, in-4° rel.*

4377. — Histoire de l'Académie royale des sciences, avec les Mémoires de mathématiques, de physique, etc., tirés des Registres de l'Académie. — Paris, *in-4°, 83 vol. rel.*, y compris la Table alphabétique des matières, par **Godin,** 5 vol. seulement.

4378. — D°. — La même. — Paris, *Panckoukc, 1777, in-12, 170 vol. rel.*

4379. — ACADÉMIE DES SCIENCES (Table générale des comptes-rendus des séances de l'), années 1851 à 1865, publiés par MM. les Secrétaires perpétuels. — Paris, *Gauthier-Villard, 1870, in-4°.*

4380.— D°. — Comptes-rendus hebdomadaires des séances de l'Académie des sciences. — Paris, *Mallet-Bachelier, 1864 et suiv., in-4°* ; 36 tomes, dont 6 cart. et 30 br., du tome 58ᵉ compris au 95ᵉ incl., embrassant les années de 1864, compris à l'année 1882 incl.

4381. — ACADÉMIE DES INSCRIPTIONS ET BELLES-LETTRES. — Comptes-rendus des séances de l'Académie des Inscriptions et Belles-Lettres, années 1882-83-84-85-86-87-88-89, *in-8° br.*

4382. — DU CHATELIER (A.) — 1° Compte-rendu du Congrès des Sociétés départementales en 1864. — Brest, *Lefournier aîné, s. d., in-8° de 10 p. br.*

4383. — D°. — 2° Note sur le congrès des Sociétés savantes en 1866. (Extrait du Bulletin de la Société académique). — Brest, *J.-B. Lefournier aîné. s. d. iu-8° br. de 14 p.*

4384. — CONDORCET (le Mⁱˢ de). — Eloges des académiciens de l'Académie royale des sciences, morts depuis 1666 jusqu'en 1699. — Paris, *Hôtel de Thou, 1773, in-12 rel.*

4385. — MAIRAN (Dortous de). — Eloges des académiciens de l'Académie royale des sciences, morts dans les années 1741, 1742, 1743. — Paris, *Durand, 1747, d°, d°.*

4386. — MÉMOIRES présentés par divers savants à l'Académie royale des sciences de l'Institut de France et imprimés par son ordre. Sciences physiques et mathématiques. — Paris, *Imprimerie royale, 1838, in-4°.*

4387. — MÉMOIRES de l'Académie royale de marine. — Brest, *R. Malassis, 1773, in-4° rel.*

4388.— PRÉCIS ANALYTIQUE des travaux de l'Académie des Sciences, des Belles-Lettres et des Arts de Rouen, de 1804 à 1808 compris. — Rouen, *P. Perioux, 1807-1809, in-8°, 2 vol. rel.*

4389. — MÉMOIRES de la Société impériale académique de Cherbourg, année 1861, *in-8°.*

4390. — D°. — De la Société littéraire, scientifique et artistique d'Apt. Nouvelle série faisant suite aux annales. Tome 1er, n° 4. Feuilles 16 à 26. — Apt, *au Secrétariat de la Société, 1877, gᵈ in-8°.*

4391. — D°. — De la Société des antiquaires du Centre, 1883. Armorial général, xiiᵉ vol., 1er et 2ᵉ fascicules. — Bourges, *Pigellet fils et Tardy, in-8°.*

4392. — RECUEIL de l'Académie des Jeux Floraux, 1812. — Toulouse, *M. J. Dalles, in-8°.*

4393. — Revue des Sociétés savantes des départements. — Paris, *Dupont, 1858, 1859, 1860, 1861 et 1862, in-8°.* — Années 1872-72-73-74-75-76-77-78. Plusieurs fascicules (incomplets). — Paris, *Imp. nationale, in-8°.*

4394.— MÉMOIRES de la Société royale d'émulation d'Abbeville, de 1836 à 1852, *in-8°, 6 vol.*

4395. — BULLETIN de la Société académique de Brest. — 1ʳᵉ livraison. *Anner, 1859 à 1889.*

4396. — D°. — De la Société des antiquaires de l'Ouest. — Années 1856-57-58.

4397. — MISCELLANEA philosophico-mathematica societatis privatæ Taurinensis. — *Augustæ Taurinorum, ex typographia Regia, 1759, in-4°, 4 vol. rel.*

4398. — FORMEY (J. H. P.) — Choix des Mémoires et Abrégé de l'histoire de l'Académie de Berlin. — Berlin, *et se vend à Paris, chez Rozet, 1767, in-12, 4 vol. rel.*

4399. — RÉPERTOIRE des travaux historiques, contenant l'analyse des publications faites en France et à l'étranger sur l'histoire, les monuments et la langue de la France pendant l'année 1883. — Paris, *imprimerie nationale, 1888, grand in-8°. Tome 3ᵉ. — Supplément. — Index.*

4400. — FONTENELLE (DE). — Histoire de l'Académie royale des Sciences en 1699, et les éloges historiques de tous les Académiciens morts depuis ce renouvellement ; avec un discours préliminaire sur l'utilité des mathématiques et de la physique. — PARIS, *Brunet*, *1724*, *in-8° rel.*

4401. — LACLOS (DE), capitaine au corps royal d'artillerie. — Lettre à MM. les officiers français au sujet de celle écrite par M. de Laclos à MM. les membres de l'Académie française, dans laquelle il les blâme d'avoir proposé l'éloge du maréchal de Vauban pour sujet du prix d'éloquence de l'année 1787. — PENFELD, *1786*, *in-8° br.*

4402. — PARSEVAL-GRANDMAISON, directeur de l'Académie française. — Discours prononcé dans la séance publique du 25 août 1830 sur le prix de vertu décerné dans cette séance. — PARIS, *Didot*, *1830*, *in-8° br.*

4403. — CHARMES (XAVIER). — Le Comité des travaux historiques et scientifiques. (Histoire et documents). — PARIS, *imprimerie nationale, 1886, in-4°, 3 vol. cartonnés.*

4404. — ASSOCIATION française pour l'avancement des sciences fusionnée avec l'Association scientifique de France.

Compte-rendu de la 16e session.

Conférences de Paris.

1re partie : Documents officiels. Procès-verbaux. — PARIS, *Masson (M. G.), 1887, in-8° rel. anglaise.*

D°. — D°. — Compte-rendu de la 16e session. — *Toulouse, 1887.*

2e partie : Notes et Mémoires. — PARIS, *M. G. Masson, 1888, in-8° rel. anglaise.*

D°. — D°. — Conférences de Paris.

Compte-rendu de la 17e session.

Première partie : Documents officiels. Procès-verbaux. — PARIS, *Masson (M. G.), 1888, grand in-8° rel. anglaise.*

D°. — D°. — ORAN, *1888.* — Compte-rendu de la 17e session.

2e partie : Notes et Mémoires. — PARIS, *M. G. Masson, 1888, grand in-8° rel. anglaise.*

IV. — BIOGRAPHIE

A. — Biographie générale ancienne et moderne avec quelques recueils de biographies spéciales

4405. — MORÉRI (Mre Louis). — Le Grand Dictionnaire historique ou mélange curieux de l'histoire sacrée et profane, qui contient, en abrégé, l'histoire fabuleuse des Dieux et des Héros de l'antiquité payenne ; les vies et les actions remarquables des Patriarches, etc. Nouvelle édition avec les suppléments de Goujet publiés par Drouet. — Paris, *Libraires associés, 1759, in-fº, 10 vol. rel.*

4406. — BAYLE (Pierre). — Dictionnaire historique et critique, 5e édition, avec des remarques critiques et la vie de l'auteur, par M. des Maiseaux. — Amsterdam, *Compagnie des Libraires, 1734, in-fº, 5 vol. rel.*

4407. — Dº. — Le même. — Amsterdam, *P. Brunel et autres ; Leyde, Samuel Luchtmans, etc., 1740, 4 vol. rel.*

4408. — MARSY (L'abbé de). — Analyse raisonnée de Bayle ou Abrégé métodique de ses ouvrages, particulièrement de son Dictionnaire historique. — Londres, *1755, in-12, 8 vol. rel.*

4409. — JOLY (L'abbé P. L.). — Remarques critiques sur le Dictionnaire de Bayle. — Paris, *H. L. Guérin, 1748, in-fº, 2 parties en 1 vol. rel.*

4410. — CHAUFEPIÉ (Jacq. Georg. de). — Nouveau Dictionnaire historique et critique pour servir de supplément ou de continuation au Dictionnaire historique et critique de M. Pierre Bayle.—Amsterdam, *Z. Chatelin, H. Uytwerf, etc., 1750.*

4411. — MARCHAND (Prosper). — Dictionnaire historique, ou Mémoires critiques et littéraires concernant la vie et les ouvrages de divers personnages distingués, particulièrement dans la République des Lettres. —La Haye, *Pierre de Hondt, 1758, in-fº, 2 tomes en 1 vol. rel.* (2 exempl.).

4412. — LADVOCAT (L'abbé). — Dictionnaire historique portatif, contenant l'histoire des Patriarches, des Princes hébreux, des Empereurs, des Rois, des grands Capitaines, des Dieux et des Héros de l'antiquité payenne ; des Papes, des Saints-Pères, des Évêques et des Cardinaux célèbres ; des Historiens, Poètes, Orateurs, Théologiens, etc. Avec leurs principaux ouvrages et leurs meilleures éditions ; des femmes savantes, des Peintres, etc., etc. — PARIS, *Didot, 1758, in-8°, 3 vol. rel.*

4413. — D°. — Le même. — PARIS, *veuve Didot, 1764, d°, d°.*

4414. — D°. — Le même, contenant l'histoire abrégée de toutes les personnes de l'un et de l'autre sexe qui se sont fait un nom par leurs talens, leurs vertus ou leurs crimes, depuis le commencement du monde ; avec l'histoire des Dieux de toutes les mythologies ; et dans lequel on rapporte les jugements des meilleurs écrivains sur le caractère, les mœurs et les ouvrages de ces mêmes personnes, etc., etc. Nouvelle édition. — PARIS, *Etienne Ledoux, 1822, in-8°, 5 vol. br.*

4415. — CHAUDON (L. M.) et DELANDINE (F. A.). — Nouveau Dictionnaire historique et Histoire abrégée de tous les hommes qui se sont fait un nom par des talens, des vertus, des forfaits, des erreurs, etc., depuis le commencement du monde jusqu'à nos jours, dans laquelle on expose avec impartialité ce que les écrivains les plus judicieux ont pensé sur le caractère, les mœurs et les ouvrages des hommes célèbres dans tous les genres. Avec des tables chronologiques, etc. — LYON, *Bruyset aîné et Cie, an XII (1804), in-8°, 13 vol. rel.*

4416. — CHAUDON et DELANDINE. — Dictionnaire universel, historique, critique et bibliographique, ou histoire abrégée et impartiale des personnages de toutes les nations qui se sont rendus célèbres, etc. 9e édition augmentée de 16,000 articles environ, par une Société de savants français et étrangers.

Suivi de tables chronologiques, pour réduire en corps d'histoire les articles répandus dans ce dictionnaire. Ornées de 1,200 portraits en médaillons. — PARIS, *Mame f^{res}, in-8°, 20 vol. rel.*

4417. — FELLER (L'abbé DE). — Dictionnaire historique, ou histoire abrégée des hommes qui se sont fait un nom par le génie, les talens, les vertus, les erreurs, depuis le commencement du monde jusqu'à nos jours ; nouvelle édition revue et corrigée sur la 3e et augmentée de 4 vol. — PARIS, *Méquignon ;* LYON, *MM. Guyot f^{res}, 1818, in-8°, 12 vol.*

4418. — PEIGNOT (L. G.). — Dictionnaire historique et bibliographique, contenant l'histoire abrégée des personnages illustres, célèbres ou fameux de tous les siècles et de tous les pays du monde, etc. — PARIS, *1832, in-8°, 4 vol.*

4419. — BIOGRAPHIE UNIVERSELLE ancienne et moderne, ou historie, par ordre alphabétique, de la vie publique et privée de tous les hommes qui se sont fait remarquer, etc. Rédigée par une Société de gens de lettres et de savants. — Paris, *Michaux fres*, *1811 et suiv.*

Avec tous les suppléments jusqu'en 1847. — *In-8°, 81 vol. rel.*

4420. — BIOGRAPHIE UNIVERSELLE (Nouvelle), depuis les temps les plus reculés jusqu'à nos jours; avec les renseignements bibliographiques et l'indication des sources à consulter ; publiée par MM. Firmin Didot, sous la direction de M. le Dr Hoefer. — Paris, *F. Didot fres, 1852 et suiv., in-8°, 46 vol. rel.*

4421. — BIOGRAPHIE GÉNÉRALE. — Edition publiée sous le titre de Dictionnaire biographique des hommes vivants. — Paris, *Institut des archives historiques, 1850, in-8°, 2 vol.*

4422. — BARBIER (A. A.). — Examen critique et complément des Dictionnaires historiques les plus répandus, depuis le Dictionnaire de Moréri jusqu'à la Biographie universelle inclusivement. — Paris, *Rey et Gravier, 1820, in-8°, 1 vol., tome Ier, le seul qui ait paru.*

4423. — BOCACE (J.). — Cy commmence Jehan Bocace de Certal son livre intitulé : De la ruine des nobles hommes et femmes. — Sans date. Edition très ancienne. — *Petit in-f° rel.*

4424. — CAMPION (DE). — Les hommes illvstres de M. de Campion. — Rouen, *Aug. Courbé, 1657, in-4°, 2 tom. en 1 vol. rel.*

4425. — LE MOYNE (Père). — La Galerie des femmes fortes, 4e édit. — Paris, *Compagnie des Libraires du Palais, 1663, in-12. v. f. f. d. s. tr.*

4426. — D°. — Le même. — Paris, *J. Cochart, 1663, in-12 rel.*

4427. — LA CROIX (J. F. DE). — Dictionnaire historique portatif des femmes célèbres. — Paris, *L. Cellot, 1769, petit in-8°, 2 vol. rel.*

4428. — ALLETZ (C. A.). — Les Princes célèbres qui ont régné dans le monde depuis l'origine des monarchies et des Empires jusqu'à nos jours. — Paris, *Delalain, et chez Bailly, 1739, in-12 rel.*

4429. — CHAUDON (L'abbé L. M.). — Les grands hommes vengés, ou Examen des jugements portés par M. de Voltaire et par quelques autres philosophes sur plusieurs hommes célèbres, par ordre alphabétique, avec un grand nombre de remarques critiques et de jugements littéraires par M. des Sablons. — Amsterdam, *et se vend à Lyon chez J. M. Carret, 1769, petit in-8° rel.*

4430. — DICTIONNAIRE BIOGRAPRIQUE, UNIVERSEL ET PITTO-RESQUE, contenant 3,000 artistes environ de plus que la plus complète des Biographies publiées jusqu'à ce jour, orné de 120 portraits imprimés dans le texte. — PARIS, *A. André, 1834, 4 tomes reliés en 2 vol in-8°. texte à 2 col.*

4431. — CHARPENTIER (J. P.). — Les écrivains latins de l'Empire. — PARIS, *Hachette et Cie, 1859, in-8° rel.*

a. — *Biographie ancienne : Recueil de Vies, Éloges et Portraits des hommes illustres anciens.*

4432. — PLUTARQUE. — Vitæ Græcorum Romanorumque illustrium. — PARISIIS, *1532, petit in-f°. V. fleurd. T. D.*

4433. — D°. — Les Vies des hommes illustres Grecs et Romains, com-parées l'une avec l'autre par Plutarque de Chéronée.

Translatées de grec en français par Messire Jacques Amyot, lors abbé de Bellozane, depuis Evesque d'Auxerre, Conseiller du Roy et Grand Aumônier de France. — PARIS, *Claude Morel, 1619, in-f° rel. 2 vol.* Sans changement de pagination. Le 2e commence à la page 391. Fleuron représentant une fontaine avec vasque, etc., et portrait d'Amyot.

4434. — D°. — Les Vies des hommes illustres de Plutarque, revues sur les manuscrits et traduites en françois, avec des remarques historiques et critiques et le supplément des comparaisons qui ont esté perdues.

On y a joint les testes que l'on a pu trouver et une Table générale des matières, par M. Dacier. — PARIS, *Michel Clousier et autres, 1721, in-4°, 8 vol. rel.*

4435. — D°. — Les Vies d° traduites en français avec des remarques historiques et critiques, par M. Dacier. Nouvelle édition. — MAESTRICHT, *J. E. Dufour et Ph. Roux, 1778, in-8°, 14 vol. rel.*

4436. — D°. — Les œuvres meslées de Plvtarque, translatées de grec en français, reçues et corrigées en cette seconde édition en plusieurs pas-sages par le translateur. — *In-f° rel. Tome 2e seulement.* La 1re page manque.

437. — D°. — Les Vies des hommes illustres traduites par Ricard. — PARIS, *Furne et Cie, 1740, in-8°, 3 vol. rel.*

4438. — D°. — D°, d°, d°. — *F. Didot f^{res}, 1844, grand in-8°, 2 vol. br.*

4439. — D°. — D°, traduites en français, précédées de la vie de Plutarque, par Ricard. — Paris, *Didier, d°, in-12, 4 vol. rel.* (2 exempl.).

4440. — D°. — La vie de Marcellus, traduite par l'A. Tallemont. — Paris, *L. Billaine, 1862, in-12, mar. r. f. d. s. tr.*

4441. — D°. — La vie d'Alexandre, expliquée en français suivant la méthode des collèges, par deux traductions, l'une littérale et interlinéaire, l'autre conforme au génie de la langue française. — Paris, *Dela_lain, 1843, in-8° br.*

4442. — D°. — Vie de César. Trad. interlinéaire (grec-français). — *In-12.* La 1re page manque.

4443. — DELAVIE, (J. L. de). — Réflexions politiques et morales sur les hommes illustres de Plutarque, précédées d'un Abrégé de leurs vies extraites du même auteur. — Paris, *Rozet, 1768, in-12, 4 vol. rel.*

4444. — CORNELIUS NEPOS. — De vitâ excellentium Imperatorum. Nova editio recognita et emendata. — Parisiis, *Barbou, 1784, in-12 rel. V. marb. f. d. s. tr.*

4445. — D°. — D°. — Editio stereotypa. — Parisiis, *P. Didot, natu major, et J. Didot, anno VII (1799).*

4446. — D°. — Ex optimarum editionum recensione et cum selectis variorum interpretum notis, curante P. F. de Calonne, professore. — Parisiis, *apud Carolum Gosselin, 1826, in-12 br.*

4447. — D°. — Des Vies des grands Capitaines de la Grèce. — S. d. et s. n. d'imp. *In-12 rel.*

4448. — D°. — Vies des grands Capitaines de l'antiquité. Traduction nouvelle avec notes par M. l'abbé Paul. — Paris, *J. Barbou, 1781, in-12 rel.*

4449. — D°. — Vies choisies des grands Capitaines de l'antiquité, avec une double traduction, l'une littérale et l'autre conforme au génie de notre langue, par M. Vidal, etc. — Lyon, *fres Parisse, 1790, in-12 parch.*

4450. — VISCONTI (E. G). — Iconographie grecque et romaine. — Paris, *F. Didot l'aîné, 1811, in-4°, 7 vol. rel.*

4451. — FÉNELON (S. de La Motte). — Abrégé de la vie des plus illustres philosophes de l'antiquité.

Avec leurs dogmes, leurs systèmes, leur morale et un recueil de leurs plus belles maximes. — Paris, *Lenoir, an XI (1802), in-12 rel.;* Riom, *J. C. Salles, 1808.*

4452. — D°. — Le même, nouvelle édition. — Riom, *J. C. Salles, 1808, in-12 rel.*

4453. — BLACKWELL (Thomas). — Recherches sur la vie et les écrits d'Homère, traduites pour la première fois de l'anglais par J. N. Quatre-mère-Boissy. — Paris, *H. Nicolle, au VII, in-8° rel.*

4454. — DELISLE DE SALES. — Histoire d'Homère et d'Orphée. — Paris, *Arthus Bertrand, 1808, in-8°.*

4455. — BOILEAU (Gilles). — La vie d'Epictète et sa philosophie, 2ᵉ édit. — Paris, *Guillaume de Luynes, 1657, in-12 rel.*

4456. — D°. — La même, 4ᵉ édit. — Paris, *Edme, 1772, d°.*

4457. — PHILOSTRATE. — Vie d'Apollonius de Tyane avec des commentaires donnés en anglais, par Ch. Blount sur les deux premiers livres de cet ouvrage.

Le tout traduit en français par de Castilhon. — Berlin, *J. G. Decker, 1774, in-12, 4 vol. rel.*

4458. — BRÉQUIGNY (L. G. Oudart F. de). — Vie des anciens orateurs grecs, avec des réflexions sur leur éloquence, des Notices de leurs écrits, et des traductions de quelques-uns de leurs discours. — Paris, *Nyon, et chez Robustel, 1752, in-12, 2 vol. rel.*

4459. — LE FÈVRE (T.). — Abrégé des vies des anciens poètes grecs et histoire critique des mystères de l'antiquité, et particulièrement chez les Egyptiens, avec des observations, etc. et des remarques sur les historiens et sur la chronologie du monde. — Paris, *an VII, in-18 rel.*

4460. — LHOMOND (C. F.). — De viris illustribus urbis Romæ. Latin et français, par Boinvilliers. — Paris, *1825, in-12 br.* La 1ʳᵉ page manque.

4461. — D°. — D° des hommes illustres de la ville de Rome, depuis Romulus jusqu'à Auguste. Texte et traduction. — *In-12 rel.*

4462. — D°. — Des hommes illustres de la ville de Rome, depuis Romulus jusqu'à C. Auguste, ouvrage traduit du latin de C. F. Lhomond, par M. Boinvilliers. — Paris, *Aug. Delalain, 1806,*

4463. — D°. — Le même. — Ouvrage composé pour la classe de 6ᵉ. Avec une nouvelle traduction française. — Paris, *Barbou, 1806, petit in-12 rel.*

4464. — SERAN DE LATOUR (L'abbé). — Histoire de Scipion l'Africain, pour servir de suite aux hommes illustres de Plutarque. Avec des observations de M. le chevalier de Folard sur la bataille de Zama. Paris, *Didot*, 1752. *in-12 rel.*, avec :

Histoire d'Epaminondas, avec des remârques critiques et historiq, es et des observations de M. le chevalier de Folard, sur les principales batailles d'Epaminondas. — Paris, *Didot*, 1752.

4465. — D°. — Histoire de Catilina, tirée de Plutarque, de Cicéron, de Dion, de Salluste et des autres historiens de l'antiquité. — Amsterdam, 1749, *s. n. d'imp* , *in-12 rel.*

4466. — MIDDLETON. — Histoire de Cicéron, tirée de ses écrits et des monuments de son siècle. Avec les preuves et des éclaircissements. — Paris, *Didot*, 1743, *in-12*, 4 vol. *rel.*

4467. — VERNIER. — Abrégé analytique de la vie et des œuvres de Sénèque. — Paris, *Testu*, 1812, *in-8°.*

4468. — RICHER (Henri). — Vie de Mécenas, avec des notes historiques et critiques. — Paris, *Chaubert*, 1746, *petit in-f° rel.*

4469. — Autre exemplaire.

b. — *Biographies modernes.*

Biographies générales contenant la vie des personnages illustres modernes, sans distinction de genre ou de pays.

4470. — BRANTOME (P. Bourdeille, Seigneur de). Ses œuvres ; nouvelle édition considérablement augmentée et accompagnée de remarques historiques et critiques,

Contenant les vies des Dames illustres, françaises et étrangères. etc., etc., et la généalogie des Bourdeilles et la vie de Brantôme. — La Haye, *aux dépens du libraire*, 1740, *in-12*, 15 vol. *rel.*

4471. — D°. — D°, nouvelle édition. — Londres, 1779, *d°, d°, d°.*

4472. — BIOGRAPHIE MODERNE, ou Dictionnaire biographique de tous les hommes morts et vivants qui ont marqué à la fin du xvi° siècle et au commencement de celui-ci, par leurs écrits, leur rang, leurs emplois, leurs talens, etc., etc., 3° édition. — Leipzig, *Besson*, 1807, *in-8°*, 4 vol. *rel.*

4473. — BIOGRAPHIE des hommes vivants, ou Histoire, par ordre alphabétique, de la vie publique de tous les hommes qui se sont fait remarquer par leurs actions ou leurs écrits. — Paris, *L. G. Michaud, 1816, in-8°, 5 vol. rel.*

4474. — BIOGRAPHIE nouvelle des contemporains ou Dictionnaire historique raisonné de tous les hommes qui, depuis la Révolution française, ont acquis de la célébrité, soit en France, soit dans les pays étrangers, par Arnaud, Jay, Jouy, Norvins, etc. Paris, *1820, in-8°, 20 vol.*

4475. — FORTIA-PILES (Le Cᵗᵉ ᴅᴇ). — Préservatif contre la Biographie des Contemporains. — Paris, *veuve Porthmann, 1822, in-8°, 6 cahiers.*

4476. — MAHUL (A.). — Annuaire nécrologique ou supplément annuel et continuation de toutes les biographies ou dictionnaires historiques. — Paris, *Baudouin fʳᵉˢ, 1821 et suiv., in-8°, 6 vol. comprenant de 1820 à 1825 inclus.*

4477. — VAPEREAU (G.). — Dictionnaire universel des contemporains, 2ᵉ édition. — Paris, *Hachette, 1861, grand in-8° rel.*

4478. — Dº. — Dº. 4ᵉ édit. — Paris, *Hachette, 1870, grand in-8°.*

4479. — Dº. — Dº. Supplément à la 4ᵉ édit. par L. Garnier, — Paris, *dº, dº, 1873, dº.*

4480. — JAL (A.). — Dictionnaire critique de biographie et d'histoire. Errata et Supplément pour tous les Dictionnaires historiques, etc. — Paris, *H. Plon, 1867, grand in-8° rel.*

FRANCE

4481. — AUVIGNY (J. ᴅᴜ Cᴀsᴛʀᴇ ᴅ'). — Les vies des hommes illustres de la France, depuis le commencement de la Monarchie jusqu'à présent. — Amsterdam et Paris, *chez Le Gras, 1739, in-12, 27 vol. rel.*

4482. — MENNECHET (Eᴅ.). — Le Plutarque français. Vies des hommes et des femmes illustres de la France, depuis le vᵉ siècle jusqu'à nos jours. — Portraits. — 2ᵉ édition publiée sous la direction de M. T. Adot. — Paris, *1844, grand in-8°, 6 vol. rel.*

4483. — PERRAULT (Cʜ). — Les hommes illustres qui ont paru en France pendant ce siècle.

Avec leurs portraits au naturel. — Paris, *Ant. Dezallier, 1696, in-f°,
2 vol. rel.*

4484. — BEFFROY DE REIGNY (L. A.). — Dictionnaire néologique des
hommes et choses, ou Notice alphabétique des Hommes de la Révolution qui ont paru à l'auteur les plus dignes d'attention dans l'ordre
militaire, administratif et judiciaire, etc., par le *Cousin-Jacques* (pseudonyme de Beffroy de Reigny. — Paris, *Moutardier, 1795, in-8°.*
1er et 2e vol. seulement.

4485. — BIOGRAPHIE MODERNE ou Galerie historique civile, militaire, politique et judiciaire, contenant les portraits politiques des Français de l'un et de l'autre sexe, morts ou vivants qui se sont rendus plus
ou moins célèbres depuis le commencement de la Révolution, jusqu'à
nos jours, par leurs talens, leurs malheurs, leur courage, leurs vertus
et leurs crimes. — Paris, *A. Eymery, 1815, in-8°. 2 vol.*

4486. — Dᵒ. — Dᵒ, 2ᵉ édit. à laquelle on a ajouté un Précis historique de
tous les événements qui se sont succédés depuis la convocation des
Notables jusqu'au rétablissement de S. M. Louis XVIII, roi de France
et de Navarre. — Paris, *A. Eymery, et chez Delaunay, et à Mons, chez
Leroux, 1816, in-8°, 3 vol. rel.*

4487. — GALERIE NATIONALE des Notabilités comtemporaines ; annales biographiques des principaux fonctionnaires, des représentants,
Conseillers d'Etat, etc., de la France, par une société de gens de lettres
et d'historiens, sous la direction de M. Maurice Cabany, rédacteur en
chef. — Paris, *Bureaux et Administration, 1850-51, in-8°, 3 vol. rel.*

4488. — TURPIN (F. R.). — Histoire des hommes publics tirés du Tiers-
Etat, avec un discours sur les avantages et les abus de la Noblesse. —
Paris, *Maradan, 1789, in-8°, 2 vol. rel.*

4489. — GALLOIS (Léonard). — Biographie de tous les Ministres depuis
la Constitution de 1791 jusqu'à nos jours. — Paris, *Marchands de nouveautés, 1825, in-8° br.*

4490. — DICTIONNAIRE HISTORIQUE de tous les Ministres, depuis la
Révolution jusqu'en 1827. — Paris, *Béchet, 1828, in-8°.*

4491. — ROBERT (J. B. Magloire). — Vie politique de tous les Députés
à la Convention nationale, pendant et après la Révolution.

Ouvrage dans lequel on trouve la preuve que dans le procès de
Louis XVI la peine de mort avait été rejetée à une majorité de six voix.
— Paris, *L. Saintmichel, 1814, in-8° rel.*

4492. — BIOGRAPHIE (Petite) CONVENTIONNELLE, ou Tableau moral raisonné des 749 députés qui composaient l'Assemblée dite *de la Convention,* dont l'ouverture eut lieu le 21 septembre 1792, et la clôture le 26 octobre 1795, et dans laquelle on voit figurer des comtes, des curés, des marquis, des bouchers, etc.

Précédé d'un coup d'œil rapide sur les principales causes de la Révolution de 1789.

Suivi du résultat des votes dans le procès de Louis XVI, etc. — Paris, *A. Eymery, 1815, in-12 rel.*

4493. — BIOGRAPHIE SPÉCIALE DES PAIRS ET DES DÉPUTÉS. — Session de 1818-1819. Contenant la vie politique de chacun d'eux jusqu'à ce jour. — Paris, *Baucé, 1819, in-8°, 2 vol.*

4494. — BRISSOT-THIVARS. — Le Guide électoral, ou Biographie politique et législative de tous les députés pour la session de 1819 à 1820. — Paris, *Leroy, 1820, in-8°, 2 vol. rel.*

4495. — BIOGRAPHIE PITTORESQUE DES DÉPUTÉS. - Portraits, mœurs et coutumes. Avec 15 portraits et un plan de la salle des séances. — Paris, *Delaunay, Pélicier et Ponthieu et autres maisons, 1820, in-8° cartonné.*

4496. — CHAMBRE DE 1820 (La), ou La Monarchie sauvée. Galerie politique des 422 députés qui siègent dans la présente session, etc., 2ᵉ édit. — Paris, *Ponthieu, 1821, in-8° br.*

4497. — BIOGRAPHIE DES DÉPUTÉS. — Session de 1828, précédée d'une Introduction et d'une Notice sur le nouveau Ministère. — Paris, *Marchands de nouveautés, in-8° cartonné.*

4498. — BIOGRAPHIE IMPARTIALE DE 221 DÉPUTÉS, précédée et suivie de quelques documents curieux. — Paris, *Levavasseur, 1830, in-8° cartonné.*

4499. — PAGNERRE. — Biographie des députés. Session de 1831. — Paris, *Pagnerre, 1831, in-8° cartonné.*

4500. — PROISY D'EPPES (Le Cᵗᵉ de). — Dictionnaire des girouettes, ou nos contemporains peints d'après eux-mêmes. Ouvrage dans lequel sont rapportés les discours, proclamations, extraits d'ouvrages écrits sous les gouvernements qui ont eu lieu en France depuis vingt-cinq ans, etc. Par une société de girouettes. — Paris, *A. Eymery, 1815, in-8° br.*

4501. — Dᵒ. — Le même, 2ᵉ édit. — Paris, *dᵒ, dᵒ, dᵒ dᵒ.*

4502. — CENSEUR DU DICTIONNAIRE DES GIROUETTES (Le), ou les honnêtes gens vengés, par M. C. D***. — Paris, *G. Mathiot, septembre 1815, in-8° br.*

4503. — DICTIONNAIRES DES PROTÉES MODERNES, ou Biographie des Personnages vivants qui ont figuré dans la Révolution française, depuis le 14 juillet 1789, jusques et y compris 1815, par leurs actions, leur conduite ou leurs écrits.

Par un homme retiré du monde. — Paris, *Davi et Locard, et chez Delaunay, 1815, in-12 rel.*

4504. — SILHOUETTE. — Réflexions politiques de Balthasar Gratian sur les plus grands princes et particulièrement sur Ferdinand-le-Catholique. Paris, *Barthélemy Alex, 1730, in-8° rel.*

4505. — ABRÉGÉ de la vie des Evesques de Coutances, depuis Saint-Ereptiole, premier apôtre du Cotentin, jusqu'à Mgr Léonor Gouyon de Matignon, qui gouverne aujourd'hui le Diocèse, etc. — Coutances, *J. Fauvel, 1742, in-12 rel.*

4506. — PORTRAITS DES GÉNÉRAUX FRANÇAIS, faisant suite aux Victoires et Conquêtes des Français. — Paris, *Panckoucke, 1818, in-8°,* 2 vol.

4507. — GUÉRIN (Léon). — Les marins illustres de la France. — Paris, *Belin-Leprieur, 1845, in-8° rel.*

4508. — LEVOT (P.). — Essai de biographie maritime, ou Notice sur les hommes distingués de la Marine française. — Brest, *Le Blois, 1847, in-8° br.* (2 exempl.).

4509. — D° et DONEAUD (Alfred). — Les gloires maritimes de la France. — Paris, *Arthus Bertrand, 1866, in-12 rel.*

4510. — MUSSET (Paul de). — Originaux du xviie siècle. Galerie de portraits. 3e édition. — Paris, *Charpentier, 1848, in-8°.*

4511. — DESPLACES (Auguste). — Galerie des hommes vivants :

Lamartine, Musset, Bérenger, Deschamps, Gautier, Vigny, Hugo, Esquiros, Brizeux, Barbier, Ponsard, Laprade, Rességuier, Turquety; Houssaye, etc. — Paris, *Charpentier, 1848, in-8° br.*

4512. — MONSELET (Charles). — Statuettes et statues contemporaines :

La Princesse de Belgioso, M. de Jouy, Frédéric Soulié, Lassailly, Ferdinand Flocon, etc. — Paris, *Giraud et Dagneau, 1852, in-8° br.*

4513. — BURY (Blaze de). — Musiciens contemporains :

Weber, Mendelssohn, Spohr, Meyerbeer, Nielsgade, Chopin, Jenny Lind, Paer, Spontini, Cherubini, Rossini, etc. — Paris, *M. Lévy f^res, 1856, in-8° br.*

4514. — ADAM (Adam). — Souvenirs d'un musicien, précédés de notes biographiques écrites par lui-même. — Paris, *Michel Lévy f^res, 1857, in-12.*

4515. — D°. — Derniers souvenirs d'un musicien. — Paris, *d° 1859, d°.*

4516. — DU CASSE. — Les trois maréchaux d'Ornano. Etude historique. — Paris, *Dentu, 1862.* (2 exempl.).

4517. — MASSON (Masson). — Les enfants célèbres. — Paris, *Didier, s. d. in-8° rel. d. s. tr.*

Série de vol. in-32 de l'édition populaire de 1826, ou de la Bibliothèque en miniature.

La Bibliothèque possède, de cette collection, les Biographies suivantes, savoir :

4518. — BIOGRAPHIE pittoresque des pairs de France, suivie du recensement des votes pour ou contre le droit d'aînesse.

4519. — D° des pairs, par Raban.

4520. — D° pittoresque des Jésuites, par C. de Plancy.

4521. — D° (Petite) des Conventionnels, avec leurs votes dans le procès de Louis XVI.

4522. — D°, d° des rois de France, par Raban.

4523. — D°, d° des favoris des rois de France, par Brismontier.

4524. — D° des maréchaux de France, précédée de celle de LL. AA. RR. le Dauphin et le prince de Condé, par M. Massey de Tyrone.

4525. — D° des usurpateurs.

4526. — D° des Souverains du xixe siècle, par deux rois de la Fève.

4527. — D° (Petite) des députés, par Raban.

4528. — D° (Nouvelle) pittoresque des députés de la Chambre septennale, par M. A. Lagarde.

4529. — D° des Préfets des 87 départements, par un Sous-Préfet.

4530. — D° des Ministres depuis la Restauration, par le même.

4531. — D° (ou martyrologe ministériel) des Ministres pendus, avec le Tableau des ministres à pendre, par un bourgeois qui n'a jamais flairé de portefeuille.

4532. — D° (Petite) des Quarante de l'Académie française, par la portière de la Maison.

4533. — D° (d°), d° d°, par le portier de la Maison.

4534. — D° des Cardinaux, Archevêques, etc.

4535. — D° des chansonniers et vaudevillistes.

4536. — D° indiscrète des publicistes, feuillistes, libellistes, journalistes, etc.

4537. — D° des médecins français vivants et des professeurs des Écoles.

4538. — D° (Nouvelle) théâtrale.

4539. — D° (Petite) des acteurs et actrices des théâtres de Paris.

4540. — D° (Nouvelle) critique et anecdotique des Contemporains, par Napoléon.

4541. — D° (Petite) des gens de lettres vivants (2 exempl.)

4542. — D° (d°) des journalistes, avec la nomenclature de tous les journaux et les mots d'argot de ces messieurs.

4543. — D° (d°) des chansonniers du xix siècle, par un restaurateur très connu de ces messieurs.

4544. — D° (d°) dramatique faite avec adresse par un marchand de chandelles.

4545. — DICTIONNAIRE (Petit) des girouettes, par une société d'imbéciles.

4546. — LES MINISTRES en robe de chambre.

4547. — BIOGRAPHIES DIVERSES des conventionnels, des ministres, des députés, etc. Même édit. que la précédente série. 10 petits vol. rel. en 3 vol.

JACQUOT (Charles Jean-Baptiste Eugène) dit de MIRECOURT. — Les contemporains. Hommes de lettres publicistes, etc., etc. Paris, *J. P. Robert et C*ⁱᵉ, *ou Gustave Havard, 1854 et suivants, petit in-8°.*

De cette collection, qui se compose de cent volumes, la Bibliothèque possède les biographies suivantes, savoir :

4548.
{ BÉRENGER (Jean-Pierre de).
  DÉJAZET (Pauline-Virginie).
  GÉRARD DE NERVAL.
  GUIZOT (François Pierre Guillaume).
  MUSSET (Charles Louis Alfred de). }
Réunies en un seul volume.

4549.
{ Emile de GIRARDIN.
  George SAND.
  LAMENNAIS (L'abbé Jean-Marie Robert de).
  MÉRY (Joseph).
  Victor HUGO. }
D°, d°, d°.

4550. — ARNAL (Etienne).

4551. — AUBER (Daniel François Esprit).

4552. — BALZAC (Honoré de).

4553. — BARROT (Odilon).

4554. — BEAUVALLET (Pierre François).

4555. — BERLIOZ (Louis Hector).

4556. — CERRYER (Pierre Antoine).

4557. — BERTHET (Elie Bertrand).

4558. — BLANC (Louis).

4559. — BLANQUI (Louis Auguste).

4560. — BOCAGE (Pierre Martinien Tousez de).

4561. — BONHEUR (Rosa).

4562. — BROHAN (Augustine).

4563. — CASTILLE (Hippolite).

4564. — CAVAIGNAC (Eugène).

4565. — CHASLES (Philarète).

4566. — CHÉRI (Rose).

4567. — COLET (Louise).

4568. — CORMENIN (Louis-Marie de la Haye, Vte de).

4569. — COUSIN (Victor).

4570. — CRÉMIEUX (Isaac-Adolphe).

4571. — DAVID (Félicien).

4572. — DELACROIX (Eug.)

4573. — DELAROCHE (Paul).

4574. — DESCHAMPS (Émile).

4575. — DESNOYERS (Louis-Claude-Joseph-Florence).

4576. — DUMAS fils (Alexandre).

4577. — DUPIN (André-Marie-Jean-Jacques).

4578. — DUPONT (Pierre).

4579. { FÉVAL (Paul).
{ GONZALÈS (Eml).

4580. — GAUTIER (Théophile).

4581. — GAVARNY (Sulpice-Paul-Chevalier, dit).

4582. — GEORGES (Mlle).

4583. — GÉRARD, le tueur de lions.

4584. — GIRARDIN, Delphine GAY (Mme de).

4585. — GIRARDIN (Saint-Marc).

4586. { GOZLAN (Léon).
{ CHAMPFLEURY (Jules FLEURY, dit).

4587. — GRASSOT (Paul-Louis-Auguste).

4588. — HEINE (Henri).

4589. — HOUSSAYE (Arsène).

4590. — INGRES (Jean-Dominique-Auguste).

4591. — JANIN (Jules-Gabriel).

4592. — KARR (Alph.).

4593. — KOCK (Paul de).

4594. — LACHAMBEAUDIE (Pierre).

4595. — LACORDAIRE (Jean-Baptiste-Henri).

4596. — LAMARTINE (Alphonse-Marie-Louis PRAT de).

4597. — LEDRU-ROLLIN (Alexandre-Auguste LEDRU, dit).

4598. — LEMAITRE (Frédéric).

4599. — MÉLINGUE (Étienne-Marin).

4600. — MÉRIMÉE (Prosper).

4601. — MEYERBEER (Giacomo).

4602. — MICHELET (Jules).

4603. — MONNIER (Henri).

4604. — MONTALEMBERT (Charles-Forbes de TRYAN, Cte de).

4605. — MONTÈS (Lola).

4606. — MURGER (Henri).

4607. — PLANCHE (Gustave).

4608. — PONSARD (Francis).

4609. — PROUDHON (Pierre-Joseph).

4610. — RACHEL (Elisa-Rachel-Félix, dite).

4611. — RASPAIL (François-Vincent).

4612. — RAVIGNAN (Le P. Jules-Adrien DELACROIX de).

4613. — ROBERT (Clémence).

4614. — ROSSINI (Giacchino).

4615. — ROTHSCHILD (Baron James de).

4616. — SAINTE-BEUVE (Charles-Augustin).

4617. — SAINT-LAURENT (Nogent).

4618. — SALVANDY (Narcisse-Achille Cᵗᵉ de).

4619. — SAMSON (Joseph-Isidore).

4620. — SCRIBE (Augustin-Eugène).

4621. — SÉGALAS (Anaïs).

4622. — SUE (Eug.).

4623. — TAYLOR (Baron).

4624. — THIERS (Louis-Adolphe).

4625. — VERNET (Emile-Jean-Horace).

4626. — VÉRON (Louis-Désiré).

4627. — VEUILLOT (Louis).

4628. — VIENNET (Jean-Pons-Guillaume).

4629. — VILLEMAIN (Abel-François).

4630. — VIGNY (Alfred de).

4631. — WEY (Francis).

CASTILLE (Hippolite). — Portraits politiques au xixᵉ siècle. — Paris, *Ferdinand Sartorius, 1856 et 1857, petit in-8° br.*

De cette collection, la Bibliothèque possède les vingt-trois biographies suivantes, savoir :

4632. — ALEXANDRE II, Empereur de Russie.

4633. — BLANC (Louis).

4634. — BLANQUI (L. A.).

4635. — CAVAIGNAC (Général Eugène).

4636. — CHAMBORD (Cᵗᵉ de).

4637. — CHANGARNIER (Nicolas-Anne-Théodule).

4638. — DELCARRETTO (Mⁱˢ).

4639. — DROUYN DE LUYS (Edouard).

4640. — ESPARTERO (Don Baldomero) duc de la Victoire.

4641. — FRÉDÉRIC-GUILLAUME IV, roi de Prusse.

4642. — GUIZOT (François-Pierre-Guillaume).

4643. — HUGO (Victor).

4644. — LEDRU-ROLLIN (Alexandre-Auguste LEDRU dit).

4645. — LOUIS-PHILIPPE Ier, roi des Français.

4646. — MANIN (Daniel).

4647. — METTERNICH (Pce de).

4648. — MICHELET (Jules).

4649. — MONTALEMBERT (de).

4650. — NAPOLÉON III.

4751. — ORLÉANS (Dsse d').

4652. — TALLEYRAND (Pce de).

4653. ⎰ SAINT-ARNAUD (Louis-Adolphe LEROY de).

　　　　⎱ CANROBERT (François-Certain).

　　　　　 PALMERSTON (Henri-John-Temple, Vte).

4654. — MONDHUY (F.). — Nouvelle biographie de Louis Veuillot, rédacteur en chef de l'*Univers*. — Paris, *chez tous les libraires*, 1856, pt in-32 br.

4655. — MAYER (Gustave). — Un contemporain homme de lettres, publiciste, etc. — Eugène de Mirecourt. — Paris, *d° 1855, d°*.

4656. — DESCHAMPS (Théophile). — Biographie de Jacquot dit *de Mirecourt*, 3e édit. — Paris, *d° 1857, d°*.

4657. — MIRECOURT (Eugène de). — Sa biographie et ses erreurs, avec un portrait et un autographe. — Paris, *d°, 1856, d°*.

BIOGRAPHIE ÉTRANGÈRE

4658. — BIOGRAPHIE ÉTRANGÈRE, ou Galerie universelle, historique, civile, militaire, politique et littéraire.

Contenant les portraits de plus de 3,000 personnages célèbres, étrangers à la France, parmi lesquels on distingue surtout les indépendants espagnols de l'Amérique méridionale, etc. etc., etc. Par une Société de gens de lettres. — Paris, *A. Eymery, 1819, in-8°, 2 vol. br.*

4659. — GUIZOT. — Washington. — Paris, *Ch. Gosselin, 1842, in-12 rel.* avec Jacques Ortis, d'Alexandre Dumas, précédé d'un Essai sur la vie et les écrits d'Ugo Foscolo.

B. — Recueils de Vies et Éloges des hommes illustres de tous les temps, dans les lettres, les sciences et les arts.

4660. — NICÉRON (Le P.). — Mémoire pour servir à l'histoire des hommes illustres dans la république des lettres, avec un catalogue raisonné de leurs ouvrages. — Paris, *Briasson, 1727, in-12, 4 vol. rel.*

4661. — PORTRAITS ET HISTOIRE DES HOMMES UTILES. — Hommes et femmes de tous pays et de toutes conditions qui ont acquis des droits à la reconnaissance publique, etc., publiés et propagés par la la Société Montyon et Franklin. — Paris, *Bureau de la Société, 1836, in-8°, 5 vol. parch.*

4662. — CLÉMENT (Félix). — Les musiciens célèbres, depuis le xvie siècle jusqu'à nos jours. Ouvrage illustré de 44 portraits. — Paris, *Hachette, 1868, in-8° rel.*

4663. — MONTÉGUT (Émile). — Poètes et artistes de l'Italie. — Paris, *Hachette et Cie 1881, in-8° br.*

4664. — BIGOT (Charles). — Peintres français contemporains. — Paris, *d°, 1888, d°.*

4665. — SAVERIEN (Alex.) — Histoire des philosophes modernes, avec leurs portraits gravés dans le goût du crayon, d'après les dessins des plus grands peintres. Publiée par François, graveur. — Paris, *1761, in-4°, 3 vol.*

4666. — FIGUIER (L.) — Vies des savants illustres, depuis l'antiquité jusqu'au xixe siècle. — Paris, *Lacroix, 1866, gd in-8°, 4 vol.*

4667. — FÉLIBIEN (André). — Entretien sur les vies et les ouvrages des plus excellents peintres anciens et modernes, 2e édition. — Paris, *F. et P. Delaulne, 1680, in-4°, 2 vol. rel.*

4668. — CAMBRY (J.) — Essai sur la vie et sur les tableaux du Poussin. — Paris *F. Didot, an VI, in-8°.*

4669. — BOUCHITTÉ (H.) — Le Poussin. Sa vie et son œuvre, suivi d'une notice sur la vie et les ouvrages de Philippe de Champagne et de Champagne le neveu. — Paris, *Didier et Cie, 1858, in-8°.*

4670. — DEZALLIER D'ARGENVILLE (A.-J.) — Abrégé de la vie des peintres, avec la notice de leurs ouvrages.—PARIS, an *IV*, in-8°, 2 *vol.* (1).

4671. — FOUCHY (DE). — Eloge des académiciens de l'académie royale des sciences, morts depuis 1744. — PARIS, *Brunet, 1761,* in-8° *rel.*

4672. — FRÉVILLE. — Vie des enfants célèbres, ou modèle du jeune âge, 4 édit. — PARIS, *Genest, 1818,* in-8°.

4673. — GALERIE DES CONTEMPORAINS ILLUSTRES par un homme de rien. Biographie de Saint-Simon et Fourier. — PARIS, *René et C^le* (s. d.), *p^t in-8°* br. Tome 10e seulement.

4674. — JACOB (P. LACROIX), bibliophile. — Marion Delorme et Ninon de Lenclos, suivi de : Les contemporains de Marion et de Ninon. — PARIS, *A. Delahays, 1859,* in-12 *br.*

4675. — STAPFER (PAUL). — Racine et Victor Hugo. — PARIS, *A. Colin et C^le, 1888,* in-12 *br.*

4676. — NÉCROLOGE (Le) des hommes célèbres de France, par une Société de gens de lettres. — PARIS, *Desprez, 1770,* in-12 *rel.* 3 *vol.*

4677. — HENNEQUIN (EMILE). — Etudes de critique scientifique. — Ecrivains francisés : Dickens, Heine, Tourguenef, Poë, Dostoieswski, Tolstoï. — PARIS, *Librairie académique Didier, Perrin et C^le, 1889,* in-8° *br.*

4678. — SARRAZIN (GABRIEL). — Poètes modernes de l'Angleterre : Walter Savage Landor, Percy Bysshe Schelley, John Keats, Elisabeth Barret Browning, Dante Gabriel Rossetti, Algernon Charles Swinburne, 2° édit. — PARIS, *Paul Ollendorff, 1885,* in-8° *br.*

C. — Vies et Éloges ou notices biographiques
des hommes et femmes illustres dans les lettres,
les sciences, etc., rangés par nations

FRANÇAIS ET ÉTRANGERS

4679. — TITON DU TILLET. — Le Parnasse français, dédié au roi. — PARIS, *J.-B. Coignard fils, 1732,* in-f°, 2 *vol. rel.*

4680. — D°. — Autre exemplaire.

---

(1) Voir le Catalogue des Sciences et Arts, p. 172, pour les biographies des peintres.

4681. — SIÈCLES (Les) de la littérature française considérée dans ses diverses révolutions, depuis son origine, jusqu'au dix-huitième siècle, ou tableau historique des gens de lettres par M. L***. — Paris, *Delaplace et chez Belin, an Vᵉ, 1797, in-12, 6 vol. rel.*

4682. — PALISSOT (M.) — Mémoire pour servir à l'histoire de notre littérature, depuis François Iᵉʳ jusqu'à nos jours. — Paris, *Gérard, an XI (1803), in-8°, 2 vol. br.*

4683. — PALISSOT (Epître à) par un habitant du Jura. — Paris, *Imp. de Crapelet, Desenne et autres, in-8° br.*

4684. — SABATIER DE CASTRES (L'abbé). — Les Trois siècles de la littérature françoise, ou Tableau de l'Esprit de nos écrivains, depuis François Iᵉʳ jusqu'en 1773. Nouvelle édition. — Amsterdam, et se trouve à Paris, chez *de Hansy, 1774, in-12, 4 vol. rel.*

4685. — Dᵒ. — Autre exemplaire. — Edition de 1729, *in-8° rel.*

4686. — LE NOIR (L'abbé). — Observations sur la littérature à M***. — Amsterdam, et se trouve à Paris, chez *J. F. Bastien, 1774, in-8° rel.*

4687. — MILLOT (L'abbé), d'après les Mémoires de Sainte-Palaye. — Histoire littéraire des troubadours, contenant leurs vies, les extraits de leurs pièces et plusieurs particularités sur les mœurs, les usages et l'histoire du douzième et treizième siècles. — Paris, *Durand neveu, 1774, in-12, 3 vol. rel.*

4688. — Dᵒ. — Autre exemplaire.

4689. — LINCY (Le Roux de). — Les femmes célèbres de l'ancienne France. Mémoires historiques sur la vie publique et privée des femmes françaises depuis le 5ᵉ siècle jusqu'au 18ᵉ. — Paris, *Leroi, 1848, in-12 rel.* Tome 1ᵉʳ seulement.

4690. — FEMMES CÉLÈBRES CONTEMPORAINES (Les). — Paris, *Le Bailly, 1843, in-8°.*

4691. — BABOU (Hyppolite). — Les amoureux de Mᵐᵉ de Sévigné. Les femmes vertueuses du grand siècle. — Paris, *Librairie académique, 1862, in-8° br.*

4692. — FÉLIBIEN DES AVAUX (J. F.). — Recueil historique de la vie et des ouvrages des plus célèbres architectes. — Amsterdam, aux dépens d'Estienne Roger, *1706, in-12 relié,* avec :

Conférences de l'Académie royale de peinture et de sculpture, par Félibien (André). — Amsterdam, *dᵒ, dᵒ.*

4693. — BOUGEREL (Le P. J.). — Mémoire pour servir à l'histoire de plusieurs hommes illustres de Provence. — Paris, *imprimerie d'Hérissant, chez Cl. Hérissant fils, 1752, in-12 rel.*

4694. — GERVAISE (Dom). — La Vie de Pierre Abeilard, abbé de Saint-Gildas de Ruis, ordre de Saint-Benoist, et celle d'Héloïse son épouse, première abbesse du Paraclet. — Paris, *Jⁿ Musier et autres, 1720, in-12, 2 vol. rel.*

4695. — RÉMY (L'abbé). — Éloge de Michel de l'Hôpital, chancelier de France ; discours qui a remporté le prix de l'Académie française en 1777. — Paris, *Demonville, 1777, in-8° rel.*

4696. — GUIBERT (Le Cᵗᵉ J. A. H.). — Eloge historique de Michel de l'Hospital, chancelier de France. — Londres, *1778, in-8° rel.*

4697. — BOURDIC-VIOT (Mᵐᵉ Henriette). — Eloge de Montaigne. — Paris, *Ch. Pougens, an VIII, in-18 rel.*

4698. — GOUGET (L'abbé C. P.). — La vie de Messire Félix Vialart de Herse, Evêque et Comte de Châlons en Champagne, Pair de France ; nouvelle édition. — Utrecht, aux dépens de la Société, *1739, in-12 rel.*

4699. — JACQUES DE SAINTE-BEUVE, Docteur de Sorbonne et Professeur royal. — Étude d'histoire privée, contenant des détails inconnus sur le premier Jansénisme. — Paris, *A. Durand, 1865, gᵈ in-8° br.*

4700. — QUESNEL (Le P. P.). — Histoire abrégée de la vie et des ouvrages de M. Arnauld. — S. l. d'imp. et s. n. d'imp. ; *1697, in-12 rel.*

4701. — RAMSAY (Le Chᶦᵉʳ A. M. de). — Histoire de la vie et des ouvrages de Messire François de Salignac de La Motte-Fénelon, archevêque de Cambray. — Amsterdam, *François L'Honoré, 1729, in-12 rel.*

4702. — HISTOIRE DE Mˡˡᵉ DE LA CHARCE, de la Maison de la Tour du Pin, en Dauphiné, ou Mémoires de ce qui s'est passé sous le règne de Louis XIV. — Paris, *Pierre Gandouin, 1731, in-12 rel.*

4703. — BRET (A.) — Mémoires sur la vie de Mademoiselle de Lenclos. — Amsterdam, *François Joly, 1730, in-12 rel.* ; suivi de ses lettres au Mᶦˢ de Sévigné. 2 tomes en un vol. mar. r. fll. d. s. tr.

4704. — CARACCIOLI (L. A. de). — La vie de Madame de Maintenon, Institutrice de la Royale Maison de Saint-Cyr, ornée de son portrait. 2ᵉ édition. — Paris, *Buisson, 1788, in-12, 2 vol. rel.*

4705. — LA FORTELLE (M. DE). — La vie militaire, politique et privée de Mademoiselle Charles-Geneviève-Louise-Auguste-Andrée-Timothée d'Eon de Beaumont. Nouvelle édition. Portrait. — PARIS, *Lambert, 1779, in-8° rel.*

4706. — VOLTAIRE. — Mémoires pour servir à la Vie de M. de Voltaire, écrits par lui-même. Avec un portrait de la marquise du Chatelet. — BERLIN, s. n. d'imp. *1784, in-8° relié*, avec :

Testament politique de M. de V*** (Voltaire), avec ses caractères et charges diverses, par M. Marchand, avocat. — GENÈVE, s. n. d'imp., 1770, et avec :

Examen des ouvrages de M. de Voltaire, considéré comme poète, comme prosateur, comme philosophe. — BRUXELLES, et se trouve chez *Lemaire, 1788.*

4707. — POMPERY (EDOUARD DE). — Le vrai Voltaire. L'homme et le penseur. Six livraisons *in-8° br.* — PARIS, *Agence générale de librairie, 1867.*

4708. — NOEL (EUGÈNE). — Voltaire à Ferney. — ROUEN, *D. Brière et fils, 1867, in-8° br.*

4709. — ROUSSEAU (J. J.). — Recueil des pièces relatives à la persécution suscitée à Motiers-Travers contre M. J. J. Rousseau. — S. l. d'imp., s. n. d'imp., *1765, in-8° relié,* avec :

Le vrai sens du système de la nature, ouvrage posthume de M. Helvetius. — LONDRES, s. n. d'imp., 1774.

Lettre de feu M. l'abbé Ladvocat, docteur et bibliothécaire de Sorbonne, dans laquelle il examine si les textes originaux de l'Écriture sont corrompus, et si la Vulgate leur est préférable. — AMSTERDAM, et se trouve à CAEN, chez *G. Le Roy, 1776.*

4710. — D°. — 1° Exposé succinct de la contestation qui s'est élevée entre M. Hume et M. Rousseau, avec les pièces justificatives. — LONDRES, s. n. d'imp. *1766, in-12 rel.*, avec :

2° Le docteur Pansophe, ou Lettres de Monsieur de Voltaire à M. Hume. — LONDRES, s. n. d'imp., *1766.*

3° Précis pour M. J. J. Rousseau, en réponse à l'*Exposé succinct de M. Hume,* suivi d'une lettre de Madame *** à l'auteur de la justification de M. Rousseau. — S. l. d'imp., s. n. d'imp., *1767.*

4° Le Rapporteur de bonne foi, ou : Examen sans partialité et sans prétention du différent survenu entre M. Hume et M. Rousseau, de Genève. — D°, d°, et s. d.

5° Lettre de M. de Voltaire à M. d'Alembert, datée du château de Ferney, le 11 février 1763. — D°, d°. d°.

6° Lettre à un ami de province, contenant quelques observations sur *Adélaïde du Guesclin*, tragédie de M. de Voltaire. — Amsterdam, et se trouve à Paris, chez *Cuissart, 1765.*

7° Lettre sur l'état présent de nos spectacles, avec des vues nouvelles sur chacun d'eux, principatement sur la Comédie-Française et l'Opéra. — Amsterdam, et se trouve à Paris, chez *Duchesne, 1765.*

8° Lettre à Monsieur ***, sur les peintures, les sculptures et les gravures exposées au Salon du Louvre en 1865. — S. l. d'imp. s. n. d'imp. et s. d., signée M*** de la Cour.

9° Critique des peintures et sculptures de Messieurs de l'Académie royale, l'an 1765. — D°, d°.

10° Lettres d'Isaac à Mathieu. — Dans toutes les capitales. En tous les siècles ;

11° Enfin lettre de M. de Vol... à M. d'Am..., 1765.

4711. — D°. — Mémoires de Madame de Warens et de Claude Anet, pour servir de suite aux Confessions de J. J. Rousseau. Edition originale — Chambéry, et se trouve à Paris, chez *Leroy, 1786, in-8° rel.*

4712. — D°. — Les Confessions de J. J. Rousseau, avec des notes et un complément historique, par Alfred de Bougy. Édition illustrée. — Paris, *1850, in-4° br.*

4713. — CONDORCET. — Vie de Monsieur Turgot. — Londres, s. n. d'imp., *1786, in-8° rel.*

4714. — D°. — Le même. — Berne, *Kirchberger et Hatter, 1787, d°, d°.*

4715. — GARAT (Dominique Joseph). — Mémoires historiques sur la vie de M. Suard, sur ses écrits et sur le 18e siècle. — Paris, *A. Belin, 1820, in-8° rel.*

4716. — D°. — Mémoires historiques sur le 18e siècle, sur les principaux personnages de la Révolution française, ainsi que sur la vie et les écrits de M. Suard, secrétaire de l'Académie. — Paris, *Philippe, 1829, in-8°,* 2 vol.

4717. — DUPIN (Le B^{on}). — Essai historique sur les services et les travaux scientifiques de Gaspard Monge. — Paris, *Bachelier, 1819, in-4°.* (Portrait).

4718. — VIE du Lieutenant-Général comte Foy, etc., par un ancien capitaine du 3e régiment d'artillerie à cheval. — Paris, *Marchands de nouveautés, 1825, p^t in-8° rel.*

4719. — WALCKENAER (Le B^{on}). — Notice historique sur la vie et les ouvrages de M. Daunou, lue à la séance publique du 31 juillet 1841, de l'Académie des Inscriptions et Belles-Lettres.

4720. — TAILLANDIER (A. H.) — Documents biographiques sur P. C. F. Daunou, — Paris, *Didot f^{res}, 1847, in-8°.*

4721. — LA ROCCA (Jean de). — Abattucci, garde des sceaux, ministre de la Justice, etc. Sa vie comme magistrat, etc.— Paris, *L. Janet, 1850, in-8°.* (Portr.).

4722. — MILCENT (Le Dr Alfred). — Jean-Paul Tessier. Esquisse de sa vie, de son enseignement et de sa doctrine. Suivie d'une lettre sur Magendie, Récamier, J. P. Tessier, par le Dr Darasse. — Paris, *J. P. Baillière, 1862, in-8°.*

4723. — VIEILLARD (P. A.). — Méhul. Sa vie et ses œuvres. — Paris, *Ledoyen, 1859, p^t in-8° rel.*

4724. — PÉTRARQUE. — Le génie de Pétrarque, ou Imitation en vers français de ses plus belles poésies.

Précédée de la Vie de cet homme célèbre, dont les actions et les écrits sont une des plus singulières époques de l'histoire et de la littérature modernes. — Parme, et se trouve à Paris, chez *Lacombe, 1778, in-8° rel.*

4725. — D°. — Cinquième centenaire de la mort de Pétrarque, célébrée à Vaucluse, les 18, 19 et 20 juillet 1874. — Avignon, *Gros f^{es}, 1874, in-8° br.*

4726. — DUJARDIN (B.). — La Vie de Pierre Aretin, par M. de Boispréaux, pseudonyme de Dujardin. — La Haye, *Jean Neaulme, 1750, in-18 rel.*

4727. — MORGAN (Lady). — Mémoires sur la vie et le siècle de Salvator Rosa, traduits par le traducteur, etc., Mlle Sobry, et par M***. — Paris, *Al. Eymery, 1824, in-8°,* 2 vol. br.

4728. — LOREDANO. — Vita d'Alessandro Terzo, Pontifice massimo di Gio, Francesco Loredano. — In VENETIA, *1646, in-18 rel.*

4729. — GOLDONI (Cb.). — Mémoire de M. Goldoni, pour servir à l'histoire de sa vie et à celle de son théâtre. — PARIS, *veuve Duchesne, 1787, in-8°*, 3 vol. br.

4730. MÉMOIRES concernant la vie et les écrits du comte François Algarotti. — S. l. d'imp., s. n. d'imp. et s. date, *in-8° br.*

4731. — SENEBIER (JEAN). — Mémoire historique sur la vie et les écrits de Horace Bénédict Desaussure, pour servir d'introduction à la lecture de ses ouvrages. — GENÈVE, *J. J. Paschond, an IX, in-8° br.*

4732. — GIBBON. — Ses Mémoires, suivis de quelques ouvrages posthumes et de quelques lettres du même auteur. Recueillis et publiés par lord Scheffield, traduits de l'anglais. — PARIS, *chez le Directeur de la Décade philosophique, an V*e *de la République, in-8°*, 2 vol. rel.

4733. — BALLARD (GEORGE). — Memoirs of British ladies, who have been celebrated for their writings or skill in the learned languages, arts and sciences. — LONDON, *Printed for T. Evans, 1775, in-8° rel.*

4734. — FRANKLIN (BENJAMIN). — Sa vie, écrite par lui-même, suivie de ses œuvres morales, politiques et littéraires, dont la plus grande partie n'avait pas été publiée. Traduit de l'anglais, avec des notes, par J. Castera. — PARIS, *F. Buisson, an VI de la République, in-8°*, 2 vol. rel.

4735. — D°. — Mémoires de Franklin, écrits par lui-même. Traduits de l'anglais et annotés par Edouard Laboulaye, 3e édition. — PARIS, *L. Hachette et C*ie*, 1870, in-8° br.*

4736. — D°. — Correspondance de Benjamin Franklin, traduite de l'anglais et annotée par Ed. Laboulaye. — PARIS, *L. Hachette et C*ie*, 1870, in-8°*, 3 vol. br.

4737. — D°. — D°, d°, d°, d°.

4738. — DUPUCH (Mgr ANT. A.). — Abd-El-Kader au château d'Ambroise, dédié à M. Louis-Napoléon Bonaparte, Président de la République française. — BORDEAUX, *Emile Crugy, février 1849, in-8° br.*

4739. — DELISLE DE SALES. — Vie littéraire de Forbonnais. — PARIS, *Fusch, in-8°.*

4740. — LA HARPE peint par lui-même. Ouvrage contenant des détails inconnus sur sa conversion, son exil à Corbeil, en 1804; ses jugements sur les écrivains les plus distingués de son temps, etc.

Terminé par une exposition impartiale de la philosophie du 18e siècle, par un membre de l'Académie française. — Paris, *Plancher*, *1817*, *in-18° rel.*

4741. — JANVIER (A^te). — François de Jussac d'Ambleville, sieur de Saint-Preuil, mareschal des camps et armées du roi Louis XIII.— Abbeville, *R. Flousse*, et Paris, *Fontaine, 1859, in-8° br.*

4742. — PASQUIER (Le Père). — Histoire abrégée de la vie et des ouvrages de M. Arnaud. — Cologne, *1695, in-8° br.*

4743. — BELLISLE (Vie politique et militaire de M. le Maréchal, duc de). Publiée par M. de C***, éditeur du Testament et codicile. — La Haye, *veuve Van Durin, 1762, in-12 rel.*

4644. — POMPERY (Edmond de). — Béranger. Sa biographie et son caractère. — Paris, *R. Grollier, successeur de Castel, 1865, in-12 br.*, 36 pp.

4745. — D°. — Autre exemplaire. — Paris, *1875, in-4°, 8 pp.*

4746. — ANDRÉ MICHEL. — Les artistes célèbres. François Boucher. Ouvrage accompagné de 44 gravures. — Paris, *J. Rouan*, London, *Gilbert Wood, 1886, g^d in-8° br.*

4747. — DUPLOUY (Professeur de clinique à Rochefort). — Eloge de Jean-Baptiste-Joachim Clémot, premier chirurgien en chef de la Marine. — Rochefort, *Thèze, 1868, in-8°* (12 pages).

4748. — LEMONTEY, citoyen de Lyon. — Eloge de Jacques Cook, avec des notes. Concours qui a remporté le prix d'éloquence au jugement de l'Académie de Marseille, le 25 août 1789. — Paris, *Imprimerie nationale, 1792, in-8° br.*

4749. — CLÉOPATRE, d'après l'Histoire. — S. l. d'imp., 1750.

4750. — COURTILZ (Gatien Sentras de). — La vie de J. B. Colbert, ministre d'Etat sous Louis XIV. — Cologne, s. n. d'imp., *1697, in-12 rel.*

4751. — CLÉMENT (Ch^les). — Les artistes célèbres. Decamps. Ouvrage accompagné de 47 gravures. — Paris, *J. Rouan, 1886, g^d in-8° br.*

4752. — VÉRON (Eug.). — D°. Eugène Delacroix. Ouvrage accompagné de 40 gravures. — Paris, *J. Rouan*, London, *Gilbert Wood, 1887.*

4753. — FABVIER (Colonel). — Sa vie, par F. B. — Paris, *Marchands de nouveautés, 1826.* De la collection de la Bibliothèque populaire en miniature.

4754. — GALLERAND (M.) — Eloge de Foullioy. — Paris, *J. B. Baillière et fils.*

4755. — COUTANCE (A.). — De la vie et des travaux de Charles Gaudichaud, membre de l'Institut, deuxième pharmacien en chef de la Marine. — Brest, *Gadreau, 1869, g^d in-8° br.*

4756. — LAVAUD (J.). — Notice sur Henri Grégoire, ancien curé d'Embermeuil, député de Lorraine aux Etats généraux, à l'Assemblée nationale constituante, évêque constitutionnel de Loir-et-Cher (Blois), député de ce département à la Convention uationale, au conseil des Cinq-Cents; membre de l'Institut national, du Corps législatif, sénateur, etc. — Paris, *chez Corréart et chez Brissot-Thivar, 1819, in-8° br.*

4757. — DARGENTY (G.). — Les artistes célèbres. Le Baron Gros. Ouvrage accompagné de 27 gravures. — Paris, *J. Rouan*, Londres, *Gilbert Wood, 1887, g^d in-8° br.*

4758. — HACHETTE (L.). — Notice sur sa vie, suivie des discours prononcés à ses obsèques et des articles nécrologiques consacrés à sa mémoire. — Paris, *Ch. Lahure, 1864, in-8° br.*

4759. — HENRI V. — Sa biographie populaire. — Toulouse, *Sayeux, 1873, in-32 br.*

4760. — TAIGNY (Edmond). — J. B. Isabey. Sa vie et ses œuvres. Extrait de la *Revue européenne.* — Paris, *Panckoucke et Cie, 1859, in-8° br.*

4761. — FERNAND (Jacques). — Souscription. Lamartine. Décision prompte, énergique, 1862.

Appel suprême à la France. Manifeste de propagande, 1862. Saisie du mobilier.... de Lamartine.... à Paris!! Saisie de ses immeubles à Macon!!.... Si la France n'y met arrêt! — Paris, *Vannier, 1862, in-8° br.*

4762. — MANEY (Adèle Jarry de). — Madame Lamartine mère, avec un portrait. — Paris, *Bureau de la Société Montyon et Franklin, 1837, in-4° br.*

4763. — MESNIL (REVEREND du). — Lamartine et sa famille, d'après les documents authentiques. Extrait de la *Revue du Lyonnais*. — Lyon, *Vingtrinier, 1869, in-8°*.

4764. — COURNAULT (Ch^les). — Les artistes célèbres. Jean Lamour, serrurier du roi Stasnislas à Nancy. Ouvrage accompagné de 26 gravures. — Paris, *J. Rouan;* London, *1886, g^d in-8° br.*

4765. — LE PRÉDOUR (Vice-Amiral). — Sa notice biographique. — Paris, *Challamel aîné, 1870, in-8° br.*

4766. — CHAMPFLEURY. — Les artistes célèbres. — La Tour. — Ouvrage accompagné de 15 gravures. — Paris, *J. Rouan,* Londres, *Gilbert Wood et C^io, 1886, g^d in-8° br.*

4767. — LOUIS-PHILIPPE. — Sa biographie impartiale. — Bruxelles, *1833, in-32 rel.*

4768. — RUINART (Dom Thierry), religieux de la Congrégation de Saint-Maur. — Abrégé de la vie de Dom Jean Mabillon, prêtre et religieux Bénédictin de la Congrégation de Saint-Maur. — Paris, *François Muguet, 1709, in-12 rel.* (Portrait de D. J. Mabillon).

4769. — MACKAU (L'Amiral de). — Sa biographie. — Paris, *Simon Raçon et Cie, 1856, in-8° br.*

4770. — JACOB (Bibliophile P. L.). — La jeunesse de Molière, suivie du ballet des Incompatibles, pièce en vers inédite de Molière, avec une lettre au bibliophile Jacob, par Félix Delhale. — Paris, *A. Delahays, 1859, in-18 br.*

4771. — MARAT (J. P.). — Éloge de Montesquieu, présenté à l'Académie de Bordeaux, le 28 mars 1785, par J. P. Marat, publié avec une introduction par A. de Brezetz. — Libourne, *Motteville, 1883, in-8°*.

4772. — BARDINET (Le D^r). — Éloge de F. Melier, inspecteur général du service sanitaire. — Paris, *J. B. Baillière et fils, 1867, in-8°*, 32 pages br.

4773. — MURAT (Vie de Joachim), et relation des événements politiques et militaires qui l'ont précipité du trône de Naples, par M***. — Paris, *Pillet, 1815, in-8° br.*

4774. — VIE POLITIQUE ET MILITAIRE DE NAPOLÉON. — Paris, *Lemoine, 1826, in-32.* De la collection de la Bibliothèque en miniature.

4775. — ACQUETTA (L'), ou Anecdotes sur le pape Ganganelli et sur le conclave qui suivit sa mort. — Paris, *Marchands de nouveautés, 1826, in-32.* — Même collection.

4776. — ORLÉANS, HÉLÈNE de MECKLEMBOURG-SCHWERIN (Mᵐᵉ la Duchesse d'). — 5ᵉ édit. — Paris, *Michel Lévy fʳᵉˢ, 1839, in-12, relié,*

4777. — VACHON (Marius). — Philibert de l'Orme. Ouvrage accompagné de 34 gravures. — Paris, *J. Rouan;* Londres, *Gilbert Wood et Cⁱᵉ, 1887, grand in-8° br.*

4778. — ARCONVILLE (Mᵐᵉ d'). — Vie du cardinal d'Ossat. — Paris, *Hérissant, 1771, in-8° rel.*

4779. — MAHER (M.). — Eloge de J.-R.-C. Quoy. — Rochefort, *1869, in-8° br.*

4780. — MANTEL (A.-P.). — Détails inédits sur Rachel, avec fac-simile. — Paris, *Delahays, in-8°.*

4781. — PHILIPPE (A.). — Royer Collard. Sa vie publique. Sa vie privée. Sa famille. — Paris, *M. Lévy, 1857, in-8°.*

4782. — CAPEFIGUE (B.). — Vie de Saint Vincent de Paul. — Paris, *L.-F. Hivert, 1827, in-8° rel.*

4783. — TURENNE (La vie du Vᵗᵉ de). — S. l. d'imp. ni d., *in-8°, rel.* (La page du titre manque.)

4784. — VILLARS (Vie du Mᵃˡ duc de), écrite par lui-même, et donnée au public par M. Anquetil, prieur de Château-Renard et correspondant de l'Académie royale des Inscriptions et Belles-Lettres. — Paris, *Moutard, 1735, 4 vol. petit in-8° rel.*

4785. — NOEL (Eug.). — Voltaire). — Paris, *Chamerot, 1855, in-8° broché.*

4785. — YRIARTE (Cˡᵉˢ). — La vie d'un patricien de Venise au xvıᵉ siècle, d'après les papiers d'Etat de Frari.

Avec 136 gravures et 8 planches, reproductions des monuments du temps et des fresques de Paul Véronèse. — Paris, *Rothschild, s. d., in-4° br.*

4787. — PELLICO (Silvio). — Mes prisons, suivies du discours sur le devoir des hommes. Traduction de M. Antoine de La Tour. — Paris, *Charpentier, 1853, in-8° br.*

4788. — D°. — Le mie prigioni di Silvio Pellico da Salluzza. — Parigi, *veuve Baudry, 1858, in-12 br.*

4789. — STENDHAL. — Vie de Rossini. — Paris, *M. Lévy frères, 1854, in-8° br.*

4790. — EUGÈNE de SAVOIE (Prince). — Sa vie, écrite par lui-même, et publiée pour la première fois en 1809. — Paris, *Michaud frères, 1810, in-8° rel.*

4791. — HENRI de PRUSSE, frère de Frédéric II. — Sa vie privée, politique et militaire. — Paris, *Delaunay, 1809, in-8° br.*

4792. — BLAZE (Henri). — Ecrivains et poètes de l'Allemagne. — Wieland. — Klopstock. — Burger. — Schiller. — Gœthe, etc. — Paris, *M. Lévy frères, 1846, in-8° br.*

4793. — BRUNEL'S, civil Engineer (Isambard Kingdom), the life by Isambard Brunel, B.-C.-L. of Lincoln's inn, chancellor of the Diocese of Ely. — London, *Longmans, Green, and C°, 1870, in-8° rel.* (Portrait de Brunel.) Don de l'auteur.

4794. — REYNALD (H.). — Etude sur la vie et les principaux ouvrages de Samuel Johnson. — Paris, *Durand, 1856, in-8° br.*

4795. — D°. — Biographie de Jonathan Swift. — Paris, *Hachette, 1860, in-8° br.*

4796. — SMITH (Thom.). — Vitæ quorumdam eruditissimorum et illustrium virorum quorum nomina exstant in paginâ sequenti. Scriptore Thoma Smitho, S. Theol. Doctore et Eccles. Anglic. Presbytero. — Londini, *D. Mortier, ad insigne Erasmi.* Le fleuron reproduit le portrait d'Erasme), *1707, in-8° rel. en p. de vel.*

4797. — IGNACE de LOYOLA et la Cⁱᵉ de Jésus. — Etude d'histoire politique et religieuse. 2ᵉ édit. — Paris, *G. Decaux, in-12 br.*

4798. — LAFON (Ernest). — Etude sur la vie et les œuvres de Lope de Vega. — Paris, *Librairie nouvelle, 1857, in-8° br.*

4799. — HOCHE. — Son éloge historique et funèbre, par un officier de l'armée du Rhin. — S. d. ni n. d'imp.

4800. — DU CHATELLIER. — Le général François Watrin. Sa carrière militaire. Deuxième Notice. — Paris, *Dumoulin, et chez Guillemin et Cⁱᵉ, 1875, in-8° br. de 28 p.*

4801. — D°. — Guerres de Vendée. Correspondance inédite des généraux Travot et Watrin. — Paris, *A. Picard, 1876, in-8° br.*

4802. — LEVOT (P.) — Notice sur la vie, les services et les travaux de M. le Chevalier de Fréminville, suivie de la fin, par M. le Chevalier de Fréminville, du 108ᵉ et dernier chapitre de l'ouvrage de M. Marchangy, intitulé *Tristan le Voyageur*, ou la *France au XIVᵉ siècle*, etc. — BREST, *Roger fils, 1867, gᵈ in-8° br.*

BIOGRAPHIES BRETONNES

4803. — NOTICE sur François-Marie Andrieux, de Morlaix, né en 1777, mort en 1832. — MORLAIX, *J. Mauger, s. d., in-8° br.*

4804. — OLLIVIER (LOUIS). — Les peintres et sculpteurs des Côtes-du-Nord. Le sculpteur Corlay (1700-1776). — SAINT-BRIEUC, *F. Guyon, 1886, in-8° br. de 19 p.*

4805. — TRÉVÉDY (M.) — Jean Beaujouan, procureur du roi à Quimper (1640), et sa Notice sur le Couvent de Saint-François de Quimper. (Extrait du Bulletin de la Société archéologique du Finistère). — QUIMPER, *Caen, 1885, in-8° br.*

4806. — MANET (M. F. G. P. B.) — Biographie des Malouins célèbres, nés, depuis le 15ᵉ siècle jusqu'à nos jours, précédée d'une Notice historique sur la ville de Saint-Malo, depuis son origine. — SAINT-MALO, *chez l'auteur, 1824, in-8° rel.*

4807. — KERDANET (D. L. O. M. MIORCEC DE). — Notices chronologiques sur les théologiens, jurisconsultes, philosophes, artistes, littérateurs, poètes, bardes, troubadours et historiens de la Bretagne, depuis le commencement de l'ère chrétienne jusqu'à nos jours, avec deux tables, etc. — BREST, *G. M. F. Michel, 1818* (2 exemp.)

4808. — ROSARNOU (BLANCHE DE). — Biographies bretonnes. — Mademoiselle Julie Bagot. — Félicité-Marie de la Villéon. — Thérèse Gaubert. — Marie-Amice Picard. — PARIS, *J. Mollie, 1877, in-8° br.*

4809. — GEOFFROY (A.) — Notice biographique sur Armand-René Maufras du Chatellier, correspondant de l'Institut et de la Société nouvelle d'agriculture. — ORLÉANS, *P. Girardot, 1885, in-8° br.*

4810. — DU CHATELLIER. — Les Laënnec sous l'ancien et le nouveau régime. De 1783 à 1836. — VANNES, *Imprimerie Galles, 1885, in-8° br.*

4811. — Dᵒ. — Un essai de socialisme, 1793-94-95. — Réquisition. — Maximum. — Assignats. — Bio-bibliographie de l'auteur par M. L. de la Sicotière. — PARIS, *Retaux-Bray, 1887, in-8° br.*

4812. — CLOSMADEUC (DE). — Eloge de A. Maufras du Chatellier. — VANNES, *Galles, 1885, in-8° br.*

4813. — ALEXANDRE (CH.) — Histoire de Charles Cornic. — MORLAIX, *Veuve Guilmer, 1848, in-8° br.*

4814. — LEVOT (P.) — Biographie bretonne. Recueil de notices sur tous les Bretons qui se sont fait un nom, soit par leurs vertus ou leurs crimes, soit dans les arts, dans les sciences, etc., depuis le commence- ment.de l'ère chrétienne jusqu'à nos jours. — VANNES, *Caudran, 1852, g*d *in-8°, 2 vol.*

4815. — D°. — Guillaume Lejean. — Sa vie, ses voyages, ses travaux. — BREST, *Lefournier, 1883, in-8° br.*

4816. — KERVILER (R.). — Répertoire général de bio-bibliographie bretonne. — Livre premier. — Les Bretons. — RENNES, *J. Plichon et L. Hervé, 1886-87-88, in-8° br.* 1re, 2e, 3e, 4e, 5e et 6e fascicules (en cours de publication).

4817. — LE GALL (LE R. P.). — Un saint et savant breton, d'après sa correspondance et les témoignages de ses contemporains, 2e édit. — AMIENS, *Rousseau Leroy, 1886, in-8° br.*

4818. — SVININE (PAUL DE). — Détails sur le général Moreau et ses derniers moments, suivis d'une courte notice biographique. — PARIS, *L. Foucault, 1804, 1 vol. in-8° br.*

4819. — MOREAU. — Quelques détails sur ce général et sur ses derniers moments. — LONDRES, *Cox et Baylis.* La 1re feuille manque.

4820. — GÉNÉALOGIE de la famille et seigneurie de *Ploesquellec.* — LANNION, *Hl Mauger, 1883, pt in-8° br.*

4821 — NOTICE sur M. Riou-Kerhalet, ingénieur des Ponts et Chaussées, secrétaire de la Société académique de Brest, par M. Allanic. — Extrait du Bulletin de la Société académique. — BREST, *J.-B. Lefournier aîné, in-8° de 4 p. (2 exempl.).*

4822. — TURQUETY (ED.). — 1807-1867. La vie d'un poète. — PARIS, *J. Gervais ;* NANTES, *M. Grimaud, 1885, in-8° br.*

4823. — TRÉVÉDY. — *Marie Tromel,* dite *Marion* du Faouet, chef de voleurs. 1740-1755. — QUIMPER, *Imprimerie de Caen, 1884, in-8° br.*

5. — BIBLIOGRAPHIE

A. — Introduction. — Traités généraux sur les livres, les Bibliothèques, leur histoire, etc.

4824. — PEIGNOT (G.) — Dictionnaire raisonné de la bibliologie, contenant l'explication des principaux termes relatifs à la bibliographie, etc., etc. — Paris, *Villier, An X.*

4825. — LE PRINCE. — Essai historique de la Bibliothèque du roi, aujourd'hui Bibliothèque impériale, etc. Nouvelle édition, revue et augmentée des annales de la Bibliothèque, présentant, à leur ordre chronologique, tous les faits qui se rattachent à l'histoire de cet établissement, depuis son origine jusqu'à nos jours, par Louis Paris, directeur du Cabinet historique. — Paris, *Bureau du Cabinet historique, 1856, in-8° br.*

4826. — WERDET (Edmond). — Histoire du Livre en France, depuis les temps les plus reculés jusqu'en 1789. — Paris, *E. Dentu, 1861, in-12, 4 vol. rel.*

4827. — ESSAI HISTORIQUE sur les vignettes, fleurons, culs-de-lampes, et autres ornements des livres. — Paris, *Rouveyre, 1873, in-18.*

4828. — VOGELIN (S.) — Histoire de la formation de la bibliothèque de Zurich (en allemand). — Zurich, *1848, in-4°.* (Planches).

4829. — CELS et LOTTIN. — Coup d'œil éclairé d'une bibliothèque à l'usage de tout possesseur de livres. — Paris, *Lottin, 1773, in-8° rel.*

4830. — SAINT-GENOIS (Jules de). — Les couvertures et feuilles de garde des vieux livres et des manuscrits. — Paris, *Ed. Rouveyre, 1874, in-12 parch.*

4831. — REIFFENBERG (M. de). — Des marques et devises mises à leurs livres par un grand nombre d'amateurs. — Paris, *Ed. Rouveyre, 1874, in-12 parch.*

4842. — GUIDE du libraire-bouquiniste ou liste et adresse de plus de deux mille bibliophiles français et étrangers, etc. — Paris, *E. Rouveyre,* *1873-74, in-8°.*

B. — Histoire de l'Imprimerie.

4832. — Paul LACROIX (Bibliophile ˎJacob), Edᵈ FOURNIER et Ferd˙ SÉRÉ. — Le Livre d'or des métiers. Histoire de l'Imprimerie, etc. (Pl.). — Paris, *A. Delahays, 1852, gᵈ in-8°.*

4833. — LICHTENBERGER (J.-F.). — Initia typographica illustravit. — Argentorati, sumptibus Bibliopolii. Sociorum Treuttel et Wurtz. — Lutetiæ Parisiorum, *Apud eosdem, 1811, in-4° br..*

4834. — MAITTAIRE (A.-M. Mich.). — Annales typographici, ab artis inventæ origine ad annum 1500. — Hagæ Comitum, *Apud Isaacum Vaillant, 1719, in-4° rel. v. f.*

4835. — Dᵒ. — Annales typographici ab artis inventæˑorigine ad annum 1664. Editio nova auctior et emendatior. — Amstelodami, *Apud Petrum Humbert, 1733, in-4°, 9 tom. en 5 vol. rel.*

4836. — LA SERNA, SANTANDER (M. de). — Dictionnaire bibliographique choisi du quinzième siècle, ou description, par ordre alphabétique, des éditions les plus rares et les plus recherchées du quinzième siècle. Précédé d'un Essai historique sur l'origine de l'imprimerie, ainsi que sur l'histoire de son établissoment dans les villes, bourgs, monastères et autres endroits de l'Europe, avec la notice des imprimeurs qui y ont exercé cet art jusqu'à l'an 1500. — Bruxelles, *J. Tarte, an XIII(1805), in-8°. 3 vol, rel.*

4837. — DUPONT (Paul). — Histoire de l'Imprimerie. — Paris, *1854, in-18, 2 vol:*

4838. — RENOUARD (Ant.-Aug.). — Annales de l'Imprimerie des Estienne, etc., 2ᵉ édit. — Paris, *G. Renouard, 1843, in-8°, rel.*

4839. — PLAINE (Dom François). — Essai historique sur les vicissitudes· de l'Imprimerie en Bretagne. — Nantes, *Morel, 1876, in-4°.*

4840. — PIETERS (Charles). — Annales de l'Imprimerie des Elsevier, ou Histoire de leur famille et de leurs éditions, 2ᵉ édit. — Gand, *Annoot Braeckmann, 1858, in-8° rel.*

4841. — SIENNIKI (Stanislas-Joseph). — Les Elzevir de la Bibliothèque de l'Université impériale de Varsovie. Ouvrage enrichi de 23 pl. — Varsovie, *Jⁿ Noskowski, 1874, in-8° cart.*

4843. — DUPRAT (F.-A.). — Précis historique sur l'Imprimerie nationale et ses types, avec un specimen des caractères français et étrangers
de l'Imprimerie nationale. — Paris, *B. Duprat, 1848, in-8° rel.*

4844. — GUICHARD (Joannis). — Armorial du bibliophile, avec illustration dans le texte. — Paris, *Bachelin-Deflorenne, 1870, in-8°, 3 vol.*

4845. — POULET-MALASSIS (A.). — Les ex-libris français. depuis
leur origine jusqu'à nos jours ; nouvelle édit., revue, très augmentée et
ornée de 24 pl. — Paris, *P. Rouquette, 1875, album.*

4846. — QUIRINI (Angel. Mariæ). — Cardin. Bibliothec. quondam
Brixiensis, liber singularis de optimorum scriptorum editionibus quæ
Romæ primùm prodierunt post divinum Typographiæ inventum, a Ger-
manis opificibus in eam Urbem advectum : plerisque omnibus earum
editionum, seu præfationibus, seu epistolis in medium allatis. Cum bre-
vibus observationibus ad eosdem rei typographiæ origini illustrandæ
valde opportunis.

Recensuit annotationes, rerumque notabiliorum indicem adjecit, et
diatribam prœliminarem de variis rebus, ad natales artis typographicæ
dilucidandos facientibus præmisit Jo. Geog. Schelhormius. — Impensis
Jacobi Ottonis Lindaugiæ, 1761, in-4° rel.

4847. — DENIS (M). — Annalium typographicorum V. Cl., Michaelis
Maittaire supplementum. Adornavit Denis Aug. a cons. et biblioth. —
Palat. carton.

Pars I. — Viennæ, *typis Joseph nobilis de Kuzzbek, 1789, in-4ª rel.*
fil., gauf. et frap.

Pars II. — Sans changement de pagination et relié avec le 1er. — Sur
la 2e, on distingue une femme « le Génie de l'Allemagne », travaillant à
une presse.

4848. — IMPRIMERIE (L') en Bretagne au XVe siècle ; étude sur les
incunables bretons, etc. — Nantes, *Société des bibliophiles bretons,
1778, in-8° br.*

C. — Bibliographes généraux
Bibliothèques choisies. — Traités et Dictionnaires des livres rares et mélanges bibliographiques.

4849. — PHOTIUS. — Photii myriobiblon sive bibliotheca librorvm quos
legit et censuit Photivs etc. Græcè edidit David Hoeschelivs Augus-
tanus, et notis illustravit.

Latinè verò reddidit et scholiis auxit Andreas Schottus Antuerpianus·
— Rothomagi, *J. et Davidis Berthelin, 1653, in-f° rel.*

4850. — GESNER (Conrad). — Epitome bibliothecæ Conradi Gesneri conscripta primum à Conrado Lycoshtene Rubeaquensi : nunc denuò recognita et plusquam bis mille authorum accessione (qui omnes asterico signati sunt) locupleta : per Iosiam Simlerum Tigurinum.— Tiguri, *apud Christophorum Froschoverum, anno 1555, rel. veau fil.*

4851. — BAILLET (Adrien). — Jugemens des savans sur les principaux ouvrages des auteurs, revus, corrigés et augmentés par de la Monoye. — Paris, *Ch. Moette, 1722, in-4°,* 7 vol. rel.

4852 — LA PORTE (L'abbé J. de). — Nouvelle bibliothèque d'un homme de goût, ou Tableau de la littérature ancienne et moderne, étrangère et nationale, etc. — Paris, *1777, in-12,* 4 vol. rel.

4853. — DESESSARTS (Le Moyne, connu sous le nom de). — Nouvelle bibliothèque d'un homme de goût, ou Tableau de la littérature ancienne et moderne, dans lequel on fait connaître l'esprit de tous les livres qui ont paru dans tous les genres jusqu'en 1797, avec un jugement sommaire et impartial sur chaque ouvrage, et l'indication des différentes éditions qui en ont été faites, tant en France qu'en pays étranger. 3° édition. — Paris, *Des Essarts, an VI (1798), in-8°,* 3 vol. rel.

4854. — BURE (Guil.-Fr. de). — Bibliographie instructive, ou Traité de la connaissance des livres rares et singuliers, contenant un catalogue raisonné de la plus grande partie de ces livres rares et précieux, etc.

Disposé par ordre de matières, etc. — Paris, *Guillaume-François de Bure le jeune, 1763 et suiv., g^d in-8° rel.*

Histoire	3 tomes.
Théologie..............................	1 d°
Jurisprudence et sciences et arts.................	1 d°
Belles-Lettres...........................	2 d°
Supplément à la Bibliothèque instructive, ou Catalogue des livres du cabinet de feu M. Louis-J^n Gaignat..	2 d°
Table destinée à faciliter la recherche des livres anonymes qui ont été annoncés par M. de Bure...	1 d°
Ensemble.................	10 tomes.

4855. — OSMONT (J. B. L.) — Dictionnaire typographique, historique et critique des livres rares, singuliers, estimés et recherchés, en tous genres, contenant, par ordre alphabétique, les noms et surnoms de leurs auteurs, le lieu de leur naissance, le temps où ils ont vécu, etc. — Paris, *Lacombe, 1768, in-8°,* 2 vol. rel.

4856. — BARBIER (A. A.) et N. L. M. DESESSARTS. — Nouvelle bibliothèque d'un homme de goût, entièrement refondue, corrigée et augmentée, contenant des jugements tirés des journaux les plus connus et des critiques les plus estimés, sur les meilleurs ouvrages qui ont paru dans tous les genres, tant en France que chez l'Etranger jusqu'à ce jour. — PARIS, *Duminil-Lesueur, 1808, in-8°, 5 vol. rel.*

4857. — DICTIONNAIRE bibliographique, historique et critique des livres rares, précieux, singuliers, curieux, estimés et recherchés, qui n'ont aucun prix fixe, tant des auteurs connus que de ceux qui ne le sont pas ; soit manuscrits, avant et depuis l'invention de l'imprimerie, soit imprimés, etc., par l'abbé Duclos, Cailleau et Brunet. — PARIS, *Delalain ;* GÊNES, *Fantin, Clavier et Cⁱᵉ, 1802, an X, in-8°, 4 vol. rel.*

4858. — FOURNIER (FR. IGN.) — Nouveau Dictionnaire portatif de Bibliographie, contenant plus de vingt-trois mille articles de livres rares, curieux, estimés et recherchés, avec les marques connues pour distinguer les éditions originales des contrefaçons qui en ont été faites, etc.

Précédé d'un précis sur les Bibliothèques et sur la Bibliographie, et suivi du catalogue des éditions citées par l'Académie de la Crusca, etc., 2ᵉ édition. — PARIS, *Fournier frères, Mai 1809, in-8° rel.*

4859. — BRUNET (JACQ. CH.) — Manuel du libraire et de l'amateur de livres. — PARIS, *Brunet, 1810, in-8°, 3 vol. rel.*

4860. — D°. — D°. — Contenant :

1° Un nouveau Dictionnaire bibliographique ;

2° Une Table en forme de Catalogue raisonné, 2ᵐᵉ édition. — PARIS, *Brunet, 1814, in-8°, 4 vol. rel.*

4861. — D°. — D°. — Nouvelles recherches bibliographiques pour servir de suplément au Manuel du libraire et de l'amateur de livres. — PARIS, *Silvestre, 1834, in-8°, 3 vol. br.*

4862. — D°. — D°. — Contenant :

1° Un nouveau Dictionnaire bibliographique ;

2° Une Table en forme de Catalogue raisonné, etc., 4ᵉ édition. — PARIS, *Silvestre, 1842-44, in-8°, 5 tom. en 10 vol. rel.*

4863. — D°. — D°. — Contenant :

1° Un nouveau Dictionnaire bibliographique ;

2° Une Table en forme de Catalogue raisonné, etc., 5ᵉ édit. — PARIS, *Firmin-Didot frères, fils et Cⁱᵉ, 1860-65, in-8°, 6 tom. en 12 vol. rel.*

4864. — DICTIONNAIRE de géographie, ancienne et moderne, à l'usage du libraire et de l'amateur de livres par un Bibliophile.

Supplément au Manuel du libraire. — Paris, *F. Didot*, *1870*, g^d *in-8° rel.*

4865. — SILVESTRE (L.-C.). — Marques typographiques, ou Recueil de monogrammes, chiffres, enseignes, emblèmes, devises, rébus et fleurons des libraires et imprimeurs qui ont exercé en France, depuis l'introduction de l'imprimerie, en 1470, jusqu'à la fin du 16e siècle, etc. — Paris, *P. Jannet, 1853, grand in-8° rel.*

4866. — PEIGNOT (Gabriel). — Traité du choix des livres, contenant :

1° Des observations sur la nature des ouvrages les plus propres à former une collection peu considérable, mais précieuse sous le rapport du goût ;

2° Des recherches littéraires sur la prédilection particulière que les hommes célèbres de tous les temps ont eue pour certains ouvrages ;

3° Un Mémorial bibliographique, etc., etc.

Paris, *Ant.-Aug. Renouard;* Dijon, *V. Lagier, 1817, in-8° rel.*

4867.— D°. — Manuel du bibliophile, ou traité du choix des livres, contenant le développement sur la nature des ouvrages les plus propres à former une collection précieuse, particulièrement sur les chefs-d'œuvre de la littérature sacrée, grecque, latine, française, étrangère, etc., etc. — Dijon, *V. Lagier, 1823, in-8°, 2 vol. rel.*

4868. — D°. — Essai de curiosités bibliographiques. — Paris, *Ant.-Aug. Renouard, an XIII (1804), in-8° rel.*

4869.— BRUNET (J.-Ch.) — Connaissances nécessaires à un Bibliophile. Etablissement d'une bibliothèque. Conservation et entretien des livres. De leur format et de leur reliure, etc., etc. — Paris, *Ed. Rouveyre, 1877, in-8° br.*

4870. — D°. — D°, d°, d°, d°, d°, etc , etc. — D°, *d°, 1878, d° d°.*

4871. — ROBERT (Ulysse). — Recueil de lois, décrets, ordonnances, circulaires, etc., concernant les Bibliothèques publiques, communales, universitaires, scolaires et populaires. — Paris, *H. Champion, 1883, in-8° rel.*

D. — Catalogues des livres des Bibliothèques publiques et des collections particulières.

a. — Livres manuscrits.

4872. — NOTICE sur les manuscrits à miniatures, par le bibliophile J. R. — Paris, *M. Bouton, 1874, p^t in-8° cart.*

4873. — PARIS (Louis). — Les manuscrits de la Bibliothèque du Louvre brûlés dans la nuit du 23 au 24 mai 1871, sous le règne de la Commune. — Paris, *au Cabinet historique et chez Dumoulin, 1872, g^d in-8°.*

4874. — NOTICES ET EXTRAITS des manuscrits de la Bibliothèque du Roi. — Paris, *Imprimerie royale, 1787-1810, in-4°, 4 vol. seulement.* (Manquent les 3 premiers.)

4875. — MONT-FAUCON (D. Bernardi de). — Bibliotheca Coisliniana, olim Segueriana ; sive manuscriptorum omnium Græcorum, quæ in eâ continentur, accurata descriptio, ubi operum singulorum notitia datur, etc. — Parisiis, *Lud. Guérin, 1715, in-f° rel.*

4876. — MINGARELLIUS (J.-A.). — Ægyptorum codicum reliquiæ Venetiis in Bibliothecâ Nanianâ asservatæ. — Bononiæ, *typis Lælii a Vulpe, 1784, in-4° rel.*

4877. — CATALOGUE GÉNÉRAL des manuscrits des Bibliothèques publiques de France. — Paris, *E. Plon, Nourrit et Cie, 1885-86-87-88-89, grand in-8°.*

Paris. — Bibliothèque de l'Arsenal, 5 vol. br.

D°.   Bibliothèque Mazarine, 3 vol. br.

Départements. — Tomes I, II, III, IV, V, VI, VII, VIII, IX, X et XII.

4878. — CATALOGUE GÉNÉRAL des manuscrits des Bibliothèques publiques des Départements. — Paris, *Imprimerie nationale, 7 vol. in-4° cart. (1847-1885).*

4879. — CATALOGUE DES MANUSCRITS conservés dans les Dépôts d'archives départementales, communales et hospitalières. — Paris, *E. Plon, Nourrit et Cie, 1886, grand in-8° br.*

4880. — CATALOGUE de la Bibliothèque du Comité de législation étrangère. — Paris, *Imprimerie nationale, 1889, g^d in-8° br.*

4881. — MILLER (E.). — Catalogue des manuscrits grecs de la Bibliothèque de l'Escurial. — Paris, *Imprimerie nationale, 1848, in-4° rel.*

4882. — ROBERT (Ulysse). — Inventaire sommaire des manuscrits des Bibliothèques de France dont les catalogues n'ont pas été imprimés. — Paris, *Ch. Champion, 1879-81-82, in-8°.* 1er, 2e, 3e fascicules brochés.

4883. — DEMAY (G.). — Inventaire des sceaux de la collection Clairambault à la Bibliothèque nationale. — Paris, *Imprimerie nationale, 1885-86, in-4° cart.*

4884. — INVENTAIRE SOMMAIRE et tableau méthodique des fonds conservés aux Archives nationales.
1re partie : Régime antérieur à 1789. Tables de la 1re partie. — Paris, *Imprimerie nationale, 1871, in-4°,* 2 vol. br.

4885. — MOREL-FATIO. — Catalogue des manuscrits espagnols de la Bibliothèque nationale.

4886. — ANNUAIRE des Bibliothèques et des Archives pour 1886-87-88 89, publié sous les auspices du Ministère de l'Instruction publique. — Paris, *Hachette, 1886.*

4887. — MUFFAT (René). — L'ami des livres, recueil bibliographique et littéraire. — Paris, *René Muffat, 1861, in-8°* br.

4888. — LES PAPIERS de la Bibliothèque du Louvre, publiés par L. de Noailles. — Paris, *Dentu, 1875, in-8°,* 2 vol. br.

4889. — CATALOGUS librorum bibliothecæ regiæ. — Parisiis, *1739-1750, in-f°, 11 vol.* — Catalogus codicum m. s. s., par Anicet Mellot, *1739-1744, in-f°, 4 vol.,* et Catalogue des livres imprimés, par les abbés Sallier, Boudot, Capperonnier, etc., *17-39-50, 7 vol. in-f°.*

4890. — DUNOYER (Ch.). — La Bibliothèque du Roi. — Paris, *29 juin 1839, in-8°.*
Champollion-Figeac. — Etat actuel des catalogues des manuscrits de la Bibliothèque royale. — *1er mars 1847.*
Merlin (R.). — Réflexions impartiales sur le catalogue des livres imprimés de la Bibliothèque royale. — Paris, *1847, in-8°,* 3 plaquettes.

4891. — LABICHE (J.-B.). — Notice sur les dépôts littéraires et la révolution bibliographique de la fin du dernier siècle. — Paris, *A. Parent, 1886, in-8°.*

4892. — BIBLIOTHÈQUE IMPÉRIALE. — Imprimés. — Catalogue de l'histoire de France, 9 vol. ; Sciences médicales, 2 vol., publiés par ordre de l'Empereur. — Paris, *F. Didot frères, 1855.* Ensemble 11 vol.

4893. — CATALOGUE des livres de la Bibliothèque de la Marine. — Brest, *R. Malassis, an VII,* avec un supplément, *in-8°,* 2 vol. rel.

4894. — CATALOGUE GÉNÉRAL des livres composant les Bibliothèques du département de la Marine et des Colonies. — Paris, *Imp^le*
royale, 1842, 5 vol. in-8°.

4895. — D° des livres de la Bibliothèque de l'Académie royale de Marine,
fait en 1788. La première page manque ; *in-12 rel.*

4896. — D° de la Bibliothèque de la ville de Brest (manuscrit), par
M. E. Fleury, bibliothécaire-archiviste de la ville.

4897. — D° des livres existant au dépôt de la Maison des ci-devant
Marchands, de Brest, sous la direction du citoyen Béchennec, bibliothécaire, qui en est chargé. *2 vol. in-f°.*

b. — *Imprimés.*

4898. — CATALOGUE GÉNÉRAL des livres composant les Bibliothèques
du département de la Marine et des Colonies. — Paris, *Imprimerie*
royale, 1838 et suiv., 6 vol. in-8° br.

CATALOGUES, par ordre alphabétique, des Bibliothèques
publiques des villes ci-dessous, savoir :

4899. — Ajaccio. — *1879, in-8° br.*, par A. Touranjon.

4900. — Amsterdam. — *1888, in-8° br.*

4901. — Angers. — *1871-73-75, 4 vol. in-8° br*, par A. Lemarchand,
conservateur-adjoint.

4902. — Bayeux. — *1880, in-8°*, par l'abbé Laffetay.

4903. — Bernay (Eure). — *1878, d°*, par Malbranche.

4904. — Boulogne-sur-Mer. — *1865, 4 vol. d°*, par Gérard.

4905. — Brest. — *1877-80, 2 vol. in-8°*, par E. Fleury (Théologie,
Jurisprudence, Sciences et Arts). — *1889, in-8°*, par A. Marion et
J.-B. Loyer (Belles-Lettres). — *1889-90, 2 vol. in-8°*, par MM. Marion
et Tissot (Histoire).

4906. — Cette. — *1887, in-8°*, par Hilaire Mouret.

4907. — Cherbourg. — *1885*, par Amiot.

4908. — Clermond-Ferrand. — *1878-83-84-85, 4 vol.*, par Vimont.

4909. — Dieppe. — *1884, 2 vol.*, par Ch. Paray.

4910. — Douai. — *1886, 3 vol. in-8°.*

4911. — EPERNAY. — *1883-84-85, 3 vol. in-8°*, par L. Paris. ·

4912. — LA ROCHELLE. — *1878, 2 vol. in-8°*, par L. Delayant.

4913. — LE HAVRE. — *1886, 2 vol. in-8°*.

4914. — LE MANS. — *1879-80-81-83-84, 6 vol. in-8°*, par M. Guérin.

4915. — LILLE. — *1839-41-51-56-70-75-79, 8 vol. in-8°*, s. n.

4916. — LIMOGES. — *1858-60-63, 3 vol. in-8°*, par E. Ruben.

4917. — MONTPELLIER. — *1875-76-78-80-85-88, 8 vol. in-8°*, par Gaudin.

4918. — NANTES. — *1859-74, 6 vol. in-8°*, par E. Péhant.

4919. — NAPOLÉON-VENDÉE. — *1857, in-8°*, par L. Audé.

4920. — NIORT. — *1861-63-68-72-73, 5 vol.*, s. n.

4921. — PAU. — *1886, in-8°*, par L. Soulice.

4922. — RENNES. — *1823-28* et supplément *1830, 4 vol. in-8°*, par Maillet.

4923. — TROYES. — *1875-76, 3 vol. in-8°*, par E. Socard.

4924. — VERDUN. — *1881-88, 2 vol.*, par l'abbé Frison.

4925. — VIENNE. — *1886, in-8°*, par J.-T. Leblanc.

4926. — VITRÉ. — *1887, in-8°*.

c. — *Catalogues des Bibliothèques privées.*

4927. — BIBLIOTHECA BULTELIANA seu catalogus librorum bibliothecæ V. Cl. D. Caroli Bulteau, Regi a Consiliis et secretarium regiorum etc. Digestus et descriptus à Gab. Martin Bibliopolâ parisiensi. — PARISIIS, *Petrnm Giffart, 1711, in-12*, 2 tom. en 1 vol. rel.

4928. — BIBLIOTHECA FAYANA seu catalogus librorum bibliothecæ Ill. Viri D. Car. Hieronymi De Cisternay Dufay. Gallicanæ cohortis, prætorianorum militum centurionis.

Digestus et descriptus à Gab. Martin Bibliopolâ parisiensi.— PARISIIS, *Gab. Martin, 1725, in-8°* rel.

4929. — CATALOGUE des livres de feu Monsieur Ch. Ferrary, avocat, et de M. D***. — PARIS, *Boudot et chez Rollin, 1730, in-8°* rel.

4930. — CATALOGUE des livres de la Bibliothèque de feu Mgr le Maréchal de Huxelles. — Paris, *Robinot l'aîné, 1730, in-8°,* relié avec :

Bibliotheca cometiana in omni genere admodùm exquisita, seu catalogus librorum clarissimi Viri Aug. Lecomte, etc. — Paris, *Guillaume de Bure, père et autres, 1730.*

Catalogue des livres de la Bibliothèque de M. Brinon de Chaligny. — Paris, *1739* (avec le prix).

Catalogue des livres de la Bibliothèque de M. Le Gendre-d'Arminy (avec les prix). — Paris, *1740*. La page du titre manque.

4931. — CATALOGUS LIBRORUM. — Viri Cl. D. Stephani-Francisci Geoffroy, etc. — Parisiis, *Gab. Martin, 1731, in-8°,* relié avec :

Bibliotheca Lambertina seu catalogus librorum bibliothecæ illustrissimi Viri D. D. Nicolaï Lambert, etc, — Parisiis, *Gab. Martin, 1730.*

4932. — CATALOGUE de la Bibliothèque de feu M. Bourret, etc. — Paris, *Jⁿ Boudot et chez Jacques Guérin, 1735, in-12 rel.*

4933. — D° des livres de Mme la comtesse de Verruë. — Paris, *Gab. Martin, 1737, in-8° rel.*

4934. — CATALOGUS LIBRORUM bibliothecæ illustrissimi Viri Caroli Henrici, Comitis de Hoym, etc. — Parisiis, *Gab. et Claud. Martin, 1738, in-8° rel.*

4935. — CATALOGUE des livres de feu M^r d'Hermand, etc. — Paris, *Gab. Martin, 1739, in-8° rel.*

4936. — D° des livres de M^r le Maréchal d'Estrées, etc. — Paris, *Guérin. 1740* (avec les prix), *in-8°, 2 vol. rel.*

4937. — D° des livres de feu Mr Danty d'Isnard, médecin, etc. — Paris, *Gab. Martin, 1744, in-12 rel.*

4938. — D° des livres de feu M^r l'abbé d'Orléans de Rothelin. — Paris, *Gab. Martin, 1746, in-8° rel.* (avec les prix), par G. Martin.

4939. — D° des livres et estampes de M^r le comte de Pontchartrain, disposé par J. Boudot, libraire. — Paris, *P. Prault, 1747, in-8° rel.*

4940. — D° de la Bibliothèque de Mr Burette. — Paris, *G. Martin, 1748, in-12, 2 vol. rel.* (avec les prix).

4941. — D° des livres du Cabinet de M. de Boze. — Paris, *G. Martin et chez H.-L. Guérin, 1753, in-8° rel.*

4942. — D° des livres de feu Mr Giraud de Moucy, etc. — Paris, *Barrois, 1753, in-8° rel.*

4943. — D° des livres de la Bibliothèque de Mʳ l'abbé Delan. — Paris, d°, 1755, d°, d°.

4944. — D° des livres du cabinet de Mʳ G. D. P. (Girardot et Préfond.) — Paris, *Guil. Fr. de Bure, 1757, d°, d°.*

4945. — D° des livres, dessins et estampes de feu Mʳ le comte de Vence, etc. — Paris, *Prault, 1760, in-8°*, relié avec :

Catalogue des livres de Mʳ de Perth. — Paris, *Pissot, 1740.*

Catalogue des livres de feu Mʳ La Serre, secrétaire du Roi. — Paris, *Davitz, 1765.*

Catalogue des livres de Mʳ Rousseau Desbordes. — Paris, *Barrois, 1765.*

(Tous ces catalogues avec les prix.)

4946. — D° des livres de la Bibliothèque de feu Mʳ de Selle, trésorier général de la Marine. Paris, *Barrois et Davitz, 1761, in-8° br.*

4947. — D° de la Bibliothèque de feu Mʳ Falconet, etc. — Paris, *Barrois, 1763, in-8°, 2 vol. rel.*

4948. — D° des livres de là Bibliothèque de Mᵐᵉ la marquise de Pompadour, Dame du palais de la Reine. — Paris, *J. Th. Hérissant et chez J. Th. Hérissant fils, 1765, in-8° rel.* (avec les prix).

4949. — D° des livres de la Bibliothèque de feu Mallard. — Paris, *Debure, 1766, in-8° rel.* (avec les prix).

4950. — D° d'un cabinet de livres rares et singuliers de M. de Sain. — Paris, *Mérigot, fils aîné, 1769, in-8°*, relié avec :

Catalogue du cabinet d'histoire de France de M. Chˡᵉˢ Marie Fevret de Fontette. — Paris, *Moutard, 1773* (avec les prix).

Catalogue de livres singuliers, facétieux, choisis et amusants. — Paris, *Mérigot l'aîné, 1782* (avec les prix).

Catalogue des livres de la Bibliothèque de M***. — Paris, *C. G. Le Clerc, 1783.*

4951. — D° des livres de la Bibliothèque de feu M. G*** (Gayet de Pitaval), disposé et mis en ordre par Guillaume de Bure fils aîné. — Paris, *Guil. de Bure fila aîné, 1770, in-8° br.* (avec les prix).

4952. — D° des livres, tableaux, estampes, cartes, plans, médailles, bustes, pagodes, urnes, porcelaines, qui composent le cabinet de M. de Janvry l'aîné, capitaine des vaisseaux du Roi. — Brest, *1774* (manuscrit), *in-12 rel.* (avec les prix).

4953. — D° raisonné de la collection de livres de M. Pierre Ant. Crevenna, négociant à Amsterdam. — S. l. d'imp., s. n. d'imp., *1775, in-4°, 5 vol. cartonnés.*

4954. — D° des livres de la Bibliothèque de feu M. Delaleu. — Paris, *Saillant et Nyon, 1775, in-8°,* relié avec :

Catalogue des livres de feu M. de Rémond. — Paris, *Barrois, 1778* (avec les prix).

4955. — D° des livres rares et précieux de feu M. Gouttard, par Guil. de Bure fils aîné. — Paris, *Guil. de Bure fils aîné, 1780, in-8° rel.,* en mauvais état.

4956. — D° des livres de la Bibliothèque de feu M. le duc d'Aumont. — Paris, *Debure fils aîné, 1772, in-8° rel.*

4957. — D° des livres de la Bibliothèque de feu François Le Tellier, marquis de Courtanvaux, etc. — Paris, *Nyon, 1782, in-8° rel.*

4958. — D° de M***. — Paris, *Laclerc, 1783, in-8°.*

4959. — D° des livres de la Bibliothèque de feu M. le duc de La Vallière.

4960. — D° des livres de la Bibliothèque de feu M. le duc de La Vallière. 1re partie, en 3 tomes, contenant les manuscrits, les premières éditions, les livres imprimés sur velin et sur grand papier, les livres rares, etc., etc. — Paris, *Guil. de Bure, 1783, in-8°.* 2e partie, en 6 tomes, contenant une très grande quantité de livres anciens et modernes, nationaux et étrangers, imprimés en différentes langues, etc., etc.

Supplément à la première partie du catalogue des livres de la Bibliothèque de feu M. le duc de La Vallière. — Paris, *Guill. de Bure fils aîné, 1783, in-8° rel.* En tout 10 vol.

4961. — D° des livres de la Bibliothèque de feu M. de Lamoignon, garde des sceaux de France. — Paris, *Mérigot, 1791, in-8°, 3 vol. br.*

4962. — LAIRE. — Index librorum, ab inventâ typographiâ ad annum 1500 ; chronologicè dispositus cum notis historiam typographico-litterariam illustrantibus, etc. — Senonis, *P.-H. Tarbé, 1740, in-8° br.*

4963. — CATALOGUE ou Notice des livres du citoyen ***. — Paris, *Didot le jeune et autres, in-8° rel.* (avec les prix).

4964. — D° des livres de la Bibliothèque de feu A.-C. Patu de Mello, suivi de la Notice d'une collection précieuse d'instruments de physique, etc., par Musier. — PARIS, *Veuve Tilliard et fils, 1799, in-8°*, relié avec :

Catalogue des livres de la Bibliothèque de feu J. Dusaulx, etc. — PARIS, *Didot le jeune et chez Lejeune, an VIII, 1800* (avec les prix).

Catalogue des livres rares, singuliers et très bien conditionnés de feu le C. Bonnier, Ministre plénipotentiaire au Congrès de Rastadt. — PARIS, *Guil. de Bure, an VIII.*

4965. — D° des livres de la Bibliothèque de feu Charles-Louis Trudaine l'aîné. — PARIS, *Bleuet, fils aîné, an X, 1801, in-8° br.* (avec les prix).

4966. — D° des livres rares et précieux du cabinet de feu M. de Saint-Martin. — PARIS, *Tilliard frères, 1806, in-8° br.* (avec les prix).

4967. — D° des livres, estampes, tableaux et musique du cabinet de feu le C. C***. — PARIS, *Le Roi et autres, in-8° br.* (avec les prix).

4968. — D° des livres précieux, singuliers et rares, tant imprimés que manuscrits, de M*** (Méon). — PARIS, *Bleuet, an XII (1803), in-8°* (avec les prix).

4969. — D° des livres de feu M. l'abbé Béchennec, ancien aumônier de la chapelle du Roi, à Brest, etc. — BREST, *Michel, 1807, grand in-8° rel.* (avec les prix).

4970. — D° des livres composant la Bibliothèque de feu M. Joseph-Jérôme Lefrançois de La Lande, professeur d'astronomie au collège de France, etc. — PARIS, *Leblanc et chez Mérault, 1808, in-8° br.* Mis en liasse avec :

Catalogue des livres de la Bibliothèque de feu M. Guilhem de Clermont Lodève de Sainte-Croix, etc. — PARIS, *de Bure, Juin 1809, d°.*

Catalogue de choix de livres grecs, latins, français, italiens et anglais. — PARIS, *J.-L. Scheret, 1809, d°.*

Notice de livres choisis, la plupart grecs et latins, etc. — PARIS, *Merlin,* et FONTAINEBLEAU, *Remard, d°, d°.*

Notice des livres de la Bibliothèque de M***, etc. — PARIS, *Pougin et autres, 1808, d°.*

Notice des principaux articles d'environ 4,500 volumes du cabinet de M. F***. — PARIS, *Tilliard frères, 1809, d°.*

4971. — D° des livres rares et précieux de la Bibliothèque de feu M. Ant. Bern. Caillard, etc. — PARIS, *de Bure, 1810, in-8° rel.*

4972. — D⁷ des livres la plupart précieux du cabinet de feu M. L.-F. Delatour. — Paris, *Tilliard frères et chez Mérigot, Avril-Mai, 1808, in-8° br*. Mis en liasse avec :

Un deuxième catalogue, du même, des livres des ouvrages chinois, tartares, etc., tant manuscrits qu'imprimés ; dessins, gravures et peintures à gouache, etc., exécutés à la Chine. — Paris, *d°, Janvier, 1810*.

Catalogue des livres rares, précieux et très bien conditionnés du cabinet de M. F. Didot. — Paris, *de Bure, père et fils, 1810*.

Catalogue des livres de la Bibliothèque de feu M. A.-F. de Fourcroy. — Paris, *Tilliard frères, d°*.

Catalogue des livres de la Bibliothèque de feu M. le comte C.-P. Claret de Fleurieu, etc. — Paris, *Th. Le Clerc, 1810*.

Catalogue d'un choix de livres précieux, la plupart reliés en maroquin, par Bozérian l'aîné. — Paris, *Leblanc, d°*.

4973. — D° des livres de la Bibliothèque de feu M. J.-B.-G. Haillet de Couronne. — Paris, *Tilliard, Août 1811, in-8° br*. En liasse avec :

Catalogue des livres de feu M. P.-F. Rivière. — Paris, *d°, d°*.

4974. — D° d'un beau choix de livres composant le cabinet de feu M. Claude-Joseph Clos, etc. — Paris, *Tilliard, Septembre 1812, in-8° br*. (avec les prix). Mis en liasse avec :

Catalogue des livres de la Bibliothèque de feu M. Nardot, etc. — Paris, *de Bure et chez Serreau, 1812, d°*.

Catalogue des livres choisis et bien conditionnés de la Bibliothèque de M. Crozat, etc. — Paris, *Brunet, 1812*.

Catalogue des livres de M. Schérer, etc. — Paris, *de Bure, 1812, d°*, et trois autres catalogues. Même année et même format.

4975. — D° des livres rares et précieux de la Bibliothèque de feu M. P.-H. Larcher, etc. — Paris, *de Bure, 1813, in-8° br*. Mis en liasse avec les catalogues suivants du même format, savoir :

D° de M. Lottin. — *1813*.

D° de M. Godefroy. — *1813*.

D° de feu M. G*** de R***. — *1813*.

D° de feu M. Dufour. — *1814*.

D° de feu M***.

D° d'une partie des livres de la Bibliothèque de M. le marquis de l'Aubespine. — Paris, *Tilliard et chez Mérault, 1815*.

D° de feu Ch. Hⁱ d'Autemarre Derville. — *D°, d°, d°*.

4976. — D° des livres précieux de M. ***. — Paris, *Brunet, 1816. in-8°
br*. En liasse avec :

Analyse du catalogue de la Bibliothèque de M. de Sales, membre de
l'Institut de France. — Paris, s. n. d'imp. ni d., d°.

4977. — D° ou Notice des livres composant la Bibliothèque de feu
M. Gombault, payeur de la Marine. — Brest, *Michel, 1819, pl. in-8°.*
En liasse avec :

Catalogue des livres de la Bibliothèque de feu M. Michel, imprimeur
du Roi, à Brest, etc. — Paris, *Th. Le Clerc, 1824, in-8° br.*

D° de M. Neubourg. — Brest, *Michel*, s. d., d° d°.

D° de M. Lebourg, avocat à Landerneau. — Brest, *Rozais, 1832, d°, d°.*

D° de M. René Bazin. — Brest, *Lefournier, mars 1833*, d°, d°.

D° de M. Gillart, en son vivant, président du tribunal civil de Brest. —
D°, d°, d°. S. d., d°, d°.

D° des livres composant la Bibliothèque et des tableaux formant la
galerie de feu M. le baron Le Gentil de Quélern. — Brest, *Ed. Anner,
1843, d°, d°.*

D° de la Bibliothèque elzévirienne. (Ce catalogue annule les précédents).
— Paris, *Paul Daffis, 1873, pl. in-12 br.*

4978. — D° de la Bibliothèque de M. P.-L. Ginguenée. — Paris, *Merlin,
1817.* En liasse avec un autre de 1819, in-8°.

4979. — D° d'une curieuse collection de livres sur l'histoire générale et
particulière, et sur les idiomes des provinces de la France, etc. — Paris,
Colomb de Batines, 1842, in-8°. Mis en liasse avec :

Catalogue de livres rares et curieux, en français, allemand, anglais,
espagnol, grec, italien, latin, etc., etc., en vente aux prix marqués chez
G.-J. Schwabé. — Paris, *P. Jannet, 1851, in-8° br.*

Catalogue de livres français, italiens, espagnols, anglais, allemands,
hollandais, suédois, polonais, russes, hébreux, arabes, turcs, etc., provenant de la librairie étrangère de feu M. Th. Barrois. — Paris, *Guilbert,
1851, d°, d°.*

Catalogue d'une des plus belles collections de livres précieux et très
rares, grecs, latins, français, etc., de beaux manuscrits et livres imprimés
sur velin, en vente chez G. Garcia, libraire à Brighton (Angleterre),
comprenant romans de chevalerie, poésies gothiques, anciens mystères,
etc., avec des notices biographiques. — *In-8° br.*

Catalogue des livres provenant de la Bibliothèque du Cercle de la
Réunion, à Nantes. — Nantes, *Petitpas, 1852, d°, d°.*

Catalogue des livres anciens et modernes, composant la Bibliothèque de M. L. Clavier, etc. — NANTES, *Petitpas*, s. d, d°, d°.

4980. — D° des livres composant la Bibliothèque artistique, archéologique, historique et littéraire de feu M. Raoul Rochette, etc. — PARIS, *Techener, 1855 ; in-8° br.* Mis en liasse avec :

Catalogue des livres de M. le comte d'Audiffret. — NANTES, *Petitpas ;* PARIS, *L. Potier, 1857 ;* d°, d°.

D° de feu M. de ***. — PARIS, *Tilliard*, d°, d°.

D° de feu M. le baron Ch. de Vèze. — PARIS, *Delbergue*. — CORMONT, *1855 ;* d°, d°.

D° de feu M. J.-G. Kraenner de Ratisbonne. — PARIS, *1855 ;* d°, d°.

D° de M. de Merilhou. — PARIS, *A. Aubry, 1857 ;* d°, d°.

D° de feu M. le baron Dudon. — PARIS, *Aug. Aubry, 1857 ;* d°, d°.

D° de M. de Boullenois. — PARIS, d°, d°, d°, d°.

D° de M. Duchesne, aîné. — PARIS, *P. Jannet, 1855 ;* d°, d*.

D° ou archives du bibliophile, etc. — PARIS, *Claudin, 1863 ;* d°, d°.

Six anciens catalogues des librairies Malassis, Michel, Lefournier et Deperriers, de Brest. Années 1823-28-32-37 et 46.

4981. — D° des livres provenant du fonds d'ancienne librairie du citoyen J. Mérigot. — PARIS, *De Bure, l'aîné et autres ;* an IX (1800, V. St.) ; *in-8° rel.*

E. — Bibliographes spéciaux

4982. — BARBIER (A.-A.). — Dictionnaire des ouvrages anonymes et pseudonymes, composés, traduits ou publiés en français, avec les noms des auteurs, traducteurs et éditeurs, accompagné de notes historiques et critiques. — PARIS, *Imprimerie bibliographique ; 1806-1808 ; in-8°,* 4 *vol. rel.*

4983. — D°. — D° 2° édit. — PARIS, *Barrois l'aîné 1822-1827; in-8°, d°.*

4984. — CORDIER (HENRI). — Bibliotheca Sinica. Dictionnaire bibliographique des ouvrages relatifs à l'Empire chinois. — PARIS, *Ernest Leroux, 1878-79-84 ; g^d in-8°, 2 vol. br.*

4985. — QUÉRARD (J.-M.). — Les auteurs déguisés de la littérature française du XIX° siècle. Supplément à Barbier. — PARIS, *1845, in-8°.*

4986. — D°. — Les supercheries littéraires dévoilées. Galerie des écrivains français de toute l'Europe qui se sont distingués sous des anagrammes, des astéronymes, des cryptonymes, des initialimes, des noms littéraires, etc. 2ᵉ édit. publiée par MM. Gustave Brunet et Pierre Janet, suivie :

1° Du Dictionnaire des ouvrages anonymes, par Ant.-Alex. Barbier, 3ᵉ édition, revue et augmentée par Olivier Barbier.

2° D'une Table générale des noms réels des écrivains anonymes et pseudonymes cités dans les deux ouvrages. — Paris, *Paul Daffis, 1869.* gᵈ *in-8°, 3 vol. rel.*

4987. — JOLIET (Ch.). — Les pseudonymes du jour. — Paris, *Ach. Faure, 1867,* pᵗ *in-8° br.*

4988. — HEILLY (d'). — Dictionnaire des pseudonymes, 2ᵉ édition. — Paris, *E. Dentu, 1869, in-8° rel.*

4989. — KLOTZIUS (M. Jo. Christianus). — De libris auctoribus suis fatalibus liber singularis. — Lipsiæ, *ex officinâ Langenhemia, 1761, in-8° cart.*

4990. — BAILLET (A.). — Des satires personnelles. Traité historique et critique de celles qui portent le titre d'*anti*. — Paris, *A. Dezaller, 1869, in-8°, 2 vol. mar. rouge, f. d. s. tr.*

4991. — PEIGNOT (G.). — Dictionnaire critique, littéraire et bibliographique des principaux livres condamnés au feu, supprimés ou censurés ; précédé d'un discours sur ces sortes d'ouvrages. — Paris, *A. A. Renouard, 1806, in-8°, 2 vol. rel.*

4992. — BIBLIOTHÈQUE d'un littérateur et d'un philosophe chrétien, ou recueil propre à diriger dans le choix des lectures. — Besançon, *J. Petit, 1820, in-8° obl. br.*

4993. — COLONIA (Le P. Domin. de). — Bibliothèque janséniste ou catalogue alphabétique des livres Jansénistes, Quesnellistes, Baïanistes ou suspects de ces erreurs ; avec un traité dans lequel les cent et une propositions de Quesnel sont qualifiées en détail.

Avec des notes critiques sur les véritables auteurs de ces livres, etc., 3ᵉ édit. — Bruxelles, *Simon Sertetevens, 1739, in-12, 2 vol. rel.*

4994. — FABRICIUS (J. A.). — Bibliotheca græca, sive notitia scriptorum veterum græcorum quorumque monumenta integra, aut fragmenta edita exstant : tùm plerumque è MSS. ac deperditis, etc. — Hamburgi, *Sumptu Christiano Lichezeit ; Typis Spicringianis A. C., 1705-1720, in-4°, 14 vol. rel.*

4995. — D°. — Bibliotheca latina mediæ et infimæ ætatis, etc. — HAMBURGI, *Sumtu Viduæ Pelgineriæ, 1734, in-8°, 4 vol. rel.*

4996. — SOREL (M. CH.). — La Bibliothèque française de M. Ch. Sorel, ou le choix et l'examen des livres français qui traitent de l'éloquence, de la philosophie, de la dévotion et de la conduite des mœurs, etc. — PARIS, *Compagnie des libraires du Palais, 1664, in-12 rel.*

4997. — LACROIX DU MAINE et DE DUVERDIER, Sʳ DE VAUPRIVAS (Les bibliothèques françaises de). — Nouvelle édition revue et augmentée d'un discours sur le progrès des lettres en France et des remarques historiques, critiques et littéraires M. de la Monnoye, etc., par Rigoletz de Juvigny. — PARIS, *Saillant et Nyon, et chez M. Lambert, 1772-73, in-4°. 5 vol. rel.*

Supplementum epitomes bibliothecæ Genesrianæ Antonio Verderio Domino Vallis-Privatæ collectore ; Bernardi Monetæ, Academiæ gallicæ socii et variorum notis illustratum. — PARIS, *d°, 1773, d°*, en tout 6 vol. rel.

4998. — GOUGET (M. L'ABBÉ). — Bibliothèque française ou histoire de la littérature française, etc. —PARIS, *P. Jⁿ Mariette, et chez H. L. Guérin, 1741, in-12, 18 vol. rel.*

4999. — HÉBRAIL (D') et DE LA PORTE. — La France littéraire, contenant :

1° Les académies établies à Paris et dans les différentes villes du Royaume ;

2° Les auteurs vivants, avec la liste de leurs ouvrages ;

3° Les auteurs morts, depuis l'année 1751 inclusivement, avec la liste de leurs ouvrages ;

4° Le catalogue alphabétique des ouvrages de tous ces auteurs. — PARIS, *Veuve Duchesne, 1769, pᵗ in-8°, 4 vol. br.*

5000. — DESESSARTS et plusieurs biographes (N. L. M.). — Les siècles littéraires de la France, ou nouveau dictionnaire historique, critique et bibliographique de tous les écrivains français, morts et vivants, jusqu'à la fin du 18ᵉ siècle. — PARIS, *an VIII (1800), in-8°, 7 vol. rel.*

5001. — BRUNET (GUSTAVE). — La France littéraire au 15ᵉ siècle, ou catalogue raisonné des ouvrages en tous genres imprimés en langue française, jusqu'à l'an 1500. — PARIS, *A. France, 1865, in-8° cart.*

5002. — ERSCH (J. F.). — La France littéraire, contenant les auteurs français, de 1771 à 1796. — HAMBOURG, *B. G. Hoffmann, 1797, in-8°, 4 vol. rel.*

5003. — QUÉRARD (J. M.). — La France littéraire, ou dictionnaire bibliographique des savants, historiens et gens de lettres de la France, ainsi que des littérateurs étrangers qui ont écrit en français, plus particulièrement pendant les 18e et 19e siècles, etc. — Paris, *Firmin Didot, 1827-42, in-8°, 10 vol. rel.*

Le même. — D°. — Corrections, additions. Auteurs pseudonymes et anonymes dévoilés. — Paris, *chez l'éditeur, 1854-55, in-8° rel.*, formant le 11e vol. de la *Revue littéraire* de Quérard.

5004. — D°. — Livres perdus ou exemplaires uniques. Œuvres posthumes de Quérard, publiées par Brunet. — Bordeaux, *Ch. Lefebvre, 1872, in-8ⁿ br.*

5005. — LORENZ (Otto). — Catalogue général de la librairie française pendant 48 ans (1840-1888. — Paris, *O. Lorenz, 1867-1888, gᵈ in-8°, 11 vol. rel.*

5006. — REINWALD (C.). — Catalogue annuel de la librairie française. — Paris, *C. Reinwald, 1858-1868, in-8°, 11 vol. rel. mar. rouge.*

5007. — MONCHAUX (du). — Bibliographie médicale raisonnée ou essais sur l'exposition des livres les plus utiles à ceux qui se destinent à l'étude de la médecine, etc. — Paris, *Ganeau, 1756, in-12 rel.*

5008. — GOULIN (J.). — Mémoires littéraires, critiques, philologiques, biographiques et bibliographiques, pour servir à l'histoire ancienne et moderne de la médecine, — Paris, *Jⁿ-Fᵇⁱˢ Bastin, 1777, in-4° rel.*

5009. — GUANIERI (Paolo-Emilio). — Breve bibliotheca dell' architettura militare compilata da un padre a un suo figliuolo. Secunda edizione. — Milano, *Dalla stamperia del Genio Tipografico, anno 1803, in-4° rel.*

5010. — GODÉ (Jules). — Catalogue raisonné d'une collection de livres, pièces et documents, manuscrits et autographes relatifs aux arts de la peinture, sculpture, gravure et architecture, etc. — Paris, *L. Potier, 1850, in-8° rel.*

5011. — DUPIN (Elies). — Bibliothèque universelle des historiens, contenant leurs vies, l'abrégé, la chronologie, la géographie et la critique de leurs histoires, un jugement sur leur style, etc. — Paris, *Pʳᵉ Giffart, 1707, in-8°, 2 vol. rel.*

5012. — STRUVIUS (B.-J.). — Bibliotheca historica. Instructa a Burcardo Gottlielf Struvio aucta a Christi Gottlieb Budero. Nunc verò a J. Georgio

Meuselio, ita digesta, amplificata et emendata, ut pene novum opus videri possit. — Lypsiæ, *apus Heredes Weidmanni et Reichium, 1782, in-8°*, 11 *vol. rel.*

5013. — LA RICHARDERIE (Boucher de). — Bibliothèque universelle des voyages, ou Notice complète et raisonnée de tous les voyages anciens et modernes, etc. — Paris, *Treuttel et Würtz, 1808, 6 vol. cart.*

5014. — FONTETTE (Jacques Lelong et Fevret de). — Bibliothèque historique de la France, contenant le catalogue des ouvrages imprimés et manuscrits qui traitent de l'histoire de ce royaume. Nouvelle édition. — Paris, *Jⁿ Th. Hérissant, 1768, in-fº,* 5 *vol. v. f. fils.*

5015. — FABRICIUS (J. Alb.). — Bibliographia antiquaria, sive Introductio in notitiam scriptorum, qui antiqvitates hebraïcas, græcas, romanas et christianas scriptis illvstraverunt. Editio secunda. — Hambvrgi et Lipsiæ; *Impensis Christiani Liebezeit, anno 1716, in-4° rel.*

5016. — NOINVILLE (Durey de). — Dissertations sur les bibliothèques. — Table alphabétiquc des Dictionnaires, en toutes sortes de langues et sur toutes sortes de sciences et d'arts. — Paris, *Hug. Chaubert et chez Hérissant, 1858, in-8° rel.*

5017. — PIGOREAU (Alex.-Nic.). — Petite biographie biographico-romancière, ou Dictionnaire des romanciers, tant anciens que modernes, tant nationaux qu'étrangers, etc. — Paris, *Pigoreau, octobre 1821, in-8° br.*

5018. — VIOLLET-LEDUC. — Bibliographie des chansons, fabliaux, contes en vers et en prose, facéties, pièces comiques et burlesques, dissertations singulières, aventures galantes, amoureuses et prodigieuses, etc. — Paris, *A. Claudin, 1859, in-8°, dº.*

5019. — HATIN (Eug.). — Histoire du journal en France (1631-1853). 2ᵉ édit. — Paris, *P. Jannet, 1853, in-12 br.*

5020. — Dº. — Histoire politique et littéraire de la presse en France, avec une introduction historique sur les origines du journal et de la bibliographie générale des journaux depuis leur origine. — Paris, *Poulet-Malassis et de Broise, 1859-61, in-8°,* 8 *vol. cart.*

5021. — Dº. — Bibliographie historique et critique de la presse périodique française, ou Catalogue systématique et raisonné de tous les écrits périodiques de quelque valeur, publiés ou ayant circulé en France depuis l'origine du journal jusqu'à nos jours, etc.; précédé d'un essai historique et statistique sur la naissance et les progrès de la presse périodique dans les deux mondes. — Paris, *F. Didot, 1866, g*ᵈ *in-8° rel.*

5022. — SACHER (Frédéric). — Bibliographie de la Bretagne, ou catalogue général des ouvrages historiques, littéraires et scientifiques parus sur la Bretagne, etc. — Rennes, *J. Plichon, 1881, in-8° br.*

5023. — INVENTAIRE de la collection Hennin, rédigé par M. Georges Duplessis, conservateur, sous-directeur adjoint. — Paris, *Champion, 1884, in-8°, 5 vol.*

5024. — BIBLIOTHÈQUE du Conservatoire national de musique et de déclamation; catalogue bibliographique orné de 8 gravures, avec notices et reproductions musicales des principaux ouvrages de la Réserve, par J. B. Wakerlin. — Paris, *F. Didot et Cⁱᵉ, 1885, in-8°.*

5025. — MONOD (G.). — Bibliographie de l'histoire de France, catalogue méthodique et chronologique des sources et des ouvrages relatifs à l'histoire de France, depuis l'origine jusqu'à 1789. — Paris, *Hachette et Cⁱᵉ, 1888, g*ᵈ *in-8°.*

5026. — LE PETIT (Jules). — Bibliographie des principales éditions originales d'écrivains français du XVᵉ au XVIIIᵉ siècle. — Paris, *Quantin, 1888, in-8° br.*

5027. — Dᵒ. — Des ouvrages et documents. Musée pédagogique et bibliothèque centrale de l'enseignement primaire. — Paris, *Imprimerie nationale, 1889, g*ᵈ *in-8° cart.*

5028. — Dᵒ. — De l'Exposition du Ministère de l'instruction publique de Russie. — Paris, *Hachette et Cⁱᵉ, 1878, in-8° br.*

F. — Mélanges et Extraits historiques.

5029. — ELIEN (Ch.). — Diversités historiques, trad. du grec et enrichies de remarques par M. Formey. — Berlin, *F. Nicolaï, 1764, in-8° rel.*

5030. — Dᵒ. — Histoires diverses d'Elien, traduites du grec, avec des remarques. — Paris, *Moutard, 1772, in-8° rel.*

5034. — VALERIUS MAXIMUS. — Valerii Maximi dictorum fatorumque memoralibium. Libri IX. Infinitis mendis ex veterum exemplarium fide repurgati, atque in meliorem ordinem restituti per Stephanum Pighium Campensem.

Accedunt in fine ejusdem annotationes in loca plusquam DCCC.

Item, breves Notæ Justi Lipsi ad eumdem scriptorem, non ante editæ. — S. lieu, *Excubat, Samuel Crispinus, 1702, in-18 parch.*

5032. — D°. — Le même. — AMSTELODAMI, *Typis Danielis Elzeverii 1671, in-18 rel.*

5033. — D°. — Dictorum factorumque memoralibium. Libri IX. Annotationibus, in usum studiosæ juventutis, instar commentarii, illustrati.

Operâ et industriâ Johannis Min Elii. — PARISIIS, *apud J.-L. Nyon, 1719, in-12 rel.*

5034. — D°. — Traduit du latin par René Binet, ancien recteur de l'Université de Paris, etc. — PARIS, *H.-J. Jansen et Cie, an IV de la République française.*

5035. — FILLASTRE (GUILLAUME). — Le premier volume de la thoison d'or, composé par le R. P. Guillaume Fillastre, etc. Auquel, sous les vertus de magnanimité et justice appartenant à l'Etat de noblesse sont contenus les hauts, vertueux et magnanimes faits, tant des très chrétiennes Maisons de France, Bourgogne et Flandre, que d'autres Rois et Princes de l'Ancien et Nouveau Testament, nouvellement imprimé à Paris.

Ils se vendent à Paris, en la rue Saint-Jacques, à l'enseigne *Saint-Claude.*

Au recto du dernier feuillet du 2ᵉ vol. : Cy fine le second volume de la thoison d'or. Imprimé à Paris, l'an mil cinq cens et dix-sept par Anthoine Bonnemère, le dixième jour de Décembre pour François Regnault; in-f°, 2 tomes en 1 vol. rel. goth. à deux colonnes de 50 lignes avec fig. en bois.

5036. — HISTOIRES CHOISIES. — Des auteurs profanes, trad. en français, où l'on a mêlé divers préceptes de morale tiré des meilleurs auteurs. — BASLE, *Emmanuel Tourneisse, s. d., in-12, 2 tom. en 1 vol. rel..*

5037. — BARRETT. — Histoires et maximes morales, extraites des auteurs profanes. — PARIS, *H. Barbot, 1798, in-12 rel.*

5038. — RICHER (AD.). — Théâtre du monde, où, par des exemples tirés des auteurs anciens et modernes, les vertus et les vices sont mis en opposition.

Orné de très belles gravures d'après les dessins de MM. Moreau le jeune et Marillier. — PARIS, *D. de Maisonneuve, 1788, in-8°, 4 vol. br.*

5039. — D°. — Nouvel essai sur les grands événements par les petites causes, tiré de l'histoire. — Amsterdam, *1769, in-12 rel.*

5040. — DUPORT du TERTRE. — Histoire générale des conjurations, conspirations et révolutions célèbres, tant anciennes que modernes; nouvelle édition. — Paris, *Duchesne, 1762, in-12, 10 vol. rel.*

5041. — LA PLACE (P. A. de). — Pièces intéressantes et peu connues, pour servir à l'histoire et à la littérature. — Bruxelles, *et se trouve à* Paris, *Prault, 1785, in-12,* 6 vol. seulement.

5042. — ALLETZ (P. A.). — Choix d'histoires intéressantes, telles que la Conjuration des Pazzi contre les Médicis; la renaissance des lettres en Italie; l'éducation singulière de Charles-Quint; les anecdotes curieuses sur les Sforces, ducs de Milan; sur les trois filles du duc de Nevers, dites les *trois Grâces,* et plusieurs autres faits peu connus et recueillis dans l'histoire de diverses nations. — Paris, *Veuve Duchesne, 1781, in-12 rel.*

5043. — DUPUY (P.). — Histoire des plus illustres favoris, anciens et modernes, recueillie par feu M. P. D. P..., avec un journal de ce qui s'est passé à la mort du mareschal d'Ancre. — Leyde, *1659, in-4° rel.*

5044. — ROCOLES (Jn Bte de). — Les Imposteurs insignes, ou histoire de plusieurs hommes de néant de toutes les nations, qui ont usurpé la qualité d'Empereur, de Roi et de Prince; des guerres qu'ils ont causées, etc.; dernière édition. — Bruxelles, *Jn Van Vlaenderen, 1728, pt in-8°, 2 vol. rel. v. f.*

5045. — IMPOSTEURS FAMEUX (Les), ou Histoires extraordinaires et singulières des hommes de néant de toutes les nations qui, depuis les temps les plus reculés jusqu'à ce jour, ont usurpé la qualité d'Empereur, de Roi et de Prince, terminées par celles des deux faux Louis XVII, Hervagault et Bruneau. — Paris, *Eymery, 1818, in-12 rel.*

5046. — ROSSET (Fois de). — Les historiens tragiques de nostre temps, ou sont contenues les morts funestes et lamentables de plusieurs personnes, arrivées par leurs ambitions, amours déréglées, sortilèges, vols, rapines et par autres accidents divers et mémorables; dernière édition. — Lyon, *Guillaume Chaunot, 1679, in-12 rel.*

5047. — RICHEBOURCQ (J. de). — Ultima verba factaque et ultimæ voluntates morientium philosophorum, virorumque et fœminarum illus-trium, necnon Imperatorum, Regum, Principum, item summorum

Pontificum S. R. E. Cardinalium, Episcoporum, Sanctorum, etc. Plurimis
e scriptoribus descripta, compilata, collecta, e variis linguis in latinam
linguam translata studio et opera Jacob de Richebourcq, jurisconsulti
Antverpienis, opus constat in II tomis. — Amstelodami, *et prostant*
Antverpiæ, *apud J. Fr. Lucas, sub signo S. spiritu, prope Bursam 1721,
in-4º rel.* Titre rouge et noir. Texte à 2 colonnes.

Mélanges et Dictionnaires encyclopédiques

5048. — BRUNETTO LATINI. — Li livres dou Trésor publié pour la
première fois d'après les manuscrits de la Bibliothèque impériale, de la
Bibliothèque de l'arsenal et plusieurs manuscrits des départements et de
l'étranger, par P. Chabaille, etc. — Paris, *Imp. impériale, 1863, grand
in-4º cart.*

5049. — CHEVIGNY (de). — La science des personnes de la Cour, de
l'épée et de la robe, par demandes et par réponses, etc. — Paris, *Imp.
impériale, 1863, in-12, 2 vol. rel.*

5050. — PLUCHE (L'abbé N.-A.). — Le spectacle de la Nature, ou
Entretiens sur les particularités de l'histoire naturelle, qui ont paru les
plus propres à rendre les jeunes gens curieux et à leur former l'esprit.
— Paris, *veuve Estienne et fils, 1749-51, in-12, 8 tom. en 9 vol. rel.*

5051. — PUYSÉGUR (Chastenet de). — Analyse et abrégé raisonné du
spectacle de la Nature, de M. Pluche, par le Mⁱˢ M. L. M. D. P*****. —
Orléans, *Couret de Villeneuve fils, 1775, in-12 rel.*

5052. — MORENAS (F.). — Dictionnaire portatif, comprenant la géographie et l'histoire universelle, la chronologie, la mythologie, l'astronomie,
la physique, l'histoire naturelle et toutes ses parties, la chimie, l'anato-
mie, l'hydrographie et la marine, etc. — Avignon, *Lⁱˢ Chambeau, 1760,
petit in-8º, 8 vol. rel.*

5053. — LECLÈRE (C.-T). — Dictionnaire encyclopédique présentant,
par ordre de matières, l'explication détaillée des mots techniques en usage
dans les sciences, les lettres et les arts. En deux parties. — Paris,
Chamerot, 1834, in-8º cart.

5054. — BOUILLET (M.-N.). — Dictionnaire universel des sciences, des
lettres et des arts. — Paris, *Hachette et Cⁱᵉ, 1854.*

5055. — BELÈZE (G.). — Dictionnaire universel de la vie pratique, à la ville et à la campagne. Contenant les notions d'une utilité générale et d'une application journalière, etc., etc. — PARIS, *Hachette, 1882, grand in-8° rel.*

5056. — LAMI (E. O.). — Dictionnaire encyclopédique et biographique de l'industrie et des arts industriels. — PARIS, *Lami et Weiprecht, 1881 à 1888, in-4°, 8 vol. rel.*

5057. — ENCYCLOPÉDIE de pensées, de maximes et de réflexions sur toutes sortes de sujets.

Religion, Philosophie, Beaux-Arts, Histoire, Politique, Caractères, Passions, Vices, Portraits, etc., par ordre alphabétique. — PARIS, *Guillyn, 1761, petit in-8° rel.*

5058. — ENCYCLOPÉDIE (L'esprit de l'), ou choix des articles les plus agréables, les plus curieux et les plus piquants de ce grand dictionnaire. — PARIS, *Fauvelle et Sagnier, an VIII, in-8°, 12 tomes en 6 vol. rel.,* plus 1 vol. de supplément.

5059. — ENCYCLOPÉDIE MODERNE. — Dictionnaire abrégé des sciences, des lettres, des arts, de l'industrie, de l'agriculture et du commerce. — PARIS, *F. Didot, frères, 1851, in-8°, 40 vol. br.*

5060. — ALEMBERT (J. L. D'). — Discours préliminaire des éditeurs de de l'Encyclopédie, ou dictionnaire raisonné des sciences, des arts et des métiers, etc. — LA HAYE, *Jean Neaulde, 1761, p^t in-8° rel.*

5061. — WANOSTROCHT (NICOLAS). — Petite encyclopédie. La page du titre manque. — *In-8° rel.*

5062. — MANUEL du baccalauréat. La page du titre manque. — *in-8° rel.*

5063. — PETITY (L'abbé J. B. DE). — Bibliothèque des artistes et des amateurs, ou tablettes analytiques et méthodiques sur les sciences et les beaux-arts. — PARIS, *P. G. Simon, 1766, in-4°, 3 vol. rel. Pl.*

5064. — BIELFELD (M. le B^on DE). — L'érudition universelle, ou analyse abrégée de toutes les sciences, des beaux-arts et des belles-lettres. — BERLIN, *1768, in-12, 4 vol. rel.*

5065. — SECRETS (Les) de la nature et de l'art, développés pour les aliments, la médecine, l'art vétérinaire et les arts et métiers.

Auxquels on a joint un traité sur les plantes qui peuvent servir à la teinture et à la peinture. — PARIS, *Durand, 1769, in-12, 4 vol. rel.*

5066. — LEFÈVRE de BEAUVRAY (P.). — Dictionnaire social et patriotique, ou précis raisonné de connaissances relatives à l'économie morale,
civile et politique. — Amsterdam, *1770, p* in-8° rel.*

5067. — D°. — Le même, sous le titre de : Dictionnaire de recherches
historiques et philosophiques, d'anecdotes, de pensées et d'observations
intéressantes sur les loix, les arts, le commerce, la littérature, les mœurs
et la société en général, etc. Nouvelle édition. — Londres, *et se trouve à*
Paris, *s. n. d'imp. 1775, in-8° rel.*

5068. — SAINT-PIERRE (Puget de). — Dictionnaire des notions primi-
tives, ou abrégé raisonné et universel des éléments de toutes les
connaissances humaines, etc. — Paris, *Costard, 1773, in-8°, 4 vol. rel.*

5069. — CROMMELIN (J. M.). — Encyclopédie élémentaire, ou rudiment
des sciences et des arts. — Autun, *P. P. Dejussieu, in-12, 3 vol. rel.*

5070. — OLLIVIER (R.). — L'esprit de l'Encyclopédie, ou choix des
articles les plus agréables, les plus curieux et les plus piquants de ce
grand dictionnaire, etc. — Paris, *Fauvelle et Sagnier, an VII de la
République française, in-8°, 7 vol. cart., y compris le supplément.*

5071. — FRUCHET (Le P.). — L'éloge de l'Encyclopédie et des encyclo-
pédistes. — La Haye, *s. n. d'imp., 1759, p* in-8° rel.*, avec :

1° Catéchisme et décisions de cas de conscience à l'usage des cacouacs,
avec discours du patriarche des cacouacs pour la réception d'un nouveau disciple, par l'abbé de Saint-Cyr. — Cacopolis (Paris), *s. n. d'imp.
1758.*

2° L'utilité temporelle de la religion chrétienne, par le R. P. Hubert
Hayer. — Paris, *G. Desprez, 1774.*

5072. — LA PALLUE (Chevignard de). — Idée du monde ou idées générales des choses dont un jeune homme doit être instruit, etc. Nouvelle
édition. — Paris, *Moutard, 1782, in-12. 2 vol. rel.*

5073. — PAGÈS (François). — Cours d'études encyclopédiques, rédigé
sur un plan neuf, contenant :

1° L'histoire de l'origine des progrès de toutes les Sciences, Belles-
Lettres, Beaux-Arts et Arts mécaniques ;

2° L'analyse de leur principe ;

3° Tous ces mêmes objets traités en détail, etc. — Paris, *Artaud,
an VIII, in-8°, 6 vol. rel.*, et atlas in-4° rel.

5074. — COFFIN et FUCY. — Bibliothèque des pères de famille, ou cours d'instruction particulière. — Paris, *Patris et C*ⁱᵉ *et autres. in-12, 3 vol. reliés.*

5075. — SAVANTS (Les nouveaux) de société, ou Recueil complet de tous les jeux familiers, physiques et mathématiques; 3ᵉ édit. Augmentée des règles des jeux de dames, de domino, de tritrac, et du poème de M. Cerutti sur les échecs, suivi des règles du boston et de la bouillote et d'un petit traité de la natation. (Fig.) — Paris, *Barba, 1810, in-12, 2 vol. br.*

5076. — DÉSORMEAUX (M. A. Paulin). — Les amusements de la campagne, contenant :

1º La description de tous les jeux qui peuvent ajouter à l'agrément des jardins, servir dans les fêtes de famille, etc.

2º L'histoire naturelle ; les soins qu'exige la volière ; l'art d'empailler les animaux ; le jardinage, la pêche, les diverses chasses, etc., des récréations de physique, des notions de géométrie rustique, etc., etc. (Pl.) — Paris, *Audot, 1826, in-12, 4 vol br.*

5077. — ENCYCLOPÉDIE DOMESTIQUE ou Annales instructives formant recueil de toutes sortes de remèdes, recettes, préservatifs, curatifs des diverses maladies, etc., etc. — Paris, *Laurens jeune, s. d., in-8º rel.*

5078. — ENCYCLOPÉDIE des connaissances utiles. — Paris, *Bureau de l'Encyclopédie, 1833-34, in-18.* 3 vol. seulement, les 6ᵉ, 7ᵉ et 8ᵉ br.

5079. — ENCYCLOPÉDIE PITTORESQUE à deux sous. — Paris, *Bureau de vente et d'abonnement, 1834, in-4º, 2 vol. cart.*

5080. — ENCYCLOPÉDIE MÉTHODIQUE ou par ordre de matières; par une Société de gens de lettres, de savants et d'artistes.

Précédée d'un vocabulaire universel, servant de Table pour tout l'ouvrage, ornée des portraits de MM. Diderot et d'Alembert, premiers éditeurs de l'Encyclopédie. — Paris, *Panckoucke, 1872 et suiv., in-4º, 188 vol. rel.*

*TABLEAU, par ordre alphabétique, des matières
de l'Encyclopédie :*

1. — Agriculture avec les arbres et arbustes. . . . .   7 vol.
2. — Amusements des sciences. . . . .   1 —
3. — Antiquités. (Textes et planches). . . . .   8 —
4. — Architecture.. . . . .   3 —
5. — Art aratoire et Art aratoire. . . . .   1 —
6. — Art militaire . . . .   4 —
7. — Arts et métiers. . . . .   8 —
8. — Beaux-arts. (Texte et pl. avec celle de l'Art aratoire). . .   3 —
9. — Botanique. (Texte et pl.). . . . .   22 —
10. — Chasses et pêches. (Texte et pl.). . . . .   2 —
11. — Chimie. (Texte et pl.). . . . .   7 —
12. — Chirurgie. (Texte et pl.).. . . . .   3 —
13. — Commerce.   3 —
14. — Economie politique et diplom. . . . .   4 —
15. — Encyclopediana. . . . .   1 —
16. — Equitation, Escrime, Danse, Natation. . . . .   1 —
17. — Finances. . . . .   3 —
18. — Géographie ancienne. . . . .   3 —
19. — Géographie moderne . . . .   3 —
20. — Géographie physique. (T. et pl.). . . . .   4 —
21. — Atlas pour la géographie ancienne, moderne et physique.   2 —
22. — Grammaire et littérature. . . . .   3 —
23. — Histoire . . . .   6 —

	I. Quadrupèdes et cétacés (tex. et pl.)	3 —
24. — Histoire naturelle.	II. Oiseaux id.	5 —
24 vol., savoir :	III. Poissons id.	2 —
	IV. Insectes id.	9 —
	V. Vers id.	5 —

25. — Jurisprudence, y compris la police municipale. . . . .   9 —

                                        A REPORTER. . . . . . 135 vol.

REPORT. . . . . 135 vol.

26. — Logique. . . . . 4 —
27. — Manufactures et arts. . . . . 4 —
28. — Marine. . . . . 3 —
29. — Mathématiques et jeux mathématiques. . . . . 4 —
30. — Médecine. . . . . 12 —
31. — Musique . . . . 2 —
32. — Philosophie ancienne et moderne. . . . . 3 —
33. — Physique (texte et planches). . . . . 5 —
34. — Système anatomique (texte et planches). . . . . . . 5 —
35. — Théologie . . . . 3 —
36. — Recueil de planches de l'Encyclopédie, par ordre de matières . . . . 8 —

TOTAL. . . . . 188 vol.

5081. — DIDEROT et D'ALEMBERT. — Encyclopédie ou Dictionnaire raisonné des sciences et des arts-et-métiers ; nouvelle édition. — GENÈVE, *Pellet, 1772, in-4°, 47 vol. rel.*

5082. — Dº. — Autre édition, dº. — *dº, 1778, in-4°, 39 vol. rel.* (2 exempl.).

G. — Journaux.

Journaux littéraires.

5083. — MERCURE GALANT (LE NOUVEAU). — PARIS, *Estienne Loyson, 1677 et suiv. Années 1677-78-89-92-95-97-98, in-18; 9 vol. rel.* (Incomplet).

5084. — MERCURE DE FRANCE (Le). — PARIS, *Guilᵐᵉ Cavelin, veuve Pissot, Jⁿ de Nully, Lacombe, etc., 1742 et suiv., in-12. 85 vol. rel.,* savoir :

Année 1742 incomplète			1 vol.
— 1745	d°		1 —
— 1768	juillet, août, octobre et novembre		4 —
— 1769	complète.		8 —
— 1770	d°		8 —
— 1771	d°		8 —
— 1772	d°		8 —
— 1773 manque janvier (1 vol.).			7 —
— 1774 manquent janvier et avril, 1er et 3e vol. de l'année.			6 —
— 1775 manque janvier,	1er vol. de l'année.		7 —
— 1776 manque octobre,	7e vol.	d°	7 —
— 1777 manque octobre,	7e vol.	d°	7 —
— 1778 manquent juillet et août, 5e vol.		d°	6 —
— 1785 de juin à novembre, incomplète.			1 —
— 1789 complète			3 —
— 1791 complète			1 —
— 1792 manque décembre.			2 —

Total. . . . . 85 vol.

En outre de ces 85 vol. rel., la Bibliothèque possède : les nos br. du 23 messidor an 12, 7 fructidor, d° (14 juillet et 28 août 1804); quelques nos dépareillés de 1785 et presque tous les nos des trois derniers trimestres de 1805 (parties des ans 13 et 14). (Voir aussi paragraphe Journaux politiques, page 172).

5085. — BASNAGE DE BEAUVAL. — Histoire des ouvrages des savants, septembre, octobre et novembre 1691. — ROTTERDAM, *Reinier Leers, 1697, in-12 rel.*, avec la suite de cette publication, jusques et y compris août 1792.

5086. — LE CLERC DE LA CROZE et Jn BERNARD (G.). — Bibliothèque universelle et historique. — AMSTERDAM, *Wolfganc, Waesberg, Boom et Van Someren, et chez les héritiers d'Antoine Schelte, 1688 et suiv., in-12, 26 vol. rel.*, comprenant les années de 1686 à 1693.

5087. — LE CLERC (JEAN). — Bibliothèque choisie en 28 volumes. Avec les tables générales des auteurs et des matières dont il est parlé dans tout l'ouvrage. — AMSTERDAM, *Wetstein, 1718, in-12, 28 vol. rel.*

5088. — D°. — Bilbiothèque ancienne et moderne pour servir de suite aux *Bibliothèques universelle et choisie.*— AMSTERDAM, *frères Wetstein, 1722 et suiv., in-12, 29 vol. rel.*

5089. — CLÉMENT (P.). — Les cinq années littéraires, ou Lettres de M. Clément sur les ouvrages de littérature qui ont paru dans les années 1748, 1749, 1750, 1751 et 1752, imprimées à Berlin, sous le bon plaisir des souscripteurs, et se distribuent chez les libraires les plus consciencieux et les plus désintéressés. — *1755, in-12, 2 vol. rel.*

5090. — FRÉRON (M.). — L'année littéraire, *1756-1760.* — AMSTERDAM, *et se trouve à* PARIS, *chez Mich. Lambert, s. d., in-12, 40 vol. rel.*

5091. — LE PRÉVOST D'EXMES (F.). — La revue des feuilles de M. Fréron. Lettre à Mme de ***. — LONDRES, *1756, in-12 cart.*

5092. — JOURNAL ENCYCLOPÉDIQUE. — A BOUILLON, *de l'imp. du journal, s. d., in-8° br.* Une partie des années 1760-62 et 63, les années 1766-67-68-69 et 70 à peu près entières.

5093. — BACHAUMONT (DE). — Mémoires secrets pour servir à l'histoire de la république des lettres en France, depuis 1762 jusqu'à nos jours (1787), ou Journal d'un observateur. — LONDRES, *John Adamsohn, 1777-92, in-12, 36 vol. rel.*

5094. — BULLETIN de la littérature, des sciences et des arts. — (*An III*), *in-8°, 2 vol. cart.*

5095. — LETTRES CHAMPENOISES ou Correspondance politique, morale et littéraire, adressée à Mme de *** par Mely Jeannin, 1817-18-19. — PARIS, *Pillet, 1817-18, in-8°, 3 vol. rel.*

5096. — LETTRES NORMANDES, ou petit tableau moral, politique et littéraire, adressées par un Normand devenu Parisien, à plusieurs de ses compatriotes. etc. — PARIS, *Foulon, 1818-20, in-8°, 3 vol. rel.* Comprenant les années 1817-18-19.

5097. — REVUE ENCYCLOPÉDIQUE ou analyse raisonnée dès productions les plus remarquables dans la littérature, les sciences et les arts, par une réunion de membres de l'Institut, etc. — PARIS, *Baudouin frères, 1819-1833, in-8°., 61 vol. rel., plus 2 vol. de tables décennales de 1819 à 1829.*

5098. — FRANCE LITTÉRAIRE (La). — PARIS, *au Bureau, 1832-33, in-8°, 6 vol. br.*

5099. — REVUE DES DEUX-MONDES.— Depuis l'année 1841, incluse, jusqu'à l'année 1890.

Manquent 10 années : de 1853 à 1863.

5100. — Dᵒ — Autres exemplaires des années suivantes :

1862 octobre, novembre et décembre (3 nᵒˢ).
1863 complet.
1864   dᵒ.
1865   dᵒ.
1866   dᵒ.
1867   dᵒ.
1868 manque le 15 juillet.
1869 mai, juin, juillet.
1870 juin et septembre.
1871 janvier, février, mars.
En tout 158 nᵒˢ brochés.

5101. — Dᵒ. — Table générale de la Revue des Deux-Mondes, de 1831 à 1874 et de 1874 à 1886. — Paris, *1886.*

5102. — REVUE DE PARIS. — Paris, *au bureau de la Revue, 1829-32, in-8ᵒ, 39 vol. cart.* — Les tomes 27ᵉ, 31ᵉ, 32ᵉ et 36ᵉ sont en double, plus 29 livraisons très incomplètes (année 1829).

5103. — CORRESPONDANT (Le). — Recueil périodique paraissant tous les dimanches.

Religion, politique littérature, sciences, beaux-arts. Incomplet. *In-8ᵒ br.* 45 nᵒˢ de l'année 1849 ; 5 nᵒˢ de 1853.
24 nᶜˢ de l'année 1850.

5104. — ATHENÆUM FRANÇAIS (L'). — Journal universel de la littérature de la science et des beaux-arts.

Tout ce qui a paru. 1852-56, *in-4ᵒ 5 vol. rel.*

5105. — REVUE CONTEMPORAINE et ATHENÆUM FRANÇAIS. — *In-8ᵒ à prendre du 15 août 1856, nᵒ 105, 24 vol. rel.*

L'Athenæum s'est fondu avec la Revue contemporaine, à compter du 1ᵉʳ août 1856.

5106. — ILLUSTRATION (L'). — Journal universel. Partie de l'année 1859 à 1890.

5107. — ILLUSTRATION. — De 1843, depuis sa fondation jusqu'à la fin de 1872. 60 vol. rel. (Don de M. Tissier, du Conquet).

5108. — MONDE ILLUSTRÉ (Le). — De 1866 inclus à 1876 inclus.

5109. — REVUE EUROPÉENNE. — 1re et 2e année. 1er février 1859 à 1860 inclus. — G^d in-8°, *12 vol. rel.*

5110. — REVUE des races latines. Religion, histoire, littérature, sciences, arts, industries, finances, commerce. — PARIS, *janvier 1860, g^d in-8°*. Manquent janvier, février et octobre. Année 1861 complète. 1862, manquent janvier, octobre, novembre et décembre.

5111. — ARCHIVES littéraires de l'Europe, ou Mélanges de littérature, d'histoire et de philosophie, etc.

Suivies d'une gazette littéraire universelle. — PARIS, *Henrich, Tubingue, Cotta, 1804 et suiv., in-8°, 8 vol. cart.*

5112. — JOURNAL des enfants. — PARIS, *au bureau du journal, 1833-41, g^d in-8°, 10 vol. cart.*, contenant les 10 premières années de cette publication, à compter du 1er juillet 1832.

5113. — LAMARTINE (A. DE). — Le Conseiller du peuple, journal. Année 1849. Incomplet : mai, juin, juillet, août, septembre et annexe, octobre et annexe, novembre et annexe, plus, premier conseil au peuple et douzième conseil au peuple. En tout 12 n^{os}. — *in-8° br.*

5114. — D°. — Cours familier de littérature :

Année 1856, le n° 1 manque.
— 1857, le n° 14 manque.
— 1858, les n°s 25, 26, 27 et 28 manquent.
— 1859 complet.
— 1860 d°.
— 1861 d°.
— 1862 d°.
— 1863 d°.
— 1864 d°.
— 1865 les n°s 117, 118 manquent.
— 1866 complet.
— 1867 d°.

— PARIS, *chez l'auteur.*

5115. — REVUE POLITIQUE ET LITTÉRAIRE. — Depuis l'année 1882 incluse jusqu'à 1890. — *in-4° rel.*

5116. — ANNALES de la faculté des lettres de Bordeaux. — BORDEAUX, *H. Dutha;* LONDRES, *Barthès et Lowell;* PARIS, *Le Soudier, etc., 1881 et suiv. Années 1881-82-83, in-8°, 4 vol., dont 3 rel., 1 br.*

Journaux bibliographiques.

5117. — BIBLIOGRAPHIE DE LA FRANCE, ou Journal de l'imprimerie et de la librairie. — *In-8°, 38 vol. rel.* Depuis 1851.

Les tables de la 1re année, 1811, 1812, in-8°, et tableau bibliographique des ouvrages en tous genres qui ont paru en France pendant les années 1821, 1822. — *In-8°, 2 vol.*

La suite de la collection, c'est-à-dire de 1875 à 1890, est en livraisons brochées.

5118. — NOTICE HISTORIQUE et bibliographique des journaux et ouvrages périodiques publiés en 1818. — PARIS, *librairie constitutionnelle, 1819, in-8° br. de 54 p.*

5119. — BULLETIN du bibliophile et de l'amateur, ou notice des livres vieux et nouveaux tant imprimés que manuscrits, lettres autographes, etc., qui sont en vente à la librairie Techener. — PARIS, *s. d. Années 1834-35 et 36, in-8° br., 4 vol.*

5120. — D°, d°, d°, et du bibliothécaire. — PARIS, *1874-75, 13 livraisons brochées.*

Journaux scientifiques et des Beaux-Arts.

5121. — BIBLIOTHÈQUE physico-économique, instructive et amusante. Années 1788 et 1789 (ou 7e et 8e année). — PARIS, *Buisson, 1788-89, in-12, 4 vol. rel.*

5122. — REVUE des sociétés savantes, publiée sous les auspices du ministre de l'instruction publique. Bulletin du comité des travaux historiques. Mémoire des sociétés savantes de la France et de l'étranger, etc. — PARIS, *Paul Dupont, 1858 et suiv., g^d in-8°, 10 vol. rel.*

5123. — MONITEUR DES EAUX ET FORÊTS et Journal de l'approvisionnement de Paris.

Journal des propriétatres, économistes, agents forestiers, etc. Années 1843-44-45-46 et 47 incomplètes. Plus, les n°s 10, 11 et 12 (octobre, novembre, décembre 1847) des Annales forestières. — *In-8° br.*

5124. — ARCHIVES des missions scientifiques et littéraires. Choix de rapports et instructions. Publié sous les auspices du ministère de l'instruction publique. — PARIS, *imprimerie impériale, puis imprimerie nationale, 1865 et suiv., in-8°, 15 vol. br.,* ou en livraisons, savoir :

Tome I, 2ᵉ série seulement.

Tome II, dᵒ dᵒ manque la 3ᵉ livraison.

Tome III, 2ᵉ et 3ᵉ séries.

Tome IV, dᵒ dᵒ.

Tome V, 2ᵉ série seulement; manque la 2ᵉ livraison.

Tome VI, 2ᵉ et 3ᵉ séries.

Tome VII, dᵒ dᵒ.

Tomes VIII, IX, X, XI, XII, XIII, XIV et XV, 3ᵉ série seulement.

5125. — PALAIS DE CRISTAL (Le). — Journal illustré de l'Exposition de 1851. — Londres, *s. n. d'imp.*, *1851, pt in-fᵒ cart.*

5126. — JOURNAL des connaissances utiles indiquant à tous les hommes qui savent lire :

Leurs devoirs, leurs droits et leurs intérêts. Années 1831-32-33 et 34, *in-8ᵒ, 3 vol. rel.*

5127. — ARTISTE (L'). — Beaux-Arts et Belles-Lettres. Rédacteur en chef : Arsène Houssaye, — Paris, *1865, in-fᵒ, 2 vol rel.*

5128. — MERVEILLES (Les) de l'Exposition universelle de 1867, par J. Mesnard. Texte par Francis Aubert. — Paris, *J. Mesnard, 1869, in-fᵒ, 2 vol. rel.*

5129. — REVUE clinique française et étrangère. Journal des médecins praticiens. — Paris, *1850-52, in-4ᵒ.* Texte à 2 col. Les années 1849-50-52. Les années 1849-50 sont seules reliées.

5130. — ART (L'). — Revue illustrée hebdomadaire, devenue bi-mensuelle à compter de la 10ᵉ année (1884) de sa publication. — Paris, *librairie de l'Art;* London, *s. n. d'imp.;* New-York, *Macmillan et Cᵒ, in-fᵒ, 45 vol. rel.,* comprenant 14 années : de 1875 inclus à 1888 inclus ; plus, 23 livraisons br. de la 15ᵉ année (1889). La 1ʳᵉ livraison, 1ᵉʳ janvier 1889, manque.

5131. — COURRIER DE L'ART. — Chronique hebdomadaire des ateliers, des musées, des expositions, des ventes publiques, des concours, des théâtres, etc.

Directeur en chef, M. Paul Leroi. — Paris, *librairie de l'Art;* London, *Remington and Cᵒ;* New-York, *Macmillan and Cᵒ, in-4ᵒ, 7 vol. rel.,* comprenant 8 années : de 1881 inclus à 1888 inclus ; plus, les 52 nᵒˢ br. de la 9ᵉ année (1889).

5132. — RÉFORME MUSICALE. — Journal des doctrines de l'Ecole Galin-Paris-Chevé, 11ᵉ année. 1856-59-62-65-66-69, en feuilles. Texte à 3 col.

5133. — MAGASIN PITTORESQUE (Le). — Publié sous la direction de MM. Euryale Cazeaux et Ed. Charton. — PARIS, *1833 et suiv. in-8°, 14 vol. rel.*, comprenant les 28 premières années, c'est-à-dire de 1833 inclus à 1860 inclus. Les années suivantes sont en livraisons mensuelles :

Année 1861, manquent octobre et novembre.

— 1862, manque décembre.

— 1863, manquent juin et juillet,

— 1864. La Bibliothèque ne possède que le 1ᵉʳ trimestre.

5134. — Dᵒ. — Autre exemplaire des 25 premières années, c'est-à-dire depuis la fondation : année 1833 inclus à 1857 inclus. — PARIS, *dᵒ, 25 vol. reliés.*

En outre, sont en triple, les années 1833-34-35-36-38-39-42.

5135. — Dᵒ. — (Almanach du). — Années 1861-53-55-58. — *In-8°, 4 vol. br.*

5136. — GÉNIE CIVIL (Le). — Revue générale des industries françaises et étrangères.

Industrie, travaux publics, agriculture, architecture, hygiène, économie politique, sciences, arts. — PARIS, *administration et rédaction, s. d., in-fᵒ, 8 vol. rel.*, comprenant les 6 premières années (de 1881 inclus à 1886 inclus).

5137. — ANNALES DU GÉNIE CIVIL et recueil de mémoires sur les Ponts et Chaussées :

1876, 2ᵉ semestre et janvier.

1877, complet.

1878, dᵒ.

1879, 1ᵉʳ semestre.

— PARIS, *E. Lacroix, in-8° br.*

5138. — GAZETTE ARCHÉOLOGIQUE. — Fondée par MM. J. de Witte et Fr. Lenormant. Pour servir à la connaissance de l'histoire de l'art dans l'antiquité et le moyen-âge.

Publiée par les soins de J. Witte et Robert de Lasteyrie, et comme
suite à la même publication : Revue des musées nationaux publiée sous
les auspices de M. A. Kaempfen, par E. Barbelon et E. Molinier. — PARIS,
A. Lévy, s. d., in-4°, 4 vol. rel., comprenant 4 années, savoir :
Année 1884, 9ᵉ année.
— 1885, 10ᵉ —
— 1886, 11ᵉ —
— 1887, 12ᵉ —
Les années 1888, 14ᵉ et 1889 15ᵉ année, en 6 livraisons, chacune br.

5139. — BULLETIN ARCHÉOLOGIQUE du Comité des travaux historiques et scientifiques. — PARIS, *imp. Nationale, 1883 et suiv., gᵈ in-8°,
5 vol. rel.*, comprenant les années suivantes : Partie de 1883 ; 1884-85-
86-87 et 88.

5140. — REVUE des travaux scientifiques. Publiée sous la direction du
Comité des travaux historiques et scientifiques. — PARIS, *imp. Nationale, 1881 et suiv., gᵈ in-8°.* Années 1881-82-83-84-85-86-87-88 et 89.

5141. — MAGASIN DES DAMES (LE PETIT). — Avec un calendrier. —
PARIS, *Delaunay et autres, 1807, in-8° br.*

5142. — PARISEL. — L'année pharmaceutique ou Revue des travaux les
plus importants en pharmacie, chimie, histoire naturelle médicale, qui
ont paru en 1861 et 1862. — PARIS, *V. Masson, in-8°, 2 vol.* (2ᵉ et
3ᵉ année).

5143. — TOILETTE DE PARIS (La). — Années 1877 et 1878 complètes.

5144. — MODES PARISIENNES (Les) illustrées. — Journal de la bonne
compagnie. (Hebdomadaire.)
Fashions, toilettes, ameublements, théâtres, livres nouveaux, romans,
poésies, causeries. — PARIS, *chez le successeur d'Aubert et Cⁱᵉ, s. d.,
in-f° br.*, comprenant les années suivantes, savoir :
1847, complet, à l'exception de janvier, dont il n'y a qu'un n° (205), du
31 janvier.
1851, incomplet.
1852, manquent novembre et décembre.
1853, incomplet.
1854, incomplet.
1857, incomplet.
1858, incomplet.
1880, complet.
1881, complet.
1882, manquent août et le n° 14 de juillet.
1883, manque le n° 24, du 16 décembre.

A ces livraisons brochées et dépareillées sont joints 2 vol. rel. de planches coloriées.

5145. — BON TON (Le). — Journal des modes, avec planches coloriées. — Paris, *1836 et suiv. g*ᵈ *in-8°, 2 vol. rel., et 1 br.*, comprenant les années :
1836-1837-1838-1839, moins septembre, novembre et décembre de cette dernière année.

5146. — ILLUSTRATION DE LA MODE (L') et la Toilette de Paris. Années 1875, manque avril.
— 1876, complète.

5147. — MODE (La). — Revue des modes. Galerie des mœurs. Album des salons. — Paris, *s. n. d'imp., 1829 et suiv., in-8°, 7 vol. cart. dont 1 de planches coloriées*, comprenant partie des années 1829-30 et 31.

5148. — REVUE D'ETHNOGRAPHIE, publiée sous les auspices du Ministère de l'Instruction publique et des Beaux-Arts par le Dʳ Hamy. — Paris, *Ernest Leroux; 1882 et suiv. ; in-8°;* 8 tomes comprenant les années 1882-83-85-86-87-88 et 89.

5149. — REVUE SCIENTIFIQUE. — Paris, *in-4°, 1882-1889*.
(Voir pour les journaux et revues de médecine le catalogue des sciences et arts.).

Journaux ou Revues historiques et géographiques.

5150. — BULLETIN de géographie historique et descriptive. — Paris, *Imprimerie nationale, années 1887-1888-1889 ; in 8° rel.*

Dᵒ de la Société de géographie rédigé avec le concours de la Société de publication par les secrétaires de la Commission centrale. — Paris, *Société de géographie* (Pour mémoire. Voir n° 88, tome 1ᵉʳ).

5151. — Dᵒ du Comité des travaux historiques et scientifiques. Archéologie. — Paris, *Imprimerie nationale, 1884-85-86-87-88-89, in-8°.*

REVUE de géographie dirigée par M. Ludovic Drapeyron. (Pour mémoire. — Voir n° 94. Tome 1ᵉʳ).

COMPTES RENDUS des séances de la Société de géographie. (Pour mémoire. — Voir n° 95. Tome 1ᵉʳ).

5152. — JOURNAL DES SAVANTS. — Paris, *Imprimerie nationale ; de 1877 incl. à 1889 incl., in-4°.*

5153. — MÉLANGES d'archéologie et d'histoire. — Paris, *Ern. Thorin;* Rome, *Spithover, s. d., g*ᵈ *in-8°;* 6 vol. rel. comprenant 6 années, savoir :

3ᵉ	année	1883
4ᵉ	—	1884
5ᵉ	—	1885
6ᵉ	—	1886
7ᵉ	—	1887
8ᵉ	—	1888

La suite, jusqu'en 1890, est en fascicules brochés.

Journaux commerciaux.

(Voir le Catalogue des sciences et arts.)

Journaux politiques.

5154. — FEUILLE VILLAGEOISE (La) adressée, chaque semaine, à tous les villages de France pour les instruire des loix, des événements, des découvertes qui intéressent tout citoyen, etc. — Paris, *Desenne, 1790 et suiv.;* in-8°, 6 vol. cart., comprenant les années 1790-91-92 et 93.

5155. — VÉRIDIQUE (Le), par Mˡˡᵉ Raoul. — Paris, *Delaunay, 1814-15,* in-8° ; 25 numéros.

5156. — NAIN JAUNE RÉFUGIÉ (Le), par une Société d'anti-éteignoirs. — *In-8°.* Le 4ᵉ vol. relié seulement. Année 1816.

5157. — COURRIER DES CHAMBRES. — Session de 1817, par M. de Saint-Aulaire. — Paris, *1817, in-8° cart.,* comprenant les mois de novembre et décembre.

5158. — DON QUICHOTTE moral et politique, par J. Esnaux. — Paris, *Esnaux et autres, 1817, in-8° cart.,* contenant les deux premiers numéros.

5159. — HOMME GRIS (L') ou petite chronique. — Paris, *L'Huillier, 1817, in-8°, 2 vol. cart.*

5160. — HOMME GRIS (Le nouvel), par M. Cugnet de Montarlot, ex-commissaire des guerres. — Paris, *1818-19, in-8°, 2 vol. cart.,* contenant 21 livraisons. (Session de 1818.)

5161. — SURVEILLANT (Le) politique et littéraire. — Paris, *Bureau du Surveillant, février, 1818, in-8°.*

5162. — BIBLIOTHÈQUE HISTORIQUE, ou Recueil de matériaux pour servir à l'histoire du temps. — Paris, *1818-19, in-8°, 7 vol. rel.*

5163. — MINERVE FRANÇAISE (La), par MM. Aignan, de l'Académie française. — Benjamin Constant. — Etienne. — E. Jay. — Lacretelle aîné. — Tissot, etc. — Paris, *au Bureau de la* Minerve française, *1818 et suiv., in-8° rel., 9 vol.,* comprenant de février 1818 à mai 1820.

5164. — D°. — Autre exemplaire des 9 vol. ci-dessus.

5165. — D°. — Autre exemplaire d°.

5166. — PHALANGE (La), journal de la Science sociale, découverte et constituée par Ch. Fourier.
    Industrie, politique, sciences, arts, littérature. — Paris, *au Bureau du journal, 1840 et suiv., petit in-f°, 5 vol. rel.,* comprenant du 1er septembre 1840 au 16 juillet 1843, moins le premier semestre 1842.

5167. — CHRONIQUE DU MOIS (La), ou les Cahiers patriotiques de E. Clavière, C. Condorcet, L. Mercier, M.-E. Guadet, J. Oswald, N. Bonneville, J. Bidermann, A. Broussonnet, A. Guy-Kersaint, J.-P. Brissot, J.-Ph. Garran, J. Dussaulx, Th. Paine et F. Lanthénas. — Paris, *Imprimerie du Cercle social, 1791-93, in-8°, 3 vol. rel.,* de novembre 1791 au mois de mai 1793.

5168. — DÉCADE PHILOSOPHIQUE, LITTÉRAIRE ET POLITIQUE (La). — Paris, *Bureau de la Décade, an II de la République une et indivisible, et suiv., in-8°, 43 vol. rel.* (Du 10 floréal an II (1794) au 30 fructidor an XIII.) Du 10 vendémiaire an XIII (1805) au 21 juin 1807. Soit du 44e vol. au 55e inclus. (12 vol. rel.). Cette publication a pris le titre de :

5169. — REVUE PHILOSOPHIQUE, LITTÉRAIRE ET POLITIQUE.
    Enfin, à partir du 5 octobre 1807, ce journal a été réuni au :

5170. — MERCURE DE FRANCE, journal littéraire et politique.
    Titre sous lequel la Bibliothèque possède 35 vol. rel. (d'octobre 1807 à octobre 1815). Soit en tout : 90 vol. sous 3 titres différents d'une même publication périodique.

5171. — DÉCADE PHILOSOPHIQUE, LITTÉRAIRE ET POLITIQUE.
    — Autre exemplaire des 8 premiers vol. in-8° cart., du 10 floréal an II, au 13 ventôse an IV (20 mars 1796).

5172. — D⁰, d⁰, d⁰. — Autre exemplaire des 11 premières années de la publication. De l'an II à l'an XII, comp. de la République française. Incomplet. Manquent :

2 tomes de l'an II
1 — — III
2 — — VI } De cette dernière série, il existe, sur les rayons, 33 volumes.
2 — — VIII
1 — — IX

5173.   **Carton n° 6.**

LIASSE N° 1. — L'accusateur public : 4 n⁰ˢ s. d.
            L'ami des citoyens : 5 n⁰ˢ de pluviose, an III.
            Le Républicain, 1 n⁰ s. d.
            Journal de l'Empire : 3 n⁰ˢ de septembre, octobre 1811 et décembre 1812.
LIASSE N° 6. — Journal du Bonhomme Richard, 7 n⁰ˢ de septembre et octobre 1795.
LIASSE N° 7. — Courrier de l'Egalité : 15 n⁰ˢ de pluviôse et ventôse, an III.

5174.   **Carton n° 7.**

LIASSE N° 2. — Bulletin décadaire de la République française, an VII, de la 2ᵉ décade de vendémiaire à la 2ᵉ décade de messidor. (Le n° 1 manque.)

5175. — JOURNAL DES DÉBATS (Le), politique et littéraire. Années 1853-54-56-60-61-62-63-64-65-66-67-68-69.

5176. — CONSTITUTIONNEL (Le), journal politique, littéraire, universel. Année 1859.

5177. — INDÉPENDANCE BELGE (L'). — Année 1859.

Journaux politiques, littéraires, etc., publiés en Bretagne.

5178. — ARMORICAIN (L'), journal de Brest et du Finistère. — Politique, commerce, marine. De 1848 inclus à 1869 inclus.

5179. — OCÉAN (L'), journal du droit national. Années 1846 à 1890. Manquent : le 1ᵉʳ semestre de 1846, le 2ᵉ semestre de 1854 et les années 1881-82-83-84.

5180. — ÉLECTEUR DU FINISTÈRE (L'), journal des intérêts départementaux et locaux. — De 1869, année de sa fondation, à 1876 inclus.

A partir de 1877, ce journal a substitué à son titre celui de :

5181. — UNION RÉPUBLICAINE DU FINISTÈRE (L'), qui, à compter du 1er novembre 1886, prend le titre de :

5182. — DÉPÊCHE DE BREST (La). — La Bibliothèque possède la collection de cette publication, sous ces trois titres. (Manquent quelques numéros dans les dernières années de l'*Union* et de la *Dépêche*.)

5183. — RÉPUBLICAIN DU FINISTÈRE (Le). De 1873 incl. à 1878 incl.

5184. — PETIT BRESTOIS (Le). — Littérature, commerce, industrie, marine. Nouvelles d'intérêt local et régional. Annonces. Du 27 février 1879, jour de se fondation, au 12 octobre 1889, qu'il a cessé de paraître. (2 exemplaires de la 1re année.)

5185. — DÉFENSE (La) commerciale et industrielle, journal fondé à Brest le 14 janvier 1889. Nos 1, 2, 4, 6, 7, 8, 9 et 10.

5186. — REVUE ILLUSTRÉE DE BRETAGNE ET D'ANJOU, publiée sous la direction de M. Léon Séché. — Paris, *S. N.*; Laval, *E. Jamin*; Vannes, *Eug. Lafolye, 1888 et suiv.; in-f°.* 4 vol., savoir :

Tome 2. — 2e année 1886-87, rel.
Tome 3. — 3e année 1887-88, d°.
Tome 4. — 4e année 1888-89. br.
Tome 5. — 5e année 1889-90, d°.

5187. — REVUE des provinces de l'Ouest. — Histoire, littérature, sciences et arts. — Nantes, *And Guéraud et Cie, 1853-58; iu-4°, 6 vol. rel.*

5188. — D° du Finistère, par la Société Brestoise d'études diverses, sous la direction de M. Allanic. — Brest, *Come aîné et Bonetheau, 1837-38, in-8°, 2 vol..* (Autre exemplaire.)

5189. — D° de l'Armorique religieuse, scientifique et littéraire. — Saint-Brieuc, *Prud'homme, 1842, in-8°.* Les deux premiers cahiers.

5190. — D° bretonne. — Brest, *bureau de la Revue, ou chez Ch. Le Blois, 1843 et suiv., in-8°. 8 vol. rel., comprenant :* de la 1re année de la publication incl. à la 5e incl. (de 1843 à 1847).

Les vol. 6e et 7e (4e année) sont doubles.

A partir de la 4e année (nouvelle série), cette publication prend le titre de Revue bretonne étrangère, et à partir du 1er octobre 1846 celui de Revue bretonne et maritime.

5191. — D° de Bretagne, de Vendée et d'Anjou, publiée par la société des bibliophiles bretons. — Paris, *O. de Gourguff;* Nantes, *Dominique Caillé, 1890*, in-8°. *34ᵉ année. Tome III.* (L'abonnement date du 1ᵉʳ janvier de cette année).

5192. — GUÊPE (La). — Ouvrage moral et littéraire, par M. Ed. Corbière. Brest, *P. Anner 1818-19, in-8° rel.* Tout ce qui a paru.

5193. — LYCÉE ARMORICAIN (Le). — Revue de l'Ouest. — Nantes, *Mellinet-Malassis, 1823-32, in-8°, 18 vol. rel., comprenant les 9 années de 1823 à 1831 incl.* Collection complète.

5194. — ANNALES BRETONNES, par M. Duchatellier. — Quimper, *E. Blot fils.*

HISTOIRE

SUPPLÉMENT

Contenant les Ouvrages omis ou reçus après l'impression du Catalogue.

I. — PROLÉGOMÈNES HISTORIQUES

2. — GÉOGRAPHIE

5195. — LACROIX (L'abbé NICOLLE DE). — Géographie moderne. — PARIS, *Libraires associés, 1800, in-8°, 2 vol.*

5196. — MENTELLE (EDME). — Cours complet de cosmographie, de géographie, de chronologie et d'histoire ancienne et moderne ; avec 166 tableaux et un atlas de 20 cartes enluminées, dressées d'après les derniers traités de paix. — PARIS, *Bernard, 1804, in-8°, 4 vol. rel.*

5197. — MALTE-BRUN. — Précis de la géographie universelle, ou description de toutes les parties du monde sur un plan nouveau ; avec cartes, tableaux analytiques, synoptiques et élémentaires et d'une table alphabétique des noms de lieux. — PARIS, *Buisson, 1810, in-8°, 6 vol.*

5198. — LE TELLIER (CH.-CONSTANT). — Nouvelle géographie élémentaire divisée par leçons. Contenant la nouvelle division de la France par départements et l'ancienne division par provinces, avec les changements faits en Europe, etc., etc. — PARIS, *Le Prieur, 1813, in-8° br.*

5199. — VILLIERS (Adre DE). — Le nouveau géographe manuel. — PARIS, *Roret, 1825, in-12 rel.*

5200. — MARGOTTI (L'abbé). — Rome et Londres. Traduit de l'italien par M. Maréchal. — Paris et Tournai, *Lethielleux et chez H. Casterman, 1859, in-8° rel.*

5201. — GÉOGRAPHIE de la France, suivant la division en 88 départements ; 3ᵉ édit. — Paris, *Devaux, an III, in-12, 2 vol. rel.*

5202. — MALO (Ch.). — Les capitales de l'Europe. Promenades pittoresques. Avec un étui en carton doré.

E. — Mélanges de géographie.

5203. — DU CAILLE (L. A.). — Etrennes géographiques. Année 1761. Royaume de France divisé par généralités', subdivisé par élections, diocèses, bailliages, etc. Gravé par Lattré. — Paris, *Ballard, s. d. in-32, rel. 1ᵉʳ f. d. s. tr.*

5204. — THIÉBAUT, citoyen de Nancy. — Annuaire de la République pour l'an IV.
Contenant la description géographique de chaque département, leurs productions, etc.

5205. — COMPTE RENDU des séances de la société de géographie et de la commission centrale. — Paris, *Société de géographie, 1883 et suiv., comprenant les années 1887, 1888, 1889 et 1890.*

F. — Atlas généraux et cartes particulières.

5206. — MARCEL (Gabriel). — Recueil de portulans. Reproduction héliographique, par J. Gaultier, éditeur-géographe. — Paris, *Gaultier, s. d., gᵈ in-f° br.*

3. — VOYAGES.

D. — Voyage autour du Monde.

5207. — CHARTON (Edouard). — Le tour du Monde. Collection complète de 1860 à 1888 inclus. (Les années 1873-74-88 sont doubles). La bibliothèque possédait déjà un autre exemplaire de cette collection. — Voir tome I, 196.

5208. — MEISSAS (G.). — Les grands voyageurs de notre siècle. Ouvrage contenant 207 dessins gravés sur bois, 43 portraits de voyageurs et 43 cartes itinéraires. — Paris, *Hachette et C*ᶦᵉ, *1889, g*ᵈ *in-4° rel.*

M. — Voyages en Europe.

b. — *Voyages en France.*

5209. — BOURDAS (Albert). — Panorama de la Rance. — Saint-Malo, *1881, in-8° br.* 17 p. p.

5210. — CONS (Henri) et MOY. — Le Nord pittoresque de la France. Illustrations d'Eug. Sadoux. — Paris, *H. Lacène et H. Oudin, 1888, g*ᵈ *in-8° br.*

h. — *Voyages en Danemarck, Suède, Norwège, Laponie, Russie, Crimée, etc.*

5211. — LABONNE (Dᵣ Henry). — L'Islande et l'archipel des Fœrœr. 57 gravures et 2 cartes. — Paris, *Hachette et C*ᶦᵉ, *1888, in-8° br.*

N. — Voyage en Asie.

a. — *Relations qui embrassent, dans un même itinéraire, différentes parties de l'Asie.*

5212. — BOULANGIER (Edgard). — Voyage à Merv. Les Russes dans l'Asie centrale et le chemin de fer transcaspien. 84 gravures et 14 cartes. — Paris, *Hachette et C*ᶦᵉ, *1888, in-12 br.*

5213. — RACONIS (J. Balarin de). — Les voyages de Ludovico d Varttema, ou le Viateur en la plus grande partie d'Orient. Trad. de l'italien par J. B. de R.... Publié et annoté par M. Ch. Schefer. — Paris, *Ern. Leroux, 1888, in-8° br.*

5214. — BONVALOT (Gabriel). — Du Caucase aux Indes, à travers le Pamir. Ouvrage orné de 250 dessins et croquis, par Albert Pépin, avec une carte itinéraire du voyage. — Paris, *Plon, 1889, g*ᵈ *in-4° br.*

i. — Voyages en Chine, Corée, Japon.

5215. — KEROULÉE (Georges de). — Un voyage à Pé-Kin. — Paris, *Brunet, 1861, in-8° br.*

O. — Voyages en Afrique

c. — Régions de l'Atlas, contenant les côtes de Barbarie, Tunis, Alger, etc.

5216. — LENZ (Oskar). — Tımbouctou. Voyage au Maroc, au Sahara et au Soudan. Traduit de l'allemand par Pierre Lehautcourt, et contenant 27 gravures et une carte. — Paris, *Hachette et Cie, 1886, in-8° br.,* 2 vol.

P. — Voyages dans les deux Amériques.

P**. — Amérique méridionale.

h. — Patagonie, îles Malouines, détroit de Magellan et pôle Sud.

5217. — MISSION SCIENTIFIQUE du cap Horn, 1882-83. — Paris, *Gauthier Villars et fils, 1889 in-4°, 6 vol. br.*

Q. — Voyages dans les mers du Sud, comprenant la Polynésie australe, etc.

5218. — COTTEAU (Edmond). — En Océanie. Voyage autour du Monde en 365 jours. 1884-1885. 48 gravures et 4 cartes. — Paris, *Hachette et C^io, 1888, p^t in-8° br.*

III. — HISTOIRE DES RELIGIONS ET DES SUPERSTITIONS.

1. — HISTOIRE GÉNÉRALE DES RELIGIONS.

B. — Histoire générale et particulière des hérésies, etc.

5219. — VILLIERS (Charles). — Essai sur l'esprit et l'influence de la Réformation de Luther, 3e édition. — Paris, *Didot jeune, 1808, in-8° rel.*

2. — HISTOIRE DES RELIGIONS PAYENNES, ETC.

B. — Dictionnaires, traités généraux et spéciaux
sur la mythologie du Paganisme, etc.

5220. — TRESSAN (l'abbé DE). — La mythologie comparée avec l'histoire, etc., etc. — PARIS, *Dufour ;* AMSTERDAM, *même maison, an XII (1804), in-8°.*

IV. — HISTOIRE ANCIENNE.

6. — HISTOIRE GÉNÉRALE ET PARTICULIÈRE DE LA GRÈCE.

A. — Auteurs anciens.

5221. — QUINTE-CURCE. — Histoire d'Alexandre-le-Grand. Traduit par M. Bauzée. — LYON, *Busand, 1810, in-12, 2 tomes rel. en 1 vol.*

7. — HISTOIRE GÉNÉRALE ET PARTICULIÈRE DU PEUPLE ROMAIN
ET DE SES EMPEREURS.

B. — Auteurs modernes.

5222. — SIBERT (GAUTIER DE). — Vie des empereurs Tite, Antonin et Marc-Aurèle. — PARIS, *Musier, 1769, in-8° rel.*

V. — HISTOIRE MODERNE.

GÉNÉRALITÉS.

C. — Histoire générale de l'Europe depuis la fin du 15e siècle
jusqu'à nos jours.

5223. — MUNTZ (EUG.). — Histoire de l'art pendant la Renaissance. Italie. LES PRIMITIFS, ouvrage contenant 514 illlustrations insérées dans

le texte; 4 planches en chromo-typographie et 8 en phototypie poly-
chrôme, une carte en couleur et 21 planches en noir, en bistre et en bleu,
tirées à part. — Paris, *Hachette et C*[ie], *1889, g*[d] *in-4° br.*

---

1. — HISTOIRE DE FRANCE.

A. — Géographie ancienne et moderne. Topographie. Statistique.

5224. — ANNUAIRE statistique de la ville de Paris, 7° année, 1887. —
Paris, *G. Masson, 1889, g*[d] *in-8° br.*

5225. — DELAVAUD (Ch.). — La population de la France. Conférence
faite en séance publique de la Société de géographie de Rochefort, le
20 juillet 1883 (Extrait des bulletins de la Société de géographie de
Rochefort), année 1883-84. — Rochefort, *Thèse, s. d., in-8° br., 18 p. p.*

G. — Collection de dissertations etc. Recueil de diplômes et chartes.

5226. — BERNARD (A.) et BRUEL (A.). — Documents inédits sur
l'histoire de France. Recueil des chartes de l'abbaye de Cluny. Tome IV,
1027-1090. — Paris, *imprimerie nationale, 1888, in-4° cart.*

K. — Histoire particulière de France sous chaque race.

c. — *Première branche des Valois (1328-1498).*

5227. — LUCE (Siméon). — Jeanne d'Arc à Domrémy. Recherches critiques sur les origines de la mission de la Pucelle, 2° édition. — Paris,
Hachette et Cie, *1887, p*[t] *in-8° br.*

5228. — D°. — Histoire de Bertrand du Guesclin et de son époque. La
jeunesse de Bertrand (1320-1364), 2° édit. — Paris, *Hachette et C*[ie],
1882, in-8° br.

5229. — DILLAYE (Frédéric). — Les héritiers de Jeanne d'Arc, Scènes
de la vie au 15° siècle (1431-1450). 21 compositions de A. Sandoz. —
Paris, *Ch. Delagrave, 1888, in-8° br.*

e. — *Branche des Bourbons : Henri IV (1589-1610).*

5230. — PRAULT (L. Laurent). — L'Esprit d'Henri IV, ou anecdotes les
plus intéressantes, traits sublimes, réparties ingénieuses et quelques
lettres de ce prince. — Paris, *Prault, 1775, in-12 rel.*

f. — *Louis XIII (1610-1643).*

5231. — LEVASSOR (Michel). — Histoire du règne de Louis XIII, roi de France et de Navarre, contenant les choses les plus remarquables arrivées en France et en Europe durant la minorité de ce prince. — Amsterdam, *J. Chatelain, 1750, pt in-8°, 18 vol. rel.*

5232. — PORTRAIT (Le véritable) des cardinaux Richelieu et Mazarin, pour servir de supplément aux Mémoires contre les observations sur le refus que fait le Châtelet de recevoir la Chambre royale. — *S. l., 1754, pt in-8° rel.*

g. — *Louis XIV (1643-1715).*

5233. — CHÉRUEL (A.). — Documents inédits sur l'histoire de France ..

h. — *Louis XV et Louis XVI (1715-1789).*

5234. — VALOIS (Comtesse de). — Mémoires justificatifs écrits par elle-même. — London, *1789, in-12 br.*

5235. — DROZ (Joseph). — Histoire du règne de Louis XVI, pendant les années où l'on pouvait prévenir ou diriger la Révolution française. — Paris, *J. Renouard, 1842, in-8°, 3 vol. br.*

5236. — CORRESPONDANCE secrète du comte de Mercy-Argenteau avec l'empereur Joseph II et le prince de Kaunitz, publiée par M. le chevalier Alfred d'Arneth, directeur, etc., et M. Jules Flammermont, professeur à la Faculté des lettres de Lille. — Paris, *imprimerie nationale, 1889, in-4° cart.*

i. — *Révolution de 1789 jusqu'au Consulat, an VIII (1799).*

5237. — PÉTITION A L'ASSEMBLÉE NATIONALE, par Montaigne, Charron, Montesquieu et Voltaire, suivie d'une consultation en Pologne et en Suisse. — Paris, *Desenne, 1791, in-f° rel.*, avec :

1° Sylla, tragédie, par Jouy. — Paris, *Ponthieu, 1824, 6e édit.*

2° Discours sur cette question :

« Combien il importe, pour le bonheur et la prospérité des nations, de faire concourir la morale avec les lois », par L. V. Révelière. — Paris, *Migneret, 1806.*

3° Lettre de Fouché au duc de Wellington, avec des observations par M. de Villeneuve ;

4° De la République en France (5 lettres) ;

5° Religion saint-simonnienne. Lettre à M. le Président de la Chambre des députés. 1ᵉʳ octobre 1830.

6° Procès de la relation historique des obsèques de M. Manuel. — Paris, *Sautelet, 1827, etc.*, etc.

Carton n° 6.

Les pièces contenues dans les trois liasses suivantes ont été indiquées dans le 1ᵉʳ volume, mais le détail en avait été omis.

Liasse n° 3.

DOCUMENTS SUR L'ANNÉE 1790.

1. Déclaration de Droits, extraite du cahier du Tiers-Etat du baillage de Nemours. Partie seconde, chapitre premier. — Paris, *imprimerie de Baudouin, imprimeur de l'Assemblée nationale.*

2. Massacre occasionné au Mans, par le retour des députés. Prise du duc de Brissac, gouverneur de Paris. Mort du maréchal de Mailly. Extrait de ce qui s'est passé dans la province du Maine. Du Mans, le 26 juillet 1789. — Paris, *chez Volland.*

3. Lettre du Roi à l'Assemblée nationale. Versailles, le 18 septembre 1789. — Paris, *imprimerie royale;* Rennes, *veuve de Françiois Vatard et Bruté de Remur, 1789.*

4. Réflexions sur la motion de M. Thouret, formée en l'Assemblée nationale, dans la séance du 23 octobre 1789, concernant les propriétés de la Couronne et de tous les corps et établissements de mainmorte. M DCC LXXXIX.

5. Vie de Louis-Philippe-Joseph d'Orléans. Traduit de l'anglais par M. R. D. W. (M. Regnault de Warin), 1789.

6. De la sanction royale, par M. le chevalier de Pange. — Paris, *chez Barrois l'aîné,* M DCC LXXXIX.

Liasse n° 4.

DOCUMENTS SUR LES ANNÉES 1790 ET 1791.

1. Lettre à un député sur les apanages. Nouvelle édition, par M. Guichard, alors avocat général du Conseil de l'apanage de Monsieur (aujourd'hui avocat aux conseils du Roi). 1790.

2. Avis aux citoyens françois sur le choix des officiers municipaux, des membres des assemblées de districts et de départements, par l'auteur de l'Adresse au peuple breton. — Brest, *R. Malassis, 1790.*

3. Réflexions sur le Mémoire présenté à l'Assemblée nationale par le sieur Naudier, pour la fabrication d'un nouveau billon. — PARIS, *imprimerie de Monsieur, 1790.*

4. Discours prononcé par le Roi à l'Assemblée nationale, le 4 février 1790. — BREST, *R. Malassis, 1790.*

5. — Lettres patentes du Roi sur décrets de l'Assemblée nationale, des 25 janvier, 16 et 26 février 1790, qui ordonnent la division de la France en 83 départemènts. Données à Paris, le 4 mars 1790. Registrées en la Cour supérieure provisoire de Bretagne, le 26 mars 1790. — RENNES, *chez la veuve de François Vatar et Bruté de Remur, 1790.*

6. Oraison funèbre de nos frères morts à Nancy, prononcée dans l'église de Toussaints, le 8 novembre 1790, par Barthélemy-Luc Champion, prêtre, gardien de l'hôpital Saint-Méen, de Rennes, précédée du procès-verval du service solennel que la garde nationale de Rennes a fait célébrer le lundi 8 novembre 1790, dans l'église paroissiale de Toussaints, pour M. Desilles et nos autres frères d'armes morts à Nancy pour le maintien de la Constitution. — RENNES, *chez R. Vatar fils,* M DCC XC.

7. Collection de diverses pièces dont l'impression a été ordonnée, à la demande des citoyens de la ville de Saint-Pierre. Novembre et décembre 1790.

8. Table générale et par ordre de matières des décrets de l'Assemblée nationale, depuis la septième partie jusqu'à la quatorzième inclusivement, avec la date de la sanction et de l'acceptation. Seconde partie, troisième partie.

9. Etat actuel de l'administration économique de la marine, par M. de Molimont, contrôleur de la marine, au département de Brest. — BREST et PARIS, *chez Baudouin, imprimeur de l'Assemblée nationale, 1790.*

10. Les évêques constitutionnels vengés du crime d'intrusion, ou les deux grandes questions approfondies ; suivies de quelques courtes observations sur la lettre de M. Dillon à M. l'évêque de la Côte-d'Or, par L. H. D***, vicaire de la cathédrale de Dijon. — Sur l'imprimé, à DIJON, à SAINT-MALO, *L. H. Hovius,* M DCC XCI.

11. Observations sur deux brefs du Pape, en date du 10 mars et du 13 avril 1791, par M. Camus, ancien homme de loi, membre de l'Assemblée nationale. — RENNES, *R. Vatar,* M DCC XCI.

12. Rapport sur la nécessité de supprimer les dispenses de mariage ; de supprimer ou de modifier les obstacles qui le retardent ou l'annulent ; enfin d'établir une forme purement civile pour constater l'état des personnes, par M. Lanjuinais. Juillet 1791. — PARIS, *imprimerie nationale, 1791.* Réimprimé en M DCCC XV.

DOCUMENTS SUR LA RÉVOLUTION, 1792, 1793, 1694.

1. Annales patriotiques et littéraires de la France, et affaires politiques de l'Europe. Journal libre, par une société d'écrivains patriotes, dirigé par M. Mercier et par M. Carra, un des auteurs. N° ccxxx du vendredi 17 août 1792, l'an 4 de la liberté. Assemblée nationale (suite de la séance permanente des 15 et 16 août. — Paris, le 16 août. Extrait d'une lettre de Lille, du 13 août. 3e année.

2. Supplément au n° ccxc du même journal. Colloque de P. Manuel et de Louis XVI, sur l'évasion du ci-devant prince de Poix. A l'auteur du Patriote français. Lettre du camp près Verdun. Lettre de Jersey, du 2 octobre 1792. Sur les commissaires du Conseil exécutif envoyés dans les Deux-Sèvres et la Vendée, 3e année.

3. Adresse du Conseil général de la commune de Nancy à l'Assemblée nationale, du 23 août 1792, l'an 4e de la Liberté, imprimée par ordre de l'Assemblée nationale. Pétition n° 101. — De l'imprimerie nationale.

4. Hôpitaux remplacés par des Sociétés civiques qui assureraient aux artisans, dans le cas de maladies ou d'afflictions humaines, tous les secours physiques et moraux, et par des maisons d'industrie qui procureraient gratuitement aux enfants des citoyens peu fortunés une éducation morale et civique, et des métiers utiles à eux-mêmes et à l'Etat, Par J. Marsillac, médecin des hôpitaux. — Paris, de l'imprimerie de la Loterie nationale, m dcc xcii.

5. Lettre du Comité intermédiaire de l'assemblée coloniale de la Martinique, à MM. les armateurs et négociants des ports de France. A la Martinique, le 19 septembre 1792. 3 autres pièces.

6. Adresse de la Société des amis de la liberté et de l'égalité, séante à Chambéry, à la Convention nationale de la République française, le 12 octobre 1792, l'an 1er de la République, imprimée par ordre, envoyée au 83 départements, insertion au procès-verbal, traduction en allemand et en espagnol. — De l'imprimerie nationale.

7. Société des amis de la liberté et de l'égalité séante aux ci-devant Jacobins Saint-Honoré, à Paris. Adresse lue à la Convention nationale, séance du 31 octobre, l'an 1er de la République. — Paris, L. Potier de Lille.

8. Proclamation. Jean-Pierre-Antoine de Béhague, lieutenant général des armées du roi, gouverneur général des îles du Vent, commandant en

chef les forces de terre et de mer. Fort-Royal-Martinique, 15 décembre 1792. — FORT-ROYAL-MARTINIQUE, *imprimerie P. Richard et L. Cadre.*

9. Affaires de Saint-Domingue, 1793.

10. Texte et nouvelle traduction des lettres et notes anglaises trouvées dans un portefeuille anglais. Imprimées par ordre de la Convention nationale. — PARIS, *imprimerie nationale, 1793.*

11. Aux habitants des campagnes, par la ci-devant comtesse de ***.

12. Les Parisiens à leurs frères des autres départements. — PARIS, *C. F. Patris.*

13. Discours prononcé par l'agent national près le district de Port-Malo, à l'occasion de l'inauguration des bustes de Pelletier de Saint-Fargeau et de Marat, le jour de la fête de la Raison, célébrée à Port-Malo le 20 pluviôse. — PORT-MALO, *L. H. Hovius.*

14. Du fédéralisme en France, par J. A. Dulaure, député à la Convention nationale, par le département du Puy-de-Dôme. — PARIS, *Fr. Dufort.*

15. Le ministre de la marine aux sociétés républicaines, sur la culture des chanvres. Paris, le 23 février 1793, an 2ᵉ de la République française.

16. Adresse de la Société des amis de la liberté et de l'égalité, séante aux Jacobins, à Paris, aux citoyens de tous les départements Paris, le 12 mars 1793, l'an 2ᵉ de la République française. — PARIS, *imprimerie patriotique et républicaine.*

17. Donnez-nous du pain, ou égorgez-nous. — PARIS, *imprimerie de la liberté et de la sévérité.*

18. Journal populaire, ou le Peuple et ses amis, ouvrage sur l'éducation et l'instruction, par des Jacobins, dédié à la Société des amis de la liberté et de l'égalité. Nᵒ 2. — PARIS, *chez les marchands de nouveautés, et cour des Jacobins.*

19. — La Réduction de Lyon, ode. — COUTANCE, *J. N. Agnes, 1793.*

20. Chant républicain sur la bataille de Fleurus, par le citoyen Lebrun. — *Imprimerie de la Commission de l'instruction publique.*

21. Supplément au nᵒ ix. Liste générale et très exacte des noms, âges, qualités et demeures de tous les conspirateurs qui ont été condamnés à mort par le tribunal révolutionnaire. — PARIS, *Passier,* l'an 2ᵉ de la République française, une et indivisible et impérissable.

5238.   **Carton n° 7.**

DOCUMENTS HISTORIQUES SUR LE CONSULAT
ET SUR LE PREMIER EMPIRE

An VIII — 1813.

1. Proclamation du 7 nivôse, an VIII de la République française, une et indivisible. Les consuls de la République aux habitants des départements de l'Ouest. — PORT-BRIEUC, *Gabriel Bourel.*

2. — Buonaparte dévoilé aux yeux de la France et de l'Europe entière, par J. T. Bigrat. — PARIS, *imprimerie des nouveautés.*

3. Arrêté du gouvernement. Paris, le 2 ventôse, l'an XI de la République. Exposé de la situation de la République. Signé : le 1er Consul, Buonaparte. — PARIS, *imprimerie de la République, ventôse, an XI.*

4. La vérité rendue sensible à la nation française sur les causes et les effets de la Révolution et sur l'administration du premier consul Bonaparte. — PARIS, *chez l'auteur, chez Morisset et Richard, chez Arthus Bertrant. An XI, 1803.*

5. Recueil des bulletins officiels de la Grande armée, adressés par un courrier extraordinaire à M. Jérôme Bonaparte. 22e bulletin, à Saint-Polten, le 22 brumaire an 14. 23e bulletin, du château de Schœnbrünn, le 23 brumaire an 14. Etat-major général. Au quartier général impérial à Vienne, le 23 brumaire an 14. Ordre du jour du major-général, maréchal Berthier. Décret impérial du 24 brumaire an 14, du palais de Schœnbrünn, organisant le gouvernement et l'administration de l'Autriche. 24e bulletin. Schœnbrünn, 24 brumaire an 14. 25e bulletin, Schœnbrünn, 23 brumaire an 14. Capitulation propopsée par l'armée russe. Lettre du général comte de Palffy, et réponse du maréchal Davoust. — BREST, *Egasse frères.*

6. — Supplément au n° 863 (2 novembre). Bulletins de la Grande armée insérés dans le Moniteur des 26 et 27 octobre. 5e bulletin, Iéna, 15 octobre 1806. 6e bulletin, Weimar, le 15 octobre au soir. 7e bulletin, Weimar, 16 octobre 1806. Capitulation de la ville et citadelle d'Erfurth. 8e bulletin, Weimar, 16 octobre 1806 au soir. 9e bulletin, Weimar, 17 octobre 1806. 10e bulletin, Naumbourg, 18 octobre 1806. 11e bulletin, Musebourg, 19 octobre 1806. 12e bulletin, Halle, 19 octobre 1806. Lettre d'un offficier prussien à sa femme. 13e bulletin, Halle, 20 octobre 1806. Notification du général Macon aux banquiers, négociants et marchands de Leipzick. — BREST, *imprimerie Michel.*

7. Panorama impérial. Vue de la ville, du port et des chantiers d'Anvers.

8. Oratio habita Parisiis, in Lycœo imperiali, septimo die junii, anno 1810, in auspicatissimas Napoleonis et Mariæ nuptias, a J.-C.-J. Luce de Lancival, eloquentiæ, in eodem Lycœo necnon poeseos latinæ, in liberalissimâ artium facultate professore. — *Typis Fain, universitatis imperialis typographi.*

9. Considérations sur la franchise des ports, et en particulier de celui de Dunkerque, par M. Francoville, député des baillages de Calais et Ardres à l'Assemblée nationale, imprimées en 1810. — PARIS, *Hacquart.*

10. Description de la colonne de la Grande armée, élevée à la gloire des armées françaises, l'an 1810, par les ordres de Sa Majesté Impériale et Royale Napoléon-le-Grand. Terminée par la description de la statue pédestre du général Desaix, élevée sur la place des Victoires. — PARIS, *Aubry.*

11. Sur le 9 juin 1811. Baptême et fêtes natales de S. M. le Roi de Rome. — PARIS, *Le Normand, 1811.*

12. Discours prononcé par M. l'archevêque de Malines, dans l'église métropolitaine de Paris, le 1er décembre, pour l'anniversaire du couronnement de S. M. I. et R. — *Imprimerie impériale. Décembre 1811.*

13. Journal de l'Empire. Vendredi 20 septembre 1811.

14. Journal de l'Empire. Jeudi 3 octobre 1811.

15. Journal de l'Empire. Mercredi 30 décembre 1812.

16. Liste des membres du Corps législatif. Section de 1813. Premier supplément.

1813. — 1815.

17. Description routière et géographique de l'Empire français, par R. V***, inspecteur des Postes-Relais, associé correspondant des académies de Dijon et de Turin, membre de celle des arcades de Rome. Préface. — PARIS, *Pothey, 1813.*

18. Proclamation de feu le général Moreau. — BREST, *Michel. N° 2.*

19. Dernier refuge contre la *Gazette de France*, et dernier mot à M. le comte Dubois, ci-devant Préfet de police. Réponse à la lettre de M. Dubois, insérée dans la *Gazette de France*, 22 août 1814. — PARIS, *Charles.*

20. Évangile selon Saint-Napoléon. 1815. — PARIS, *Brasseur aîné.*

21. Liste de MM. les députés au Corps législatif, par ordre alphabétique des noms.

22. — Brest, le 15 avril 1815 (n° 22). Nouvelles d'aujourd'hui. Décrets impériaux sur l'organisation militaire du 10 avril 1815. — BREST, *Michel.*

23. Acte additionnel aux Constitutions de l'Empire, suivi des décrets et tableaux qui en forment le complément. — BREST, *Lefournier et Deperier, an 1815.*

24. Motif du vote négatif de Louis Florian Paul de Kergorlay, sur l'acte intitulé : Acte additionnel aux Constitutions de l'Empire, en date du 22 avril 1815. — PARIS, *28 avril 1815.*

25. Vote d'un Dauphinois sur l'acte additionnel aux Constitutions de l'Empire, du 22 avril 1815, par M. Duchesne, de Grenoble, avocat. — GRENOBLE, *C. P. Baratier.*

26. Observations sur l'acte additionnel aux Constitutions de l'Empire, du 22 avril 1815, par MM. Mias M. d'Alembert, ancien élève de l'Ecole polytechnique, et Mie Le Giraudeau, ex-chef de diverses administrations. — PARIS, *J.-G. Dentu, avril 1815.*

27. Observations critiques sur le Champ-de-Mai, par Narcisse-Achille de Salvandy, ci-devant officier de l'armée et mousquetaire noir, étudiant en droit, — PARIS, *Delaunay, 16 juin 1815.*

28. Journal général de France, n° 236. Lundi 24 avril 1815.

29. Journal général de France, n° 241. Samedi 29 avril 1815.

30. Réfutation du Mémoire justificatif du duc de Raguse. — PARIS *chez les marchands de nouveantés, 29 avril 1815.*

31. A Sa Majesté l'Empereur Napoléon. — PARIS, *Chaumerot, imp. d'Ant. Beraud, 1815.*

32. Adresse à Sa Majesté l'Empereur Napoléon, par M. Jh Rey, de Grenoble, président du tribunal civil de Rumilly. — PARIS, *chez les marchands de nouveautés.* GRENOBLE, *mars 1815.*

33. Appel aux promesses de l'Empereur, par le chevalier Hi de Lacoste, ex-député du Gard au Corps législatif, membre de la Légion d'honneur et de l'ordre impérial de la Réunion. — PARIS, *Chaumerot jeune, mai 1815.*

34. Les Epoques de la Nation française et les quatre dynasties, par Bertrand Barère. — PARIS, *L. Colas, Delaunay, 23 mai 1815.*

35. Nuits de l'abdication de l'Empereur Napoléon. — PARIS, *Plancher-Delaunay, septembre 1815.* Par J. J. Regnault de Warin.

36. Campagne de Napoléon en Belgique. — PARIS, *chez les marchands de nouveautés, an 1815.*

37. Paris et environs de Paris (pour les opérations militaires de 1815, 3 juillet).

5239. Carton n° 8.

LIASSE N° 1.

DOCUMENTS SUR LA RESTAURATION.

1814.

1. Le *Moniteur* supprimé, ou le double *Moniteur* du 20 janvier 1814. — PARIS, *Le Normant*.

2. Tableau politique de l'Europe, depuis la bataille de Leipzick (18 octobre 1813), jusqu'au 31 mars 1814. Seconde édition. — LONDRES-PARIS, *Dondey-Dupré, et chez les libraires qui vendent les nouveautés. 1814.*

3. Le Président du Sénat à MM. les membres du Gouvernement provisoire. Déchéance de Napoléon. — PARIS, *2 avril 1814.*

4. Arrêté du Gouvernement provisoire invitant le Corps législatif à s'assembler pour prononcer la déchéance de Napoléon. — PARIS, *2 avril 1814.*

5. Réflexions d'un sujet de Louis XVIII, fonctionnaire public dans le département de l'Oise. — PARIS, *chez tous les marchands de nouveautés. avril 1814.*

6. Réflexions de M. Bergasse, ancien député à l'Assemblée constituante, sur l'acte constitutionnel du Sénat.

7. Appendice aux réflexions de M. Bergasse sur l'acte constitutionnel du Sénat, par La Ferté Sénectère, ancien colonel du régiment du Perche. PARIS, *Mame*.

8. Lettre à M. Bergasse, au sujet de ses réflexions sur l'acte constitutionnel. Paris, le 25 avril 1814. — PARIS, *Crapelet*. Signé : *Ct.*

9. Observations sur la délibération prise le 26 avril 1814 par le Conseil municipal de Paris, relativement à l'emprunt pour la cotisation de 5,000,000. Extrait du registre des procès-verbaux des séances du Conseil général du département de la Seine, faisant fonctions de Conseil municipal de la ville de Paris. Séance du mardi 12 juillet 1814. — PARIS, *Ballard.*

10. Déclaration de Saint-Ouen, du 2 mai 1814, et Charte de 1814, suivies de lois confirmant la Charte. — PARIS, *Baudouin frères.*

11. Lettre d'un habitant des Vosges sur MM. Buonaparte, de Châteaubriant, Grégoire, Barruel, etc., publiée par M. de Sénancourt, à Remiremont, 14 mai. — PARIS, *chez les marchands de nouveautés, 1814.*

12. Seconde et dernière lettre d'un habitant des Vosges, publiée par M. de Sénancourt, à Remiremont, le 30 mai. — PARIS, *Chanson, et chez les marchands de nouveautés, 1814.*

13. Simples observations soumises au Congrès, à Vienne, et au Gouvernement français, par un habitant des Vosges, publiées par M. de Sénancourt. Remiremont, ce 22 octobre 1814. — PARIS, *Delaunay, M. de Goulet-Blanchard, 1814.*

14. De la Constitution française de l'an 1814, par M. Grégoire, ancien évêque de Blois, sénateur, etc., etc. Seconde édition. Paris, 17 avril 1814. — PARIS, *A. Egron, Le Normant, Delaunay, 1814.*

15. Réplique pacifique aux trois avocats de M. le sénateur Grégoire. — PARIS, *chez les marchands de nouveautés, 1814.*

16. Réfutation de l'écrit de M. l'abbé Barruel, contre le sénateur Grégoire, et principalement de ses opinions sur la souveraineté des nations, le rétablissement de l'ancienne constitution. — PARIS, *chez les marchands de nouveautés. Mai 1814.*

17. Sur la représentation du Léman. — PARIS, *Hacquart.*

18. A Sa Majesté Louis XVIII, Roi de France et de Navarre, supplique adressée par J. J. de Cousso, adjudant-commandant réformé. Auch, le 8 juin 1814. — AUCH, *veuve de J. P. Duprat.*

19. Des saisies faites dans les maisons d'éducation, par ordre de l'Université née impériale. Mémoire adressé à la Chambre des députés, au nom de tous les instituteurs de la France, par J.-H. Valant. — PARIS, *1814.*

20. De l'impôt sur l'instruction publique. Mémoire adressé à la Chambre des députés, par J.-H. Valant. — PARIS, *1814.*

21. Liste des membres de la Chambre des députés des départements. Session 1814.

22. Observations supplémentaires des députés nés Français, adressées au Président de la Chambre des députés. Paris, le 30 juin 1814. — PARIS, *Didot jeune.*

23. Tableaux annexés à l'exposé de la situation du royaume. — PARIS, *Hacquart.*

24. Le *Censeur*, ou examen des actes et des ouvrages qui tendent à détruire ou à consolider la Constitution de l'Etat, par MM. Comte et Dunoyer, avocats. N° 2, juillet. — PARIS, *Charles.*

25. Le *Censeur*, août 6e livraison.

26. Réclamation présentée à Sa Majesté Louis-le-Désiré, Roi de France et de Navarre, au palais des Tuileries, le 9 juillet 1814, par Sacombe, médecin-accoucheur.

26 A. Première et dernière réponse aux libellistes. — PARIS, Adrien Epron.

27. Lettre d'un Français aux députés des départements sur le budget. — PARIS, Dehansy.

28. Lettre sur le budget à M***, membre de la Chambre des députés. Paris, le 1er août 1814, par Delangre, propriétaire. — PARIS, J. Smith.

29. Lettre d'un Bas-Breton à son ami en province. — PARIS, le 14 août 1814.

30. Lettre de M. A... à un de ses compatriotes, membre de la Chambre des députés des départements, sur le budget. — PARIS, ce 10 août 1814.

31. Observations en faveur des acquéreurs des biens d'émigrés et en faveur des émigrés eux-mêmes, ci-devant propriétaires de ces biens, par M. Baroud, ancien avocat au parlement et aux cours de Laon. — PARIS, L. G. Michaud, M DCCC XIV (1814), 20 août.

32. Journal des Débats, politique et littéraire, du jeudi 1er septembre 1814.

33. Notice sur Mme Mathœa, et sa rencontre avec M. Mathœus (Extrait du journal royal du 20 octobre 1814), — PARIS, P. Gueffier.

34. Journal de Paris, politique, commercial et littéraire, mercredi 9 novembre 1814, no 313.

35. Pétition à la Chambre des députés, sur une double atteinte portée à la propriété individuelle. — PARIS, le 22 décembre 1814.

36. Observations sur les actes du Sénat conservateur, 1814.

37. Plan du gouvernement et d'institutions sociales pour la France, par Ribéreau. — PARIS, Charles, 1814.

38. Le Cri de la Sagesse, ou défense de la nouvelle Constitution. — PARIS, Mame frères.

39. Observations d'un ancien député au Corps législatif, sur la nécessité d'une Charte constitutionnelle librement discutée et acceptée par les représentants de la Nation. — PARIS, 1814.

40. — Lettre à Sa Majesté l'Empereur de Russie sur le projet d'une nouvelle constitution, par Marignié. — PARIS, le 5 avril 1814.

41. Nécessité d'une Constitution ou pacte social, par M. Durbach, membre du Corps législatif. — PARIS, 1814.

42. De la Constitution qui convient au Peuple français, par M. G. Desprades. — PARIS, *Michaud frères*, M DCCC XIV (1814).

43. Encore un mot sur la Constitution, par un membre du Corps législatif. Paris, 18 mai 1814, signé : Durbach. — PARIS, 1814.

44. Aux membres du corps législatif, par Durbach, député de la Moselle. — PARIS, 2 juin 1814.

45. Du mode de présentation de la Constitution au Corps législatif et à la Nation.

46. Recueil des pièces officielles qui ont servi d'introduction et qui doivent servir de base à la nouvelle Charte constitutionnelle. — PARIS, *Porthmann*, *1814*.

47. Réflexions sur la nature et la limite des pouvoirs politiques en France, par M. L. de L. — PARIS, *Laurent, 1814*.

48. De la forme constitutive des lois, par J.-B.-C. Marchand. — PARIS, juillet 1814.

49. De la Charte constitutionnelle, par une Française (Mlle Raoul). — PARIS, *chez les marchands de nouveautés*.

50. Idées d'une Française sur la Constitution faite ou à faire, par l'auteur des Réflexions sur les brochures de MM. Bergasse et Grégoire (Mlle Raoul). — PARIS, *chez les libraires du Palais-Royal, 1814*.

51. La Régence à Blois, ou les derniers moments du gouvernement impérial. 5e édition, revue, corrigée et augmentée. — PARIS, *Le Normant, Fantin, 1814*.

52. Itinéraire de Buonaparte, pour servir de suite à la Régence à Blois. Seconde édition, revue, corrigée et augmentée. — PARIS, *Le Normant, Delaunay, Fantin, 1815*.

53. Conduite et réclamation de la Garde par Paul, soldat de l'ex-garde impériale. — PARIS, 1814.

54. Lettre à M. le comte Lanjuinais, membre du Sénat, de l'Institut, commandant de la Légion d'honneur. — PARIS, *L.-P. Sétier fils, Blanchard, et chez les marchands de nouveautés. 1814*.

55. Le grand-maître Fontanes et son Université. — PARIS, *chez les marchands de nouveautés*.

56. Un mot sur la liquidation de l'arriéré. Vœux d'un Français pour parvenir à payer la dette arriérée de l'Etat, sans augmentation d'impôts. — PARIS, M DCCC XIV.

57. Ça ne va pas, ça n'ira pas : non, c'est le chat, par l'auteur de la Lanterne magique de la rue Impériale, etc. — PARIS, *Cellot*.

58. Des véritables intérêts de la Maison de Bourbon. — Paris, *J. G. Dentu, 1814.* Par Durbach, membre du Corps législatif, condamné à mort pour avoir défendu Louis XVI.

59. Lettre d'un Belge à Sa Majesté Louis XVIII, Roi de France, par J.-V. Melle, 1814.

60. — Robespierre aux frères et amis, et Camille Jordan aux fils légitimes de la Monarchie et de l'Eglise, par Pérac (p. 17) et Pasteur (p. 27). — Paris, *J. Gratiot et C*ᶦᵉ.

61. Robespierre et Buonaparte, ou les deux tyrannies. — Paris, *chez tous les marchands de nouveautés, 1814* ; Brest, *chez Egasse.*

62. Au Roi. Requête de Bertrand Chailla, sur l'institution de Sainte-Perrine, de Chaillot. — Paris, *Nicolas Vaucluse.*

63. Le Tyran, les Alliés et le Roi, par M. le Mᶦˢ de Coriolis d'Espinouse. — Paris, *Le Normant, 1814.*

64. — Extrait du journal *l'Indépendant,* arrivé par le courrier de Nantes. — Brest, *P. Anner.*

65. La bonne cause et le bon parti, par un habitant de Brest. — Brest, *Michel* ; Paris, *chez les marchands de nouveautés.*

66. L'esprit et le vœu des Français en l'an 7 (1799). — Paris, *Hocquet, 1814.*

67. Au Roi. Mémoire en faveur des négocians, commerçans, banquiers, fournisseurs, etc., qui ont fait faillite par suite de la politique et des décrets arbitraires de Napoléon Buonaparte, etc., par L.-E. Delamarre, avocat à la cour royale de Paris. — Paris, *Le Normant, 1814.*

68. Opinion sur le budget qui a été présenté par Son Exc. le Ministre des finances, à la Chambre des députés des départements, par F.-B. Boyer-Fonfrède. — Paris, *chez les marchands de nouveautés, 1814.*

69. Réflexions sur le projet de loi relatif aux Finances, par M. D. B***. — Paris, *chez les marchands de nouveautés,* m dccc xiv (1814).

70. Napoléon, Louis XVIII et Bonaparte. — Paris, *Le Normant.*

71. Présentation à Sa Majesté Royale Louis XVIII, Roi de France et de Navarre, etc., des manuscrits originaux de trois Chartes fondamentales et constitutionnelles, par M. J. P. Goupy de Morville, ancien gendarme du Roi, capitaine de cavalerie, etc.

72. Appel à la Chambre des Pairs. Encore une vérité ; il reste quelques jours pour la dire, par M. B. Boyer-Fonfrède, auteur des Avantages d'une Constitution libérale et d'une Opinion sur le budget. — Paris, *chez les marchands de nouveautés, 1814.*

73. Appel à la Raison et à la Vérité, dédié au Roi, aux Pairs de France et aux députés des départements, par C. M. R***, ancien jurisconsulte.

74. Protestation du Parlement de Paris, contre sa suppression, par M. R***. — PARIS, *Delaunay, 1814.*

75. Lettre à un député, sur les apanages. Nouvelle édition, rédigée et publiée en 1790, par M. G..., alors avocat général du conseil de l'apanage de Monsieur, aujourd'hui avocat aux conseils du Roi.

76. Mémoire à consulter et consultation, pour J. C. H. Méhée, ancien chef de division aux ministères des relations extérieures et de la guerre. — PARIS, *L'Huillier, 1814.*

77. Dénonciation au Roi des actes et procédés par lesquels les ministres de Sa Majesté ont violé la Constitution, etc., par M. Méhée de la Touche. — PARIS, *Blanchard, Mongie jeune et Cérioux jeune, 1814.*

78. Réponse à l'écrit de M. Méhée de la Touche, ayant pour titre : Dénonciation au Roi, etc., par D. L. M.... — PARIS, *Le Normant et les marchands de nouveautés, au Palais-Royal, 1814.*

79. Le cri de l'indignation. Réponse à M. Méhée de la Touche, par le Ch^{er} de Barrey, mousquetaire noir. — PARIS, *C.-F. Patris, et au Palais-Royal, chez tous les marchands de nouveautés. 12 octobre 1814.*

80. Lettre au citoyen Méhée de la Touche. Liberté. Egalité — *Au Palais-Royal, chez tous les marchands de nouveautés, 1814.*

81. De l'assassinat de Mgr le duc d'Enghien et de la Justification de M. de Caulaincourt. 3e édition. — ORLÉANS, et à PARIS, *chez les marchands de nouveautés* ; BREST, *chez Egasse, 1814.*

82. La France en 1789 comparée à la France en 1814. — PARIS, *chez les marchands de nouveautés*, M DCCC XIV (1814). (Manuscrit.)

83. Hambourg avant Davoust, par M. Varnhagen d'Ense, capitaine au service de la Russie. — PARIS, *F. Schœl, 1814.*

84. Quelques mots sur une brochure intitulée : Hambourg et le M^{al} Davoust. — PARIS, *chez les marchands de nouveautés, 1814.*

85. Stein à Davoust, ou réplique au prince d'Eckmull, par une de ses victimes. — PARIS, *Dentu, et chez les marchands de nouveautés, 1814.*

86. Réponse à un écrit de M. d'Aubignoce, ex-directeur de la Haute-police générale à Hambourg, intitulé : Quelques mots sur la brochure Hambourg et le M^{al} Davoust, par Th. de Haupt, ancien officier anglais. — PARIS, *1814.*

87. Le Robespierre de Hambourg démasqué. Réponse à une brochure intitulée : Hambourg et le M^{al} Davoust, par un ancien fonctionnaire français. — PARIS, *Le Normant, 1814.*

88. Opinion d'un Français, dédié au Sénat et au Corps législatif, par M. T***. — Paris, *chez les marchands de nouveautés*, m dccc xiv (1814).

89. Au Roi, sur le serment à prêter par les maires et autres fonctionnaires publics, par le Cᵗᵉ Félix Lepelletier Saint-Fargeau. — Paris, *Laurent Beaupré, 1814.*

90. De la restitution des biens des émigrés, par H. Dard. — Paris, *Le Normant, 1814.*

91. Mémoire adressé aux deux Chambres, concernant les intérêts respectifs des émigrés et des acquéreurs des biens nationaux, par le Mⁱˢ de Mennorg Dactot. — Paris, *Porthmann.*

92. La campagne de Portugal, en 1810 et 1811, imprimé à Londres, défendu en France, sous peine de mort. Seconde édition. — Paris, A. *Eymery, Le Normant*, m dccc xiv (1814).

93. Oraison funèbre de Bonaparte. — Paris, *Delaunay*, *Dentu*, *Pélicier, Blanchard, 1814.*

PUBLICATIONS SUR LA LIBERTÉ DE LA PRESSE.

94. Manuscrits.

95. De la liberté de la presse, par J. B. A. S. — Paris, m dccc xiv (1814).

96. Quelques réflexions nouvelles sur la liberté de la presse, telle qu'elle est accordée par la Charte constitutionnelle, par Defranc, conseiller à la cour royale d'Aix. — Paris, *Poulet.*

97. Quelques considérations pratiques et de circonstance sur la Constitution et la liberté de la presse. — Paris, *Le Normant, 1814.*

98. De la liberté de la presse et des lois répressives. — Paris, *Le Normant, 1814.*

99. Observations sommaires sur le projet de loi qui vient d'être présenté à la Chambre des députés, au sujet de la liberté de la presse, par M. Duchesne, de Grenoble, avocat. — Paris, *Laurent Beaupré.*

100. De la pensée, ou réflexions sur la liberté de la presse, par M. Duronceray. — Paris, *Blanchard, Imbert.*

101. Sur le nouveau projet de loi relatif à la presse. — Paris, *Le Normant, 1814.*

102. Remedium in malo, ou moyen certain de trouver dans la liberté de la presse le remède à ses abus. — Paris, *Renaudière.*

103. De la liberté des brochures, des pamphlets et des journaux, considérée sous le rapport de l'intérêt du Gouvernement. — Paris, *H. Nicolle, 1814.* Par Benjamin de Constant.

104. Observations sur le discours prononcé par S. E. le Ministre de l'intérieur, en faveur du projet de loi sur la liberté de la presse, par M. Benjamin de Constant. — Paris, *H. Nicolle, 1814.*

105. Notes sur quelques articles de journaux, par M. Benjamin de Constant. — Paris, *Plancher, Delaunay*; Brest, *chez J.-D. Egasse, 1817.*

106. Des élections prochaines, par Benjamin de Constant. — Paris, *Plancher, Delaunay, Hubert, 1817 ;* Brest, *chez J.-D. Egasse.*

107. Liberté de la presse! — Paris, *Le Normant, Delaunay, Blanchard, Petit, Pélicier, Dentu, au Palais-Royal, 1814.* Par A. J. Q. Beuchot. — Mai 1814.

108. Réflexions sur la proposition faite à la Chambre des députés, dans sa séance du 27 juin, par M. Dumolard, député de l'Yonne, par G. V..., de Brest. Paris, 1814. — Paris, *Aubry.*

109. Réflexions sur la liberté de la presse, par F. J. Baudouin, député suppléant à l'Assemblée constituante, doyen des imprimeurs de Paris. — Paris, *Baudouin, imprimeur.* — Juillet 1814.

110. Observations sur la liberté de la presse et réfutation d'un écrit de M. Duchesne, de Grenoble (voir broch. 99), par L.-P. Sétier fils, imprimeur-libraire de Paris. — Paris, *imprimerie L.-P. Sétier fils.*

111. Réflexions sur les pasquinades débitées par un certain journal, intitulé *la Quotidienne,* contre la liberté de la presse, par L.-P. Sétier fils, imprimeur-libraire de Paris. — Paris, *imprimerie L.-P. Sétier fils.*

112. Un premier Mot. — Paris, *Le Normant.*

113. A MM. composant la Chambre des députés des départements, par Masquelez-Lefebvre et de la Motte. Paris, 3 août 1814. — Paris, *Le Normant.*

114. Quelques développements. — Paris, *Le Normant, 1814.*

115. Encore un mot sur la liberté de la presse, par M. de B***. — Paris, *à la Société typographique, 1814.*

116. Encore Deux Mots sur la liberté de la presse. — Paris, *Mame frères.*

117. Un Dernier Mot. — Paris, *Le Normant, 1814.*

118. Encore quelques lignes sur la liberté de la presse. (Extrait du *Journal des Débats,* du 10 août 1814). — Paris, *Le Normant.*

119. Lettre à M. l'abbé Montesquiou, ministre de l'intérieur. 2ᵉ édit. corrigée. Paris, le 12 août 1814, signé : Méhée.

120. Lettre à M. le chevalier Ragnouard, rapporteur de la commission centrale, sur le projet de loi relatif à la liberté de la presse, par M. le Cᵗᵉ de Montgaillard, royaliste constitutionnel selon la Charte. — PARIS, *Charles.* — 10 août 1814.

120 A. Seconde lettre du même au même. — PARIS, *Delaunay, Mongie jeune, Charles.* — 15 août 1814.

121. La calomnie politique et périodique, par M. le Cᵗᵉ Mᶜᵉ de Montgaillard. — PARIS, *Charles.* — Septembre 1814.

5240.   **Carton n° 13.**

LIASSE Nº 1

DOCUMENTS SUR LA RESTAURATION

1815

122. De la Rentrée de Buonaparte en France, et de sa sortie ou disparition, par le Rédacteur du petit ouvrage intitulé Dieu auteur des grands événements arrivés en France en 1814. — SAINT-BRIEUC, *Prud'homme,* 1815.

123. Dictionnaire des Immobiles, par un homme qui jusqu'à présent n'a rien juré et n'ose jurer de rien.— PARIS, *Delaunay, Pélicier, Eymery, Blanchard, Colas,* 1815.

124. De l'impossibilité d'établir une Monarchie constitutionnelle sous un chef militaire, et particulièrement sous Napoléon, 4ᵉ édition, par M. Comte. — PARIS, *rue Gîte-le-Cœur, n° 10,* 1815; BREST, *chez J. D. Egasse.*

125. Hors de la Charte, point de salut. — PARIS, *Alexis Eymery,* 1815.

126. Mémoire justificatif de M. le Maréchal Soult, duc de Dalmatie. — PARIS, *Chaumerot,* 1815.

127. Un mot sur la clémence du Roi. — PARIS, *Chauson-Delaunay, et les Marchands de nouveautés,* 1815.

128. Clémence et Justice. — PARIS, *chez les Marchands de nouveautés,* 1815.

129. Les Campagnes d'un avocat, ou Anecdotes pour servir à l'histoire de la Révolution. — Paris, *C. L. F. Panckoucke, Lenormand, Dentu, Petit, Delaunay, Pélissier, Pillet, Verdières, et tous les Marchands de nouveautés*, 1815.

130. Apologie de Louis xviii. — Paris, *l'auteur, rue Christine, n° 1, Poulet, Eymery, Mme veuve Buisson, Delaunay, Pélissier, et les Marchands de nouveautés*.

131. Le Neuf et le Vieux, ou le Prophète de malheur, 2e édit. — Paris, *Pillet*, 1815.

132. Extrait du Mémoire justificatif de M. le Cte de Blacas d'Aulps. — Paris, *Plancher*, 1815.

133. Quelques vues sur l'objet de la guerre et sur les moyens de terminer la Révolution, par M. de Montlosier. — Paris, *H. Nicolle, A. Egron-Delaunay*, m. dccc. xv, 1815.

134. La Force de l'opinion contre l'oppression. — Paris, *J. G. Dentu, et chez les Marchands de nouveautés*, 1815; Brest, *chez J. D. Egasse*.

135. Observation sur l'impôt du sel. — Paris, *Chaignieau aîné*.

136. Le Triomphe des royalistes et de la Cause sainte, ou la Chute du Tyran, par P. Cuisin (gravure). — Paris, *Plancher, Eymery, Delaunay*, 1815.

137. Peut-on être plus royaliste que le Roi? par M. Le Sage. — Paris, *L. G. Michaud*, m. dccc. xv, 1815.

138. Statistique de la législation constitutionnelle de France en 1788, ou Maximes fondamentales de la Société française, rédigées et mises en ordre par Bourbon-Leblanc. — Paris, *Delaunay, Pélicier, Dentu, Renaudière*, 1815.

139. Mémoire adressé au Roi, en juillet 1814, par M. Carnot; précédé de la Préface et suivi de son discours prononcé au Tribunal en séance extraordinaire, le 11 floréal an xii, sur la motion relative au Gouvernement héréditaire, avec les notes. — Paris, *chez les Marchands de nouveautés*, 1815 (incomplet).

140. Journal général de France, mercredi 4 janvier 1815, n° 126. — Paris, *Imp. Mame frères*.

141. Eloge funèbre de S. M. Louis XVI, Roi de France et de Navarre, prononcé le jour de l'anniversaire de sa mort, 21 janvier 1815, dans l'église paroissiale de Leudeville, diocèse de Versailles, par M. l'abbé Arnaud, chanoine et grand-vicaire de Rennes. — Paris, *J. J. Blaise*, 1815 (gravure).

142. Discours prononcé dans l'église paroissiale de Sainte-Elisabeth, pour très-haut, très-puissant, très-excellent Prince Louis XVI, Roi de France et de Navarre, et les autres membres de la famille royale, le 6 février 1815, par M. l'abbé de Quelen, vicaire-général de la grande aumônerie de France. — PARIS, *Le Normand*, 1815.

LIASSE N° 2

1815

143. Examen rapide du gouvernement des Bourbons en France, depuis le mois d'avril 1814 jusqu'au mois de mars 1815. — PARIS, *L. Colas, Delaunay*, 1815.

144. Adresse aux deux Chambres et à la nation française, touchant l'occupation du trône, ou le seul moyen de sauver la Patrie, par Gabriel Rey de Montaymont. — PARIS, *Planchet, P. Licier et chez l'auteur*, juin 1815.

145. Le règne de Louis XVIII, comparé à la Dictature de Napoléon, depuis le 20 mars 1815, jusqu'au 31 mai suivant, par M. E. de B***. — PARIS, *A. Opigez*, juin 1815.

146. Réflexions sur la Crise actuelle et sur les véritables intérêts de la France, dédiées à la Chambre des représentants, par M. Elysée Suleau. — PARIS, *C. F. Patris*, 18 juin 1815.

147. Des Intérêts de la France, aux représentants de la nation, Paris le 22 juin 1815. — PARIS, *chez tous les Marchands de nouveautés*.

148. Au gouvernement provisoire et aux deux Chambres, Paris le 27 juin 1815, signé : Maleville fils, député de la Dordogne à la Chambre des représentants. — PARIS, *Mame*.

149. Déclaration du Roi de France, adressée au Peuple français, suivie du Manifeste de Ferdinand VII, Roi d'Espagne, publié à l'occasion de la guerre contre Buonaparte. — PARIS, *Plancher, chez les Marchands de nouveautés*, 5 juillet 1815.

150. Histoire des quinze semaines. — PARIS, *Longchamps*, juillet 1815.

151. Réfutation catégorique du Mémoire de Carnot, adressé à lui-même, signé : P. D. C. B. D. N. — PARIS, *chez les Marchands de nouveautés*, juillet 1815.

151 A. Réfutation du Mémoire de M. Carnot, adressé au Roi par A. Guesnet, capitaine de 1re classe au corps royal du génie, etc. — BREST, *Lefournier et Deperiers*, 1814.

151 B. Exposé de la conduite politique de M. Carnot, depuis le 1ᵉʳ juillet 1814, signé : Carnot; Cerny, le 12 septembre 1816. — PARIS, *M*ᵐᵉ *veuve Courcier*, 1815.

151 c. Réfutation de la conduite politique de M. Carnot, par M. Gautier (du Var), ex-membre du Conseil des cinq-cents, Paris, 5 octobre 1815. — PARIS, *C. F. Patris*, octobre 1815.

152. Des Elections qui vont avoir lieu pour former une nouvelle Chambre des députés, à l'époque du 1ᵉʳ août 1815, par un membre d'un collège électoral. — PARIS, *E. Babeuf, Delaunay, Pélicier,* 1815.

153. Lettre au Roi sur la situation intérieure et politique de la France, par G.-Y. Grouard, docteur en droit, 3ᵉ édition. — PARIS, *Testu et Cⁱᵉ*, septembre 1815.

154. Au Roi et aux deux Chambres, Mémoire pour M. Bouvier du Molart, ancien préfet, compris dans l'ordonnance du 24 juillet 1815, signé : Bouvier du Molart, Metz, 26 septembre 1815. — METZ, *C. Lamort.*

155. Observations d'un français sur l'enlèvement des chefs-d'œuvre du Muséum de Paris, par M. Hippolyte ***. — PARIS, *Pélicier*, 1815.

156. Opinions sur la Loi de haute police, prononcées aux deux Chambres. — PARIS, *chez tous les Marchands de nouveautés*, 1815.

157. Messager des Chambres, n° 176, samedi, 25 septembre 1815. — PARIS, *Pillet.*

158. Journal du Lys et Bulletin des Chambres, n° 68, jeudi, 14 décembre 1815. — PARIS, *P. Gueffier.*

159. Rapport fait au Roi sur la situation de la France, le 15 août 1815, Mémoire présenté au Roi dans le même mois, attribués au duc d'Otrante. Observations critiques sur ces deux ouvrages par M. de Lange. — PARIS, *Plancher, Eymery, Delaunay,* 1815.

159 A. Mémoire historique sur Fouché de Nantes, maintenant duc d'Otrante, par un anglais, décembre 1815. — PARIS, *Delaunay, A. Egron.*

159 B. Observations sur le Rapport attribué au duc d'Otrante, par M. A. L. R. — PARIS, *Warée oncle, Delaunay,* 1815.

160. Exposé de la conduite du lieutenant-général comte Vandamme. — PARIS, *Brasseur aîné,* décembre 1815, signé : D. Vandamme.

161. Opinion de M le comte de Lanjuinais, sur la Loi concernant des mesures de sûreté contre les inculpés d'attentats politiques (Chambre des Pairs), 26 septembre 1815. — PARIS, *Renaudière.*

161 A. Réfutation de l'opinion de M. le comte de Lanjuinais, par Maurice Méjan. — PARIS, *C. F. Patris,* 5 novembre 1815.

162. Mémoire justificatif pour M. le comte de Lanjuinais. — Paris, *Delaunay*, décembre 1815.

162 a. Réponse au Mémoire justificatif de M. le comte de Lanjuinais, Pair de France, par Maurice Méjan. — Paris, *C. F. Patris*, 21 décembre 1815.

Liasse n° 3

1816-1817

163. Les Confessions du cardinal Fesch, traduites de l'italien, suivies du portrait de l'abbé Maury, morceau inédit de M. de Pradt. — Paris, *Audin-Delaunay*, janvier m. dccc xvi (1816).

164. Observations sur le Discours prononcé dans la séance solennelle de rentrée de la Cour royale, par M. le premier Président Baron Séguier, ancien capitaine de dragons, par M***. — Paris, *L'Huillier, Delaunay*, 1816 ; A Brest, *chez J. D. Egasse*.

165. De l'Impôt territorial gradué, conservateur de la propriété, par Riverieulx, capitaine du génie, chevalier de la Légion d'honneur. — Paris, *Delaunay*, 1816.

166. Le Roi, la Charte et la Monarchie, par M. Villemain, professeur à la Faculté des lettres. — Paris, *Firmin-Didot*.

167. Examen critique de la proposition de M. de Bonald, relative à l'abolition du divorce. — Paris, *Plancher, Eymery, Delaunay*, 1816.

168. Journal général de France, samedi 14 décembre 1816, n° 832. — Paris, *C. L. F. Panckoucke*.

1817

169. Première lettre à M. le Cᵗᵉ Decazes, en réponse à son discours sur la Liberté individuelle, par A. F. T. C. — Paris, *J. G. Dentu*, 1817 ; Brest, *chez J. D. Egasse*.

170. Lettre de Fouché au duc de Wellington, avec des observations par M. de Villeneuve. — Paris, *Plancher, Delaunay*, 1817.

171. Des électeurs et des élections de 1817. — Paris, *Mᵐᵉ veuve H. Perronneau, et chez les Marchands de nouveautés*, 1817 ; à Brest, *chez J. D. Egasse*.

172. Candidats présentés aux électeurs de Paris, pour la session de 1817, par un électeur du département de la Seine. — Paris, *L'Huillier, Delaunay*, 1817 ; à Brest, *chez J. D. Egasse*.

173. Adresse à MM. de la Chambre des députés, signé : le Marquis Debrosse, remis le 12 janvier 1817. — PARIS, *J. G. Dentu*, 1817 ; à BREST, *chez J. D. Egasse.*

174. Essais sur quatre grandes questions politiques, par C. A. Scheffer, auteur du Tableau politique de l'Allemagne. — PARIS, *Plancher, et chez l'auteur*, mars 1817.

175. Mémoire de M. de Curzay, ancien Préfet du département des Deux-Sèvres. — PARIS, *L. G. Michaud*, M. DCCC. XVII, 1817.

176. Diogène à Paris, ou petites Lettres parisiennes, à Mylord Love-kings, Pair d'Islande, sur l'Histoire du jour, nos Sottises littéraires et nos Inconséquences morales et politiques, IIme lettre. — PARIS, *Petit, et chez l'éditeur Mr B. du Bertrand*, 1817, signé : Le Ch^ier Sibilant.

177. Le Moniteur universel, n° 329, mardi, 25 septembre 1817. — PARIS, *Mme veuve Agasse.*

178. Du Concordat sous les rapports politiques. — PARIS, *L'Huillier, Delaunay;* décembre 1817.

5241. Carton n° 14.

LIASSE N° 1

DOCUMENTS SUR LA RESTAURATION

1818

179. Marseille, Nîmes et ses environs en 1815, par un témoin oculaire. — PARIS, *chez les Marchands de nouveautés*, 1818 ; BREST, *chez J. D. Egasse.*

179 A. Marseille, Nîmes et ses environs en 1815, par M. Durand, témoin oculaire, seconde partie. — PARIS, *chez tous les Marchands de nouveautés*, 1818 ; BREST, *chez J. D. Egasse*, portrait de Trestaillon.

179 B. Marseille, Nîmes et ses environs en 1815, troisième et dernière partie. Lettre à M. Benjamin de Constant sur les troubles du Gard, par Charles Durand, avocat. — PARIS, *Plancher*, 1818 ; BREST, *chez J. D. Egasse.*

180. Note secrette exposant les prétextes et le but de la dernière conspiration, seconde édition. — PARIS, *Foulon et Cie, Delaunay et Pélissier, Eymery*, 1818.

181. Sentinelles, prenez garde à vous ! ou Eveil aux gouvernants et aux gouvernés, par un électeur éligible. — PARIS, *Dentu-Delaunay.*

182. Le Vendéen ou l'Eplucheur, politique, moral et littéraire. Dieu et le Roi, n° 1ᵉʳ. — Paris, *Beauzé, Rusand, Michaud, Petit, Delaunay et Dentu,* 1818.

182 ᴀ. Le Vendéen ou l'Eplucheur, politique, moral et littéraire. Dieu et le Roi, n° 3. — Paris, *Beauzé-Rusand, etc.,* 1818.

183. L'Indépendant à M. le Cᵗᵉ Decazes, lettre 1ʳᵉ. — Paris, *L'Huillier, Delaunay,* 1818.

183 ᴀ. L'Indépendant à M. le Cᵗᵉ Decazes, lettre 2ᵉ. — Paris, *L'Huillier, Delaunay,* 1818.

184. Défense des Bannis, par l'auteur de la Défense des volontaires royaux. — Paris, *Foulon et Cⁱᵉ, A. Eymery, Delaunay ;* Brest, *chez J. D. Egasse,* 1818.

185. Le Cri des auteurs, adressé au Conseil des ministres, sur les abus de la Liberté de la presse etc., par Alexandre Crevel, auteur du Cri des peuples. — Paris, *L'Huillier, Delaunay,* novembre 1817.

185 ᴀ. Plaidoyer pour M. Alexandre Crevel, devant MM. les Conseillers de la 4ᵉ Chambre de la Cour d'appel de police correctionnelle, par M. Mocquard, avocat. — Paris, *L'Huillier,* 1818.

186. Des Dépenses et des Recettes de l'Etat pour l'an 1818, et du Crédit public, par le Cᵗᵉ Lanjuinais, Pair de France. — Paris, *Baudouin frères, Delaunay,* 1818 ; Brest, *chez J. D. Egasse.*

187. Du Ministérialisme. — Paris, *Duponcet, Delaunay,* 1818 ; Brest, *chez J. D. Egasse.*

188. Lettre à M. Lainé, ministre de l'intérieur, par Ch.-Ph. Marchand. — Paris, *L'Huillier, Delaunay, Mongie,* 1818.

189. De l'Etat de la liberté en France, par C. A. Scheffer. — Bruxelles, *Demat.* — Paris, *chez tous les Marchands de nouveautés,* 1818.

190. Les confidences de l'Hôtel de Bazancourt, ou un Jour de détention, par M. Pigeon. — Paris, *L'Huillier, Delaunay,* janvier 1818.

191. Le Cri de l'armée française ou du Licenciement en 1815, et de l'Organisation de la nouvelle armée, par M. Edouard de St-Aulaire, officier d'infanterie. — Brest, *chez J. D. Egasse ;* Paris, *Plancher, Delaunay,* 22 janvier 1818.

192. Réponse au Discours de Milord Stanhope, sur l'occupation de la France par l'armée étrangère, seconde édition. — Paris, *L'Huillier, Delaunay,* février 1818.

192 ᴀ. Un français à Lord Stanhope, ou Réfutation de la diatribe que celui-ci a prononcée à la Chambre des Pairs d'Angleterre, par le major A C****. — Paris, *J. G. Dentu,* 1818 ; Brest, *chez J. D. Egasse.*

LIASSE Nº 2

1818

193. Des officiers et militaires à demi-solde, par A****. — PARIS, *Baudouin frères, Delaunay*, février 1818.

194. Le Fureteur ou l'Anti-Minerve, 4 numéros, 16 mars, 22 mars, 27 mars, 6 avril 1818. — PARIS, *J. D. Dentu*, 1818 ; BREST, *chez J. D. Egasse.*

195. Lyon en mil huit cent dix-sept, par le colonel Fabvier. — PARIS, *Delaunay*, 30 janvier 1818.

195 A. Lyon en mil huit cent dix-sept, seconde partie. — PARIS, *Carez, Thomine et Fortic*, 25 mai 1818.

195 B. Réponse de M. le lieutenant-général Canuel à l'Ecrit intitulé : Lyon en 1817, par le colonel Favier. — PARIS, *J. G. Dentu*, 1818.

195 C. Réponse à M. le lieutenant-général Canuel, par M. le général Max. Lamarque, ou Lettre à l'auteur du livre intitulé : Mémoires sur la guerre de la Vendée en 1815, suivie d'une lettre de M. Duchastel à M. le lieutenant-général Canuel. — PARIS, *Plancher*, 1818.

195 D. Sur les événements de Lyon au mois de juin 1817, par M. le Cᵗᵉ de Chabrot, ancien préfet du Rhône. — PARIS, *Adr. Egron*, 1818 ; BREST, *chez J. D. Egasse.*

196. Réflexions sur les inconvénients et les avantages de l'histoire contemporaine, par Eugène Labaume, chef d'escadron d'état-major (auteur de la Relation de la campagne de Russie). — PARIS, *Maginel, Anselin, Pochard-Rey et Gravier*, mai 1818 ; BREST, *chez J. D. Egasse.*

197. Journal général de France, 5 numéros, samedi 20 juin 1818 (nº 1371) ; dimanche 12 juillet (nº 1392) ; samedi 18 juillet (nº 1398) ; vendredi 14 août 1818 (nº 1425) ; samedi 15 août (nº 1426). — PARIS, *C. F. L. Panckoucke.*

198. Mémoire historique sur Toussaint-Louverture, ci-devant général en chef de l'armée de Saint-Domingue, justifié par ses actions, des accusations dirigées contre lui, suivi d'une notice historique sur Alexandre Pétion, président d'Haïti jusqu'à sa mort, par Don Augustin Régis (homme de couleur), officier d'état-major général de l'ex-armée de Saint-Domingue. — PARIS, *F. Scheff*, août 1818.

199. Le Publiciste, 3 numéros, jeudi 1ᵉʳ octobre 1818 ; 34ᵉ cahier, tome III, octobre 1818 ; 37ᵉ cahier, tome III, octobre 1818 ; 38ᵉ cahier, tome III. — PARIS, *au Bureau du Publiciste, rue Pagevin, 5.*

200. Oraison funèbre de M. le Duc de Feltre, Pair et Maréchal de France, ex-Ministre de la guerre, par Beaupoit-Saint-Aulaire. — PARIS, *chez tous les Marchands de nouveautés*, novembre 1818.

201. Au Champ d'asile. Lettres françaises ou Correspondance sur la politique, la littérature et la morale, entre un citoyen français et un citoyen du Champ d'asile, par M. J. J., 1er volume, 1re livraison.— PARIS, *Plancher, Delaunay*, novembre 1818.

202. Adieux à MM. les Députés de la session de 1817 à 1818, par un habitué des séances. — PARIS, *L'Huillier*, 1818.

LIASSE N° 3

1819

203. Huit jours de l'Ecole de droit. — PARIS, *Brissot, Thivars, M. Comte*, 1819.

204. Y a-t-il cinquante ans qu'elles sont écrites ? ou trois Lettres de Junius. — PARIS, *Delaunay et Pélicier*, 1819.

205. Mémoire du Parlement de Paris, touchant l'origine des Ducs et Pairs, par J. Lavaud. — PARIS, *Corréard*, 1819 ; BREST, *chez J. D. Egasse.*

206. Eloge de sir Samuel Romilly, prononcé à l'Athénée royal de Paris, par M. Benjamin Constant. — PARIS, *F. Béchet aîné* ; BRUXELLES, *Lecharlier, Demat*, 1819.

207. Dangers de la situation présente, par N. A. de Salvandy. — PARIS, *Mme Cellis, Delaunay*, 1819.

208. Des Pétitions. Dissertation par Eusèbe Salverte, suivie de considérations sur l'immutabilité de la Charte constitutionnelle. — PARIS, *Brissot, Thivars, Delaunay, L'Advocat*, 1819.

209. Coup d'Etat du dix-huit Brumaire, par M. Bigonnet, représentant du Peuple, membre du Conseil des Cinq-Cents, exclu le 19 Brumaire an VIII. — PARIS, *Bureau du Censeur européen, Brissot, Thivars.*

210. La Charte, la Liste civile et les Majorats, par M. le Cte Lanjuinais, Pair de France. — PARIS, *Baudouin frères, Delaunay*, janvier 1819, seconde édition.

211. La Bibliothèque royaliste, tome I, 1re livraison. — PARIS, *au Bureau de la Bibliothèque royaliste, chez Gide fils*, janvier 1819.

212. Lettre de M. le Cte de Forbin-Janson à M. le Cte Decazes. — PARIS, *Brissot, Thivars, Delaunay, Mlle Donnas*, 1819.

213. L'Ultra, archives politiques, morales et littéraires. Vive le Roi, quand même ! nec plus ultra, vᵉ livraison. — Paris, *au Bureau d'abonnement, rue Neuve des Bons-Enfants, n° 33*, février 1819.

214. Requête de Mᵐᵉ la Maréchale Brune au Roi, du 29 mars 1819, — Paris, *Everat.*

215. La Minerve française. — Paris, *au Bureau de la Minerve française*, mai 1819.

216. Le Libéral, dédié à MM. les Membres indépendants du côté gauche de la Chambre des députés, vIIᵉ cahier. — Paris, *au Bureau d'abonnement, rue des Bons-Enfants, 34, et chez Brissot-Thivars*, 20 mai 1819.

217. Le Libéral, ixᵉ cahier. — *Au Bureau de souscription, rue des Bons-Enfants, 34, et chez Brissot-Thivars*, 31 mai 1819.

218. Le Libéral, xᵉ cahier, 12 juin 1819.

219. Le Libéral, xIᵉ et xIIᵉ cahiers, 22 juin 1819.

220. Le Conservateur, le Roi, la Charte et les Honnêtes gens, novembre 1819, au Bureau du conservateur. — Paris, *chez Le Normant fils.*

221. Réflexions soumises au Roi et aux Chambres sur le moment présent, par M. Kératry, député du Finistère. — Paris, *Baudouin frères, Delaunay et Pélicier*, fin de décembre 1819.

5242.   **Carton n° 15.**

LIASSE N° 1

DOCUMENTS SUR LA RESTAURATION

1820

222. Lettre de M. Vincent à M. le Cᵗᵉ de Saint-Aulaire. — Paris, *Pillet aîné, Petit, et chez les Marchands de nouveautés*, 1820.

223. Considérations sur l'état politique de l'Europe, sur celui de la France, sur la Censure et les Élections, ou Supplément aux documents historiques de M. Kératry, par M. A. Jay. — Paris, *Baudouin frères*, 1820.

224. Lettres sur divers sujets de politique et de morale, adressées à M. Clausel de Coussergues, par A. L. B. — Paris, *Brissot-Thivars, et chez les Marchands de nouveautés*, 1820.

225. Les Hommes du Centre. — Paris, *Dondey-Dupré, Delaunay*, 1820.

226. Observations sur l'écrit publié par M. Clausel de Coussergues contre M. le duc Decazes, par M. le Cte d'Argout, Pair de France. — PARIS, *P. Dupont et chez les Marchands de nouveautés.*

227. Considérations sur la Police ; Observations touchant les bruits qu'elle répand, précédées d'une lettre à M. le baron Mounier, directeur-général de la Police du Royaume, par M. Berton, M^al de Camp. — PARIS, *chez les Marchands de nouveautés.*

228. Examen du système de M. Flaugergues, établissant la dictature du Roi et des Chambres, ou leur pouvoir de changer la Constitution, sans observer aucune forme spéciale, par le Cte de Lanjuinais, pair de France. — PARIS, *Baudouin frères*, 1820.

229. Essai sur la révision de la Charte, par M. Deveux, député du Cher. — PARIS, *Brissot-Thivars*, janvier 1820.

230. De l'Association de bienfaisance, souscrite par 54 députés des départements, en faveur des prévenus et de leurs familles, ou réponse aux journaux de l'ultracisme, par M. Kératry, du Finistère. — PARIS, *Belin, Maradan, Delaunay, Pélicier, Ladvocat.* — BREST, *P. Anner*, 1820.

231. Un mot sur la Pétition à la Chambre des députés, de M. Madier de Montjau, conseiller à la Cour royale de Nimes, chevalier de la Légion d'honneur, par M. A. Jay. — PARIS, *Plassan*, avril 1820.

232. Les Gémeaux ou les Observateurs candides, par Frédéric Royou. — PARIS, *à la Librairie polémique, chez les libraires du Palais-Royal et chez Mlle Deville*, 25 mai 1820.

233. Petit Catéchisme politique à l'usage des habitants des campagnes, par Maurice Méjan. — BREST, *G. M. F. Michel*, juillet 1820.

234. Lettre à mes concitoyens, par Félix du Marhallach, membre du Conseil général. — QUIMPER, le 12 juillet 1820. — BREST, *Michel.*

235. Lettre à M. le Mis de Latour-Maubourg, ministre de la guerre, sur ce qui s'est passé à Saumur les 7 et 8 octobre 1820, par M. Benjamin Constant, député de la Sarthe. — BLOIS, 10 octobre 1820. — PARIS, *Béchet aîné ;* ROUEN, *Béchet fils*, 1820.

236. Réponses aux articles du *Moniteur* et à un pamphlet du 2e adjoint du Maire de Saumur, sur ce qui s'est passé dans cette ville les 7 et 8 octobre 1820, par M. Benjamin Constant, député de la Sarthe, pour faire suite à sa lettre à M. le marq. de Latour-Maubourg. — PARIS, *Béchet aîné ;* ROUEN, *Béchet fils*, 1820.

237. La Bombe royaliste, par A. Martainville, fondateur du drapeau blanc. — PARIS, *J. G. Dentu*, octobre 1820.

238. Pétition adressé à la Chambre des députés, pour Pierre-François Régnier et autres habitants du département de l'Isère, contre un déni de justice de M. le procureur du Roi près le tribunal de la Seine, et de M. le garde des sceaux, ensuite d'une plainte portée contre les sieurs Donnadieu, Montlivaut et consorts, accusés d'assassinat. — Paris, *Poulet*.

239. A ses concitoyens, le général Donnadieu, Paris, 4 septembre 1819. — Paris, *Le Normant*.

240. Réponse au Mémoire de M. Berryer, pour M. le général Donnadieu, par M. le Cᵗᵉ de Sᵗ-Aulaire. — Paris, *Ladvocat*, M. DCCC..XX, 1820.

241. Lettre à M. le Cᵗᵉ de Sᵗ-Aulaire, par Berryer fils, avocat, 11 octobre 1820. — Paris, *J. G. Dentu*, 1820.

242. Mercuriale à M. le Cᵗᵉ de Sᵗ-Aulaire, par M***. — Paris, *Le Normant*, M. DCCC. XX.

LIASSE Nº 2.

1820 *(suite)*.

243. Proclamation du Roi, 25 Octobre 1820. — Quimper, *S. Blot*.

244. Lettre de M. Madier de Montjau, conseiller à la Cour royale de Nîmes, à M. Pasquier, ministre des affaires étrangères. — Paris, *Corréard*, 1820.

245. Pièces et documents relatifs au procès de M. Madier de Montjau. — Paris, *Dalibon*, novembre 1820.

246. Lettre de M. Madier de Montjau à M. le comte Portalis, pair de France, chargé du portefeuille du département de la justice. — Paris, *Corréard*, 1820.

247. Du gouvernement occulte, de ses agents et de ses actes, par Madier de Montjau. — Paris, *Dalibon*, 27 novembre 1820.

248. Seconde et dernière réponse à M. le comte d'Argout, pair de France, et aux autres apologistes de M. le duc Decazes, par M. Clausel de Coussergues, membre de la Chambre des Députés, conseiller à la Cour de Cassation. — Paris, *Dentu, Eyron, Le Normant, Pillet aîné*, novembre 1820.

LIASSE N° 3.

1821.

249. Une scène de l'autre Monde, rapportée par un homme qui en est revenu. — PARIS, *Delaunay, et chez les Marchands de nouveautés*, 1821.

250. Biographie des Censeurs royaux. — PARIS, *chez les Marchands de nouveautés*, 1821.

251. Napoléon Bonaparte considéré sous le rapport de son influence sur la Révolution, par M. Bigonnet, ancien député. — PARIS, *Brissot, Thivars*, 1821.

252. De la Reine d'Angleterre et de Napoléon Bonaparte, tous deux morts d'un cancer, par Alexandre Barginet (de Grenoble). — PARIS, *chez tous les Marchands de nouveautés*, 1821.

253. Extrait des journaux *l'Indépendant* et *l'Echo de l'Ouest*. Nouvelles d'Espagne. Relation de l'affaire des jeunes gens de Rennes. — BREST, *P. Anner.*

254. A MM. les Nobles de France et à MM. les honorables Députés des départements. Signé : Poyet, membre de l'Institut. Paris, le 22 avril 1821. — PARIS, *Plassan.*

255. Le *Courrier Français*, an 1821, lundi 7 mai. — PARIS, *Constant Chantpie.*

256. Bonaparte et Napoléon, parallèle, per A. Carrion-Nisas fils. — PARIS, *Bousquet*, 1821.

257. La mort de Napoléon, dithyrambe traduit de l'anglais de Lord Byron, précédé d'une notice sur la vie et la mort de Napoléon Bonaparte, par sir Thomas Moore. — PARIS, *Charles Painparré*, 1821.

258. Revue des brochures publiées sur Napoléon, par Constant Taillard. — PARIS, *aux salles d'étude de l'Ecole de droit, chez Painparré et chez les Marchands de nouveautés des quatre parties du monde*, 1821.

259. Bonaparte n'est pas mort d'un cancer. Dédié aux mânes de Napoléon. Seconde édition. — PARIS, *Bataille et Bousquet, et chez les Marchands de nouveautés*, 1821.

260. Sentiment d'un citoyen sur les cancers héréditaires, par E. F. — PARIS, *chez les Marchands de nouveautés*, juillet 1821.

261. Histoire des trois derniers mois de la vie de Napoléon Bonaparte, écrite d'après des documents authentiques, par S***. — PARIS, *Chaumerot jeune*, juillet 1821.

262. Lettre adressée à M. l'éditeur du *Morning Cronicle*, par M. Barry E. O'Meara, ex-chirurgien de Napoléon (traduit de l'anglais). — PARIS, *Bataille et Bousquet*, 1824.

263. Il n'est pas mort !!! par un citoyen ami de la Patrie. — PARIS, *chez les marchands de nouveautés*, août 1821.

264. A François-Charles-Joseph Napoléon, né au château des Tuileries le 20 mars 1811. — A PARIS, *chez les Marchands de nouveautés*, août 1821.

265. D'une association prétendue constitutionnelle contre les acquéreurs de Domaines nationaux, par G.-P. Pagès. — PARIS, *Béchet*, août 1821.

LIASSE Nº 4.

1822-1823-1824-1825-1826-1827-1828-1829.

1822.

266. Relation historique des événements qui ont eu lieu à Colmar et dans les villes et communes environnantes, les 2 et 3 juillet 1822, publiée par M. Kœcklin, député du Haut-Rhin, suivie de la pétition adressée aux Chambres par cent trente-deux citoyens de ce département. — PARIS, *chez les Marchands de nouveautés*, 1822.

267. Relation circonstanciée de l'affaire de Thouars et de Saumur, précédée d'une notice biographique sur le général Berton, par Charles Laumier, auteur de l'Histoire de la Révolution d'Espagne en 1820. — PARIS, *librairie Nationale, Plancher*, 1822.

268. Procès fait à MM. de Béranger et Baudouin. — PARIS, *Baudouin frères*, 1822.

269. M. le baron Portal, ex-ministre de la marine, traduit au tribunal de l'opinion publique. Pétition aux très-honorables Pairs de France, pour leur demander d'éloigner de la noble Chambre M. le baron Portal, par G. Laignel, ancien capitaine de vaisseau, etc. — PARIS, *chez l'auteur responsable et chez Painparré*, août 1822.

270. Les Collèges électoraux et la Chambre des Députés, tels que la raison et le salut de l'Etat les réclament, par un ilote brestois. — BREST, *F. Michel;* PARIS, *Th. Leclerc, les Marchands de nouveautés*, 1er novembre 1822.

271. Bref exposé de motifs à l'appui de la plainte contre M Mangin, procureur-général près la Cour royale de Poitiers, présenté à MM. les Conseillers de la Cour de cassation (Section des requêtes), par M. Kératry, député du Finistère, demandeur et partie plaignante. — PARIS, *chez tous les Marchands de nouveautés*, décembre M DCCC XXII (1822).

1823.

272. Observations sur les Mémoires de Mme Campan, par M. le baron d'Aubier, gentilhomme ordinaire de la Chambre du Roi, etc. — Paris, C. J. Trouvé, et chez les Marchands de nouveautés, 1823.

1821, 1822, 1824.

273. Simple discours de Paul-Louis, vigneron de la Chavonnière, aux membres du Conseil de la Commune de Veretz, département d'Indre-et-Loire, à l'occasion d'une souscription proposée par Son Exc. le Ministre de l'Intérieur, pour l'acquisition de Chambord. — Paris, chez les Marchands de nouveautés, 1821.

274. Procès de Paul-Louis Courier, vigneron de la Chavonnière, condamné le 28 août 1821, à l'occasion de son discours sur la souscription de Chambord. — Paris, chez tous les Marchands de nouveautés, 1821.

275. Pétition pour des villageois que l'on empêche de danser, par Paul-Louis Courier, vigneron, ancien canonnier à cheval, sorti l'an passé des prisons de Sainte-Pélagie. — Paris, chez les Marchands de nouveautés, 1822.

276. Pamphlet des Pamphlets, par Paul-Louis Courier, vigneron. — Paris, chez les Marchands de nouveautés, 1824.

277. A MM. les Députés des départements. 3e pétition de M. Simon Lorière, ex-colonel, ex-chef de bataillon, destitué sans jugement, ajourd'hui restaurateur, marchand de vins et de comestibles. — Paris, chez l'auteur et chez P. Mongie l'aîné, mai 1824.

Liasse n° 5.

1822-1823-1824-1825-1826-1827-1828-1829 (suite).

1825.

278. Examen du nouveau projet des Ministres pour faire admettre légalement, par la seule autorité exécutive, les 64 maisons chefs d'ordre de religieuses et des milliers tant de nouveaux chefs d'ordre que de nouvelles maisons affiliées. Deuxième édition. — Paris, Baudouin frères, 1825.

279. Joseph Fouché, duc d'Otrante, jugé d'après ses Mémoires. (Extrait de l'Aristarque). — Paris, C. J. Trouvé, Ponthieu, m dccc xxv (1825).

1826.

280. *Journal des Débats politiques et littéraires*, 2 janvier 1826, lundi. — Paris, *Le Normant fils;* 3 janvier 1826, mardi, *Le Normant fils.*

281. Les Jésuites en miniature, ou le livre du Jésuitisme analysé, avec quelques mots sur des réflexions nouvelles de M. l'abbé de Lamennais et sur la vie de Scipion de Ricci, évêque de Pistoie, par le comte Lanjuinais. — Paris, *Baudouin frères*, 1826.

1827.

282. Les Amis de la Liberté de la Presse. Lettre d'un jeune Pair de France aux Français de son âge. — Paris, *Le Normant fils*, 1827.

283. Les Amis de la Liberté de la Presse. Explication de la nouvelle loi sur les Collèges électoraux et les Jurys, adressée à tous les électeurs de France, par N. A. de Salvandy. — Paris, *Le Normant fils.*

284. Relation historique des obsèques de M. Manuel, ancien député de la Vendée. — Paris, *Gaultier-Laguionie.*

285. Essai historique sur M. Juge de Saint-Martin, ancien magistrat, président honoraire de la Société royale d'agriculture, sciences et arts de Limoges, lue à la séance publique de cette Société du 4 novembre 1825, par M. F. Alluaud, l'un de ses secrétaires, etc. — Limoges, *F. Chapoulaud*, 1827.

1828.

286. Du précédent ministère, du ministère actuel et de la nécessité de réviser nos institutions, par F.-X.-P. Garnier, avocat aux conseils du Roi et à la Cour de cassation. — Paris, *Pillet aîné*, 1828.

287. Notice sur Hippolyte Bisson, enseigne des vaisseaux de S. M. le Roi de France, par T.-F.-N. Revel, avocat. Seconde édition. — Nantes, *Molinet, Malassis.*

288. A MM. les Députés des déparlements. Pétition sur la nécessité de donner le plus tôt possible aux communes et aux départements une organisation en harmonie avec la Constitution générale du Royaume, par Auguste Billard, ancien magistrat. 8 février 1828, Lannion, Côtes-du-Nord. — Rennes, *Mlle Jausions.*

1829.

289. L'Homme à la longue barbe. Précis sur la vie et les aventures de Chodruc Duclos, suivi de ses lettres, orné du portrait de ce personnage mystérieux et d'un fac-simile de son écriture, par MM. E. A. Deuxième édition. — Paris, *chez les Marchands de nouveautés*, 1829.

DOCUMENTS RELATIFS A CHATEAUBRIAND

290. Du Sacerdoce, ou fragment d'un ouvrage publié à Londres par M. de Chateaubriand. — PARIS, *Laurent Beaupré*, 1814.

291. De l'Empereur Napoléon et du Comte de Lille, ou réfutation de l'écrit de M. Chateaubriand ayant pour titre : de Bonaparte et des Bourbons, par E.-T. Bourg, ex-commissaire des guerres. — PARIS, *Delaunay, Plancher*, 7 avril 1815.

292. Réflexions sur les Réflexions de M. de Chateaubriand. Seconde édition. — PARIS, *Delaunay, et chez tous les Marchands de nouveautés*, 1815.

293. Rapport sur l'état de la France, fait au Roi dans son conseil, par le vicomte de Chateaubriand, ministre plénipotentiaire de Sa Majesté très-chrétienne près la cour de Suède. Réfutation par M. Regnault de Warin, citoyen français. — PARIS, *Plancher*, juin 1815.

294. La véritable conspiration dévoilée, ou Réflexions sur un ouvrage de M. de Chateaubriand, par un ami de la Monarchie constitutionnelle. — PARIS, *L'Huillier, Delaunay*, 1816 ; à BREST, *chez G.-D. Egasse*.

295. Lettre à M. le Vᵗᵉ de Chateaubriand, pair de France, concernant un pamphlet intitulé : De la Monarchie selon la Charte; signé : Le Chevalier de l'Union. Villeneuve-le-Roi, le 23 septembre 1816. — PARIS, *Plancher, Delaunay*, 1816.

296. Du Pouvoir royal avec la Charte, ou Réponse à trois chapitres de l'ouvrage de M. le Vᵗᵉ de Chateaubriand, pair de France, par M. le Mⁱˢ de Saisseval. — PARIS, *Mᵐᵉ Goulet*, 1816 ; à BREST, *chez G.-D. Egasse*.

297. Du système politique suivi par le ministère, par M. le Vᵗᵉ de Chateaubriand, pair de France. — PARIS, *Le Normant*, 1817.

298. Du système politique suivi par le ministère, ou Réponse à l'ouvrage de M. de Chateaubriand sur le même sujet, par H. Azaïs. — Paris, *Béchet, Delaunay*, 1818.

299. Observations d'un journaliste sur l'écrit intitulé : Du système politique suivi par le ministère, par M. le Vᵗᵉ de Chateaubriand, pair de France. — PARIS, *au bureau du* Journal de Paris. *Delaunay, et chez les Marchands de nouveautés*, 1818.

300. Quelques mots à M. le Vᵗᵉ de Chateaubriand, pair de France, et à M. Benjamin Constant, ancien tribun, par M. le marquis de.... — PARIS, *Dubray, Dentu*, 1818.

301. Sur les Royalistes de M. le Vte de Chateaubriand, pair de France, par J.-Ch. Bailleul, ex-député. — PARIS, *Ant. Bailleul, Delaunay, Delatour, Mongie, Baudouin frères*, 1818.

302. Remarques sur les affaires du moment, par M. le Vte de Chateaubriand, pair de France. — PARIS, *Le Normant*, 1818.

303. Un mot sur la Philippique de M. de Chateaubriand. — PARIS, *Delaunay*, 1818.

304. Du système adopté pour arriver au ministère, en réponse à M. de Chateaubriand. — PARIS, *A. Bobée*, 1818.

305. Le Roi est mort : Vive le Roi ! par M. le Vte de Chateaubriand, pair de France. — PARIS, *Le Normant père*, 1824.

306. De la Censure que l'on vient d'établir en vertu de l'article 4 de la loi du 17 mars 1822, par M. le Vte de Chateaubriand, pair de France. — PARIS, *Le Normant père*, 1824.

307. Les Amis de la Liberté de la Presse. Marche et effets de la Censure, par le Vte de Chateaubriand, pair de France. — PARIS, *Le Normant fils*, 1827.

5243.   **Carton n° 16.**

LIASSE N° 1

DOCUMENTS HISTORIQUES

De 1830 à 1882.

1830-1839.

1. Société constitutionnelle centrale de Paris. — De la listecivile. — Avis à ceux qui la paient. — PARIS, *J. Testu*, décembre 1830.

2. Voilà l'homme, ou précis de la vie politique et militaire de Louis-Philippe d'Orléans, par Pierre Pons. — PARIS, *A. Eymery et Cie, Levasseur et tous les Marchands de nouveautés*, 1830.

3. De la Restauration et de la Monarchie élective, ou réponse à l'interpellation de quelques journaux sur mon refus de servir le nouveau gouvernement, par M. de Chateaubriand. — PARIS, *Le Normant fils*, 24 mars 1831.

4. Lettre à M. de Chateaubriand, en réponse à sa brochure intitulée : De la nouvelle proposition relative au bannissement de Charles X et de sa famille, etc., par M. A. de Briqueville, député de la Manche, auteur de la proposition. — PARIS, *Ladvocat*, 1831.

5. Aux lecteurs, par F. de Chateaubriand. — Paris, *Le Normant fils*, novembre 1831.

6. Procès du *National* au sujet des arrestations préventives pour délits de presse. Plaidoyers de MM. Odilon Barrot, Charles Comte et Armand Carrel. — Paris, *Paulin et chez les Marchands de nouveautés*, 1832.

7. Prise de la flotte de don Miguel par l'Escadre française, sous les ordres de l'amiral Roussin. — Paris, *L.-E. Herhan*, 1833.

8. Iniquités et impostures administratives. — Mémoire à l'appui d'une pétition à la Chambre des Députés (n° 9). — Paris, *Béthune, Belin et Plon*, 1835.

9. Coup-d'œil impartial sur l'état présent de l'Egypte, comparé à sa situation antérieure. — Paris, *Béthune et Plon*, 1836.

10. De la Presse périodique au dix-neuvième siècle, par M. Emile de Girardin, membre de la Chambre des Députés. — Paris, *A. Desrez*, 1836.

11. Pétition contre l'élection de M. Emile de Girardin. — A MM. les membres de la Chambre des Députés, par Aristide Guilbert, homme de lettres. Paris, le 16 décembre 1837. — Paris, *Mme Porthmann*.

12. Vie anecdotique de Louis-Philippe Ier, roi des Français, dédiée à la Garde nationale et à l'Armée, par MM. A. L. Laugier et Carpentier, de l'Institut historique de France. — Paris, *Auguste Desrez*, 1837.

13. Contre-pétition d'un Bizet parisien à l'occasion de la pétition dite pour la réforme électorale de plusieurs gardes nationaux du royaume. Seconde édition. — Paris, *H.-L. Delloye*, 1838.

14. La Belgique et les vingt-quatre articles, par M. B. C. Dumortier, membre de la Chambre des représentants. Seconde édition. — Bruxelles, *Société nationale*, 1838.

15. Barreau de Paris. — Lanjuinais, éloge prononcé le 26 novembre 1838, à l'ouverture des conférences de l'ordre des avocats, par Eug. Mourier, avocat à la Cour royale de Paris, docteur en droit.

16. Observations sur l'éligibilité de M. Abbatucci, député d'Orléans. — Paris, *Paul Dupont*.

17. M. Guizot à ses commettants. Paris, 6 février 1839. — Paris, *Paul Dupont et Cie*.

18. Relation des événements survenus à l'Ecole polytechnique les 12, 13 et 14 mai 1839, par le lieutenant-général Tholosé, ex-commandant de cette école. Paris, 26 juin 1839. — Paris, *Rignoux*.

19. Résumé et solution de la question mexicaine, pour servir à la discussion sur les crédits supplémentaires, par le baron de Beaumont, ancien sous-préfet de Meaux. — PARIS, *Bohaire*, 1839.

20. Appel à l'opinion publique sur la situation de l'Espagne, par M. Fⁿ de M^y . — PARIS, *Mme Goulet, Delaunay, Barba, Jules Laisné*, 1839.

21. Etat de la question, par M. de Cormenin. — PARIS, *Pagnerre*, 1839.

22. La vérité toute entière sur la crise actuelle. Avril 1839. — PARIS, *A.-E. Fain et E. Thunot*.

23. 1839. Désastre du département d'Indre-et-Loire. — Mémoire au Roi par les membres du Comité central de Secours du département d'Indre-et-Loire.

LIASSE N° 2

1840-1847

24. Notice et plan sur le siège de Saint-Jean-d'Acre, en 1840. — PARIS, *Maulde et Renou*, 1840.

25. La vérité sur l'affaire d'Haïti-Saint-Domingue. — PARIS, *Lange Lévy et Cie*, 1840.

26. Indemnité de Saint-Domingue. A Messieurs les Députés, par Ch^{les} Bouteiller, ancien Député. — NANTES, *Camille Mellinet*.

27. Lettre à MM. Germain Sarrut et B. Saint-Edme, rédacteurs de la Biographie des hommes du jour. Paris, le 12 mars 1840, par le maréchal comte Gérard. — PARIS, *H. Fournier et Cie*.

28. De la politique extérieure de la France au 29 octobre 1840, par M. Gustave de Beaumont, membre de la Chambre des Députés. — PARIS, *Ch^{les} Gosselin*, 1840.

29. Appel à tous les Français contre les calomnies par lesquelles on a cherché à flétrir la conduite du comte de Bourmont en 1815, par le Cte de Bourmont. — PARIS, *Poussielgue*, 1840.

30. Mémorial des Gardes nationales de France, recueil officiel des lois, ordonnances, etc., faisant suite au Journal officiel des Gardes nationales et des Sapeurs-pompiers. — PARIS, *Paul Dupont*, 1840.

31. Lettre à Louis-Philippe, par Frédéric Dollé. Paris, le 4 novembre 1841, précédée d'une lettre du même Dollé à MM. les Pairs et MM. les Députés, du 25 janvier 1843. — PARIS, *Guiraudet et Jouaust*.

32. Etat de la Question d'Orient après les débats parlementaires, par M. Louis de Carné, député du Finistère. — Paris, *H. Fournier et Cie*, 1841.

33. Capodistrias. — Note pour l'histoire future de la régénération politique de la Grèce. — Paris *Mme veuve Dondey-Dupré*, 1842.

34. Deuxième lettre à M. de Lamartine sur son passage dans l'Opposition, par M. Mollard, ancien Inspecteur général des finances. Paris, 29 avril 1843. — Paris, *Charpentier*.

35. A MM. les Députés. Quelques réflexions sur M. Guizot, le Tiers-Parti et l'Opposition. — Paris, *Félix Locquin*.

36. Petites lettres politiques adressées à la Gauche-Barrot, par Louis Rochat. — Paris, *Dentu*, 1844.

37. Notice sur les îles Tremiti, avec une carte de ces îles et la vue de la forteresse, et l'île San-Nicola, par le baron de Marguerittes, de Nîmes. — Paris, *Breteau, Martinon, Fournier*, 1844.

38. Notice sur le Chili, par un voyageur français. — Paris, *A. François et Cie*, 1844.

39. Lettres sur les embarras ministériels, à l'occasion d'un projet de loi sur les Postes, par M. Jouhaud. Paris, le 31 août 1845. 1re lettre. — Paris, *Firmin Didot frères*, 1845.

40. Documents américains. Troisième série. Les Etats-Unis d'Amérique et l'Angleterre. Annexion du Texas. L'Orégon, par M. Jollivet, membre de la Chambre des Députés. — Paris, *Bruneau*, avril 1845.

41. Plainte en diffamation et en calomnie portée contre le docteur Civiale, par le docteur Leroy-d'Etiolles. — Paris, *Lacrampe fils et Cie*, juin 1847.

42. Histoire politique des duchés de Sleswig-Holstein dans leurs rapports avec la monarchie danoise, par M. Haüsser, professeur à l'Université d'Heidelberg, traduit de l'allemand. — Paris, *Alfred Bouchard*, 1847.

Liasse n° 3

1848-1856

43. De la politique extérieure de la France depuis 1830, par M. d'Haussonville (Extrait de la *Revue des Deux-Mondes*, livraison du 1er octobre 1848). — Paris, *au bureau de la* Revue des Deux-Mondes, 1848.

44. Appel à la France, par N. Tommaseo, ancien ministre de la République à Venise et député à l'Assemblée. — Paris, *Amyot*, 1848.

45. Circulaire adressée par le Président du Conseil, chargé du pouvoir exécutif, à tous les fonctionnaires civils et militaires. E. Cavaignac, le 10 novembre 1848. — Paris, *Imprimerie Nationale,* novembre 1848.

46. République française. Liberté, Egalité, Fraternité. Constitution de la République française. Délibéré en séance publique à Paris, le 4 novembre 1848 ; Le Président de l'Assemblée nationale, Arm. Marrast et les Secrétaires. — Brest, *J.-B. Lefournier aîné.*

47. Philippique contre les octroyeurs et les brigueurs de places, par un Français de 89. 3e édition, — *Chez l'auteur, rue Montesquieu, et chez tous les libraires de Nancy et du département,* mars 1849.

48. Lettre adressée au Collège électoral du Finistère, par M. Kératry. — Paris, *Comptoir des imprimeurs unis, Comon, éditeur,* mars 1849.

49. Affaires de la Plata. Extrait de la correspondance de M. Eug. Guillemot, pendant sa mission dans l'Amérique du Sud. — Paris, *Lange Lévy et Cie,* 1849.

50. Aux Electeurs du Finistère. De la situation politique et des prochaines élections, par un Electeur qui n'est pas candidat. — Quimper, *Lion,* 1849.

51. Un mot sur la situation politique, par M. Barchou de Penhoën. Aux Electeurs du Finistère. — Paris, *Guiraud et Jouaust,* 1849.

52. Les membres du Comité électoral des Amis de la Constitution, à Quimper, aux Electeurs du Finistère. — Quimper, *Lion,* 1849.

53. Résumé historique des derniers événements de Sicile, par un témoin oculaire (Extrait du journal la *Voix du Peuple,* de Marseille, 9 juin 1849). — Brest, *Ed. Anner.*

54. Révision de la Constitution, par Aug. Nougarède de Fayet. 20 octobre 1849. — Paris, *Amiot.*

55. Notice sur M. le comte Mollien, ministre du Trésor public sous l'Empire, pair de France, par M. le baron de Barante, de l'Académie française, 1850. — Paris, *Firmin Didot frères.*

56. Révision immédiate de la Constitution avec la sanction du Peuple, par M. Boyard, ancien député. — Paris, *Robert,* avril 1850.

57. Réponse à la Protestation des exécuteurs testamentaires du feu Roi Louis-Philippe, contre le décret du 22 janvier 1852.

58. La France et la Russie. Question d'Orient. Février 1854. — Paris, *Imprimerie Impériale.*

59. Inauguration du buste de Sœur Rosalie dans la salle du Conseil de la mairie du XIIe arrondissement, le 22 décembre 1856. Décret impérial du 28 juin 1856. — Paris, *Alexandre Lebon,* 1856.

LIASSE N° 4

1857-1861

60. Napoléon III Président et Empereur, ou aperçu de ses principaux actes, écrits et discours, de décembre 1848 à 1857, mars compris... terminé par un coup d'œil sur les décisions impériales prises par Sa Majesté l'Impératrice en faveur des classes laborieuses ou nécessiteuses, par M. P. Henrichs, ancien chef de bureau au ministère de la marine. Édition populaire. — PARIS, *Garnier frères*, 1857.

61. Ministère de la Guerre. Rapport adressé à l'Empereur sur la situation de l'Algérie au point de vue de l'administration des indigènes en 1856, par le M^{al} Vaillant. — PARIS, *Panckouque*, 1857.

62. Aurons-nous la guerre avec l'Angleterre? par S. Medoros. — PARIS, *E. Dentu*, 1858.

63. Emile de Girardin. L'Empereur Napoléon et la France. — PARIS, *Michel Lévy frères ;* BADEN-BADEN, *librairie de Marx,* M DCCC LIX.

64. Portraits politiques contemporains, par A. de la Guéronnière. Le Comte de Chambord. — PARIS, *Pagnerre, V^{or} Lecou.*

65. La Politique nationale et le Droit des gens, par M. le marquis de Larochejaquelein, sénateur. — PARIS, *E. Dentu*, 1860.

66. L'Empereur et la Démocratie moderne, par M. A. Granier de Cassagnac, député au Corps législatif, membre du Conseil général du Gers. — PARIS, *E. Dentu*, 1860.

67. Les deux grandes perturbations sociales recommencées en Orient et en Occident, par le prince Nicolaos-Steph. Comnène. — PARIS, *Charles Douniol*, 1860.

68. La vérité sur la Révolution actuelle au Mexique, par Estanislao Canedo. — PARIS, *A. Guyot et Scribe*, 1860.

69. Lettre à Son Exc. M. le Ministre du Commerce, par T. Butler King, délégué de l'État de la Géorgie. — PARIS, *Dubuisson et Cie*, 1861.

70. Exposé de la situation de l'Empire présenté au Sénat et au Corps législatif. Février 1861. — PARIS, *Imprimerie Impériale,* M DCCC LXI.

71. La politique du gouvernement danois et les malentendus. Mémoire pour servir à l'appréciation du conflit budgétaire. — HAMBOURG, *M. Rudolphi ;* PARIS, *E. Dentu*, 1861.

72. Ma Réplique. H.-J.-A. Raasloff, conseiller de conférences, commandeur de l'ordre de Danebrog. Traduit du danois. — HAMBOURG, *M. Rudolphi ;* PARIS, *E. Dentu.*

73. Le Danemark, 1814-1861. Souvenirs anecdotiques. Actualité, par le colonel Marnier. — PARIS, *E. Dentu*, 1862.

74. La Question américaine, suivie d'un appendice sur le coton, le tabac et le commerce général des anciens Etats-Unis, par Ernest Bellot des Minières. 4e édition. — PARIS, *E, Dentu*, 1861.

75. Un Schisme et l'Honneur, par le marquis de Larochejaquelein, sénateur. — PARIS, *E. Dentu*, 1861.

76. Lettre à M. de Persigny à l'occasion de sa circulaire contre la Société de Saint-Vincent de Paul, par M. Poujoulat. — PARIS, *Charles Douniot*, 1861.

77. Documents relatifs à la Société de Saint-Vincent de Paul. — PARIS, *W. Remquet, Goupy et Cie*, 1862.

5244.   **Carton n° 17.**

LIASSE N° 1

1861-1863

78. Napoléon III et la France libérale. — PARIS, *H. Dumineray*, 1861.

79. Pétition au Sénat sur la liberté d'enseignement, par l'archevêque de Rennes. Rennes, le 4 février 1862. — RENNES, *H. Vatar*.

80. Réponse aux dernières paroles de la Lettre sur l'Histoire de France. — PARIS, *E. Dentu*, 1861.

81. Au duc d'Aumale. Lettre sur la moralité politique, par Frédéric Billot. — PARIS, *Dentu*, 1861.

82. De la Noblesse française en 1861, par un maire de village. — PARIS, *Ch. Lahure et Cie*, 1861.

83. La solution romaine par les grands corps de l'Etat. — PARIS, *Ch. Douniol*, 1861.

84. L'Empereur, Rome et le Roi d'Italie, 24 août 1861. — PARIS, *E. Dentu*, 1861.

85. La France, Rome et l'Italie, par A. de la Guéronnière. — PARIS, *E. Dentu*, 1861.

86. Lettre à M. le Vte de la Guéronnière en réponse à la brochure : la France, Rome et l'Italie, par Mgr l'Evêque d'Orléans. — PARIS, *Ch. Douniol*, 1861.

87. Réponse à la brochure de M. de la Guéronnière : la France, Rome et l'Italie, par M. Poujoulat. — PARIS, *Ch. Douniot*, 1861.

88. La Question romaine, par Jules Lechevalier Saint-André. — Paris, *E. Dentu*, 1861.

89. La Cause italienne et le P. Passaglia, par son Em. le cardinal Mathieu, archevêque de Besançon. 1861.

90. Le nouveau Royaume des Papes (Solution de la question romaine), par un négociant catholique. 1861.

91. Ouverture de la session législative de 1862. — *Imprimerie Impériale*, janvier 1862.

92. L'Unité de l'Italie est-elle un danger pour la France ? par le marquis de Larochejaquelein. Nouvelle édition. — Paris, *E. Dentu*, 1862.

93. De la France, à propos de l'Italie, par le baron Brenier. — Paris, *Amyot*, mars 1862.

94. Cérémonie funèbre des Polonais à Montmorency. 21e anniversaire. — Montmorency, *Huard*, mai 1862.

95. F. Prévost. La Tunisie devant l'Europe. — Paris, *E. Dentu*, 1862.

96. — F. Prévost et P. Pecquet. — Le Blocus américain. (Droit des neutres). 2e édition. — Paris, *Castet*, 1862.

97. Protestation contre les opérations électorales de la première circonscription du département de l'Isère, adressée à MM. les membres du Corps législatif, par M. Casimir Périer. 1863. — Troyes, *Dufour-Bouquot*.

98. Pétition au Sénat sur la détresse cotonnière, par A. S. Ménier. — Paris, *E. Dentu*, 1863.

99. Pétition adressée au Sénat par Mme la Csse de Vernède de Corneillan, née de Girard, nièce et héritière de M. le chevalier Philippe de Girard, inventeur de la filature mécanique du lin, 1863. — Paris, *Jouaust et fils*.

100. Pièces justificatives à l'appui de la pétition de la Csse de Vernède de Corneillan. Témoignages officiels.

Liasse n° 2

1863-1870

101. Protestation du comte de Flavigny contre l'élection de l'arrondissement de Chinon (Indre-et-Loire), adressée à MM. les membres du Corps législatif, 1863. — Paris, *J. Claye*.

102. Organisation administrative des Etats de l'Eglise. Mémoire du Gouvernement pontifical, communiqué par le Nonce du Saint-Siège au Cabinet français, le 12 janvier 1863, avec préface et introduction par le chevalier Louis Debrauz de Saldapenna. — Paris, *Amyot*, 1863.

103. Réponse de M. Isaac Pereire aux protestations de M. Justin Durand. — Paris, *Paul Dupont*, 1863.

104. Les relations extérieures des Etats-Unis, par Charles Sumner, membre du Sénat des Etats-Unis et Président du Comité des Affaires étrangères. Préface et traduction par A. Malespine. — Paris, *E. Dentu*, 1863.

105. La France avant la Pologne, par M. le marquis de Larochejaquelein. — Paris, *E. Dentu*, 1863.

106. La Réponse russe aux trois puissances. — Paris, *E. Dentu*, 1863.

107. Le Parlement de Turin et la Sicile. Discours de M. d'Ondès-Reggio. Séance du 5 décembre 1863. — Paris, *chez les principaux libraires*.

108. Discours prononcé par Sa Majesté l'Empereur à l'ouverture de la Session législative de 1863-1864. Discours n° 1.

109. Au Sénat. Pétition du comte de Bourcet. Paris, 26 décembre 1863. — Paris, *Devig et Cie*.

110. Election des Pyrénées-Orientales. Analyse des protestations et des pièces justificatives. — Paris, *Ad.-R. Lainé et G. Havard*, 1864.

111. L'Intendance militaire en Crimée. Campagnes de 1854, 1855 et 1856. — Lyon, *E.-B. Labaume*, 1864.

112. Lettre adressée à S. Exc. M. le Ministre du Commerce, de l'Agriculture et des Travaux publics, sur le Mexique et les conséquences de l'expédition française dans ces riches contrées, par M. Duchon-Doris Junior, courtier de commerce et ancien membre du Conseil municipal. — Bordeaux, *Eugène Bissei*, 1864.

113. Un mot sur la neutralisation des îles ioniennes et la question d'Orient, par P. Polycrates. — Paris, *chez les libraires des arcades de l'Odéon*. (1864).

114. Etudes politiques. Le Manifeste de la Paix. Le Congrès. L'Empire c'est la paix, par M. Nouguier père, avocat. — Paris, *Amyot, et chez les principaux libraires*, 1864.

114 *bis*. Deux numéros du *Moniteur universel* (Journal officiel du 28 août et du 18 septembre 1867).

115. Déclaration de l'Empereur au sujet du plébiscite. 23 avril 1870. — *Imprimerie impériale*.

116. Même déclaration en breton. — Kemper, e ty Caen.

117. Journal des Instituteurs et des bibliothèques scolaires, politique, littéraire et pédagogique. Le vote national : oui ou non. Appel à la nation. Le plébiscite de 1870. Dimanche 1er mai 1870. — Paris, *Paul Dupont*.

5245. **Carton n° 18.**

CHEMINS DE FER

QUESTIONS GÉNÉRALES

1. Quelques idées sur les encouragements à accorder aux compagnies concessionnaires des grandes lignes de chemins de fer et autres travaux d'utilité publique. 1836. — *Firmin Didot frères*, in-4°.

2. Rapport de la Commission des procédés nouveaux pour les chemins de fer, présidée par M. Teichmann, inspecteur général des ponts et chaussées, sur les courbes à petit rayon (système Laignel). — Courbe établie près de Malines pour lier le chemin de fer de Bruxelles avec celui de Gand, sans entrer dans la station. (Voir le dessin, à la fin.) — Paris, *chez Mme Huzard*, 1839, in-4°.

3. Chemin de fer à ciel ouvert (2 figures, 2 feuilles).

4. Du concours de l'Etat, par Félix Tourneux. — Paris, *Carilian-Gœury et Vor Dalmont*. In-12. 1840.

5. Nouvelles observations d'un contribuable sur les projets de loi présentés par M. le ministre des travaux publics en faveur des compagnies de chemins de fer. — In-8°. Paris, *Edouard Proux, et Cie*, 1840.

6. Examen des projets de loi sur les canaux et les chemins de fer, proposés en 1840, par J. Milleret. — In-8°. Paris, *Boulé et Cie*.

7. Session de 1842. Examen du projet de loi des chemins de fer, en ce qui concerne les départements du centre et du midi, par Léon Talabot. — In-8°. *Imprim. Panckoucke*, 1842. (Avec carte.)

8. Les postes seront-elles sacrifiées aux chemins de fer ? — Observations sur le projet de loi des crédits extraordinaires, par Jonhaud. — In-8°. Paris, *chez Charpentier*, 1844.

9. Système Jouffroy. — Quelques mots à MM. les rédacteurs du *Journal des Débats*, à propos de leur article relatif au rapport de M. Mallet, sur le chemin de fer atmosphérique. — In-12. Paris, *chez Wittersheim*, 1844.

10. Des systèmes de concession des chemins, dans leur rapport avec les intérêts de l'Etat, par M. Barrillon. — In-8°. LYON, *chez L. Boitet*, 1844.

11. Statistique des voies de communication en France. Carte tableau et développements explicatifs, par Edmond Teisserenc. — In-8°. PARIS, *Plon frères*, 1845.

12. De l'établissement des chemins de fer en France. 5ᵉ et dernière publication. — De plusieurs économies à opérer. — Derniers vœux, ou pétition aux Chambres, par J. Milleret. — In-8°. PARIS, *chez Mathias*, 1845.

13. De la création d'un grand-livre des chemins de fer. — In-8°. PARIS, *imprimerie centrale des chemins de fer de Napoléon Chaix et Cⁱᵉ*, 1859.

14. Solution de la question des chemins de fer. — De l'extension des réseaux et des nouvelles conventions, par M. Gᵉ Poujard'hieu. — In-8°. PARIS, *L. Hachette*, 1859.

15. Des nouveaux projets de chemin de fer pour l'année 1861, par M. Marc. — In-8°. PARIS, *imprimerie centrale des chemins de fer, Napoléon Chaix et Cⁱᵉ*, 1861.

16. La question des bibliothèques des chemins de fer et la brochure de M. Charpentier, par MM. L. Hachette et Cⁱᵉ. — In-4°. PARIS, *Lahure et Cⁱᵉ*, 1861.

17. Les chemins de fer et la navigation. — Solution de la question des transports. — In-8°. PARIS, *Dentu*, 1861.

18. Le Comité des actionnaires de la Caisse générale des chemins de fer, à M. J. Mirès, gérant de la société. — In-8°. PARIS, *Mouis et Cⁱᵉ*. 1861.

19. Affaire de la Caisse générale des chemins de fer. — Cour impériale de Paris. — Plaidoirie de Mᵉ Allou pour le Cᵗᵉ Siméon. — In-4°. PARIS, *Renou et Maulde*, 1861.

20. De l'introduction des voies ferrées dans les communications vicinales et des moyens d'y parvenir. — Exposé et compte-rendu extrait du rapport de M. Migneret, préfet du Bas-Rhin, au Conseil général. — Session de 1861. — In-4°. STRASBOURG, *veuve Berger-Levrault*, 1861.

21. Du tableau graphique et des cartes figuratives, par M. Minard, inspecteur général des ponts et chaussées en retraite. — PARIS, *Thunot et Cⁱᵉ*, in-4°. 1861.

22. Voitures en tôle à couloir et water-closets système Leprovost. — PARIS, *chez l'auteur; au* PECQ, 1863. In-18.

23. Les chemins de fer à bon marché, par Charles Bergeron. — In-12. LAUSANNE, 1863.

24. Chambre de commerce de Rouen. — Observations sur les tarifs généraux, spéciaux et communs des compagnies de chemins de fer. — In-8°. ROUEN, *A. Boissel*, 1863.

25. Pétition au Sénat, au sujet des accidents de chemins de fer et des moyens d'en prévenir le plus grand nombre. — In-8°. PARIS, *A. Lemale*, 1864.

26. La question des tarifs de chemins de fer, par Octave Noël. — In-8°. PARIS, *Guillaumin et Cie*, 1884.

27. S. Philippart. — Lettre au *Journal des Débats* et au *National*. — Les grandes compagnies de chemins de fer et le nouveau réseau. — Les chemins de fer à bon marché. — La Banque franco-hollandaise et le Crédit mobilier. — Réponse aux calomnies. — PARIS, *A. Chaix et Cie*, 1875.

28. La question des chemins de fer. (Extrait de la *Réforme économique*.) — FONTENAY-LE-COMTE, *Robuchon*.

29. L'*Echo de la Presse*. — Question des chemins de fer. — Sommaire : L'apologie du réseau de l'Etat, 1. — Les conventions avec les compagnies, 5. — Les chiffres évasifs, 8. — Les chemins de fer en Amérique, 12. — La concurrence étrangère, 15. — LE HAVRE *Brenier et Cie*.

30. L'*Echo de la Presse*. — Question des chemins de fer. — Sommaire : La théorie socialiste de M. Allain Targé, 1. — Le rôle stratégique des chemins de fer, 6. — Les tarifs des chemins de fer à la Chambre de commerce de Paris, 10. — LE HAVRE, *Brenier et Cie*.

31. La question des chemins de fer. — Sommaire du n° du 1er juin 1882 : 1° Le prochain rachat et les nouvelles compagnies d'exploitation, 1. — 2° Service direct de Lille à Nancy, 6. — 3° Les appétits de l'Ouest, 8. — 4° Le rachat et le remboursement anticipé de la dette des compagnies, 11. — 5° Encore un abus du régime actuel, 14. — FONTENAY-LE-COMTE, *Robuchon, A. Baud, gendre et succr*.

32. La question des chemins de fer. — Sommaire du n° du 1er juillet 1882 : 1° La question des chemins de fer réduite à sa plus simple expression, 1. — 2° La bonne foi des grandes compagnies, 11. — FONTENAY-LE-COMTE, *Robuchon, A. Baud, gendre et succr*.

33. La question des chemins de fer. — Sommaire du n° du 15 juillet 1882 : 1° L'initiative parlementaire, 1. — 2° Conventions nouvelles ; classification incomplète ; le tarif le plus réduit, 9. — 3° Une lacune dans le code pénal, 12. — FONTENAY-LE- COMTE, *Robuchon, A. Baud, gendre et succr*.

34. La question des chemins de fer. — Sommaire du n° du 1ᵉʳ août 1882 : 1° La convention nouvelle avec l'Orléans sanctionnera-t-elle des améliorations sérieuses, 1. — 2° Un marché de dupes, 12. — Fontenay-le-Comte, *Robuchon, A. Baud, gendre et succᵣ*.

35. La question des chemins de fer. (Revue bi-mensuelle ; 8ᵉ année ; 5,000 exemplaire.) Directeur : M. L. D..., à Vouvant (Vendée). — Sommaire du n° du 15 juin 1883 : 1° Les nouvelles conventions (La capitulation, 1. — 2° M. Léon Say et la haute-banque, 5. — 3° La République et les grandes compagnies, 6. — 4° Les conventions, 9. — 5° Le commerce et les compagnies, 11. — 6° Comité d'études des questions de travaux publics, 15. — 7° L'esprit des morts, 16. — Fontenay-le-Comte, *A. Baud*.

36. La question des chemins de fer en Vendée, revue bi-mensuelle (8ᵉ année). — Sommaire du n° du 15 juillet 1883 : 1° la ligne du Centre-Ouest et nos chemins de fer d'intérêt local, 1. — 2° Quelques réflexions urgentes à signaler à la commission des chemins de fer, 5. — 3° M. Bienvenu à la commission des chemins de fer, 11. — 4° Nouvel envahissement de l'Ouest par l'Orléans, 15. — Fontenay-le-Comte, *A. Baud*.

37. La question des chemins de fer. — Sommaire du n° du 1ᵉʳ août 1883 : 1° La ligne centrale des transports à bon marché, 1. — 2° Les conventions avec les compagnies de chemins de fer, 4. — 3° Une situation délicate, 6. — 4° l'exploitation du réseau italien, 8. — 5° Le ministère des grandes compagnies, 9. — 6° Député. — Ministre, 12. — 7° L'emprunt déguisé, 12. — 8° L'initiative parlementaire à propos de la question des chemins de fer, 13. — 9° Mise à l'œuvre de la ligne centrale des transports à bon marché, 14. — 10° La nouvelle ligne de Calais à Marseille, 15. — 11° Une parole de Gambetta. — Fontenay-le-Comte, *A. Baud*.

CHEMINS DE FER DU NORD ET D'ORLÉANS

1. Chambre de commerce de Lille. — Rapports sur les chemins de fer du Nord. — Ligne principale de Paris à Lille. — Embranchements de la Belgique et des ports du littoral. — Stationnement à Lille. — Carte du chemin de fer du Nord. — Plan de la ville et des environs de Lille. — In-4°. Lille, *Pavillez-Rousselle*, 1838.

2. Avant-projet d'un chemin de fer de Lille à Dunkerque par l'Est de Cassel (avec carte). — In-4°. Paris, *A. Belin et Cⁱᵉ*, 1838.

3. Mémoire des délégués de la ligne de Saint-Quentin. — Première partie. — Statistique. — Mémoire statistique sur les avantages que présente la ligne de Paris à la frontière belge, par Saint-Quentin. — In-4°. Paris, *A. Everat et Cⁱᵉ*, 1838.

4 Chemin de fer de Paris à la frontière belge, par Compiègne et les vallées. — Notes de la Compagnie Maurenq et Drouillard. — Paris, 1838.

5. Mémoire des délégués de la ligne de Saint-Quentin. — 2ᵉ partie, Politique. — In-8°. Paris, *A. Everat et Cⁱᵉ*, 1838.

6. Chemin de fer de Paris à la Belgique. — Observations sur la préférence que doit avoir la ligne d'Amiens sur celle de Saint-Quentin, par M. Pascal, l'un des délégués de la ville de Lille pour les chemins de fer. — In-4°. Lille, *Leleux*.

7. Chemin de fer de Paris à la Belgique. — Observations sur la préférence que la ligne de Paris à Lille, par Pontoise, Beauvais, Amiens, Arras et Douai, doit obtenir sur celle de Saint-Quentin, par la commission des délégués des villes de Pontoise, Méru, Beauvais, Amiens, Arras, Lille, Calais, Boulogne et Abbeville. — Gᵈ in-4°. Amiens, *Ledieu fils*. (Carte.)

8. Mémoire présenté au gouvernement par la compagnie du chemin de fer de Paris à Orléans. — In-8°. Paris, *Paul Dupont et Cⁱᵉ*, 1839.

9. Documents soumis à la Chambre des députés, relativement à la concession du chemin de fer d'Orléans à Tours. — In-4°. Paris, *Félix Locquin*, 1843.

10. Rapport sur la construction des chemins de Poitiers à la Rochelle, de Tours au Mans et de Nantes à Saint-Nazaire. — Gᵈ in-4°. Paris, *Paul Dupont*, 1862. (Avec tableaux.)

CHEMINS DE FER DU MIDI

1. Notice sur le chemin de fer de la Loire, d'Andrézieux à Roanne, concédé à perpétuité par ordonnance royale du 26 avril 1829. — In-12. Paris, *Firmin Didot frères*, 1840.

2. Le chemin de fer de la Loire au Rhône, par M. Bontoux, ingénieur des ponts et chaussées. — In-8°. Paris, *Carilian-Gœury et Vᵒʳ Dalmont*, 1850.

3. Chemin de fer de Bordeaux à Cette. — Embranchement de Narbonne à Perpignan. — Mémoire adressé à M. le Ministre des travaux publics, sur la jonction nécessaire des deux chemins de fer à Narbonne, par M. Hippolyte Faure. — In-12. Narbonne, *Caillard*, 1853.

4. Projet d'un chemin de fer international de Toulouse à Lérida, par la vallée du Salat (Ariège) et par celle de la Noguera-Paillaressa (Catalogne), présenté au gouvernement le 19 mai 1856 par M. Aristide Ferrere, commandant extraordinaire de l'ordre de Charles III. — Avec carte. — In-4°. Bordeaux, *Durand*, 1860.

5. Le chemin de fer de Paris à Lyon, au point de vue militaire, par Léon de Montbeillard. — In-8°. Paris, *Firmin Didot frères*.

6. Compagnie des chemins de fer du Midi et du canal latéral à la Garonne. — Chemin de fer littoral de Cette à Marseille. — Première réponse aux observations de la compagnie de Paris à Lyon et à la Méditerranée. — In-4°. Paris, *Poitevin*, 1862.

7. Réponse anx nouvelles observations de la compagnie de Paris à Lyon et à la Méditerranée. — In-4°. Paris, *Poitevin*, 1862.

7 a. Lettre à S. Exc. M. le Ministre des travaux publics, en réponse aux observations de la compagnie de Paris à Lyon et à la Méditerranée. — In-4°. Paris, *imprimerie parisienne, Dupray de la Mahérie et C*ie, 1862.

8. Ville de Valence. — Chemin de fer de Valence à Grenoble. — Rapport présenté au Conseil municipal par la commission du chemin de fer, dans sa séance du 11 janvier 1862, et délibération du Conseil. — In-8°. Valence, *Jules Céas*, 1862.

9. Marseille et les chemins de fer français. — In-8°. Paris, *E. Brière*, 1862.

10. Compagnie des chemins de fer du Midi et du canal latéral à la Garonne. — Projet d'un chemin de fer littoral de Cette à Marseille. — In-4°. Paris, *imprimerie parisienne, Dupray de la Mahérie et C*ie, 1862.

11. Chemin de fer littoral de Cette à Marseille. — Extrait de diverses délibérations. — In-4°. Paris, *Poitevin*, 1862.

12. Le chemin de fer direct de Lyon à Bordeaux à la dernière session des Conseils généraux. — Extrait des délibérations. — In-4°. Paris, *Dunod, éditeur*, 1863.

CHEMIN DE FER DE PARIS A VERSAILLES. — CHEMIN DE FER DE PARIS A LA MER. — CHEMIN DE FER DE PARIS A LA MER ET A STRASBOURG. — CHEMIN DE FER DE JONCTION DES HALLES CENTRALES. — RÉSEAU DES VOIES FERRÉES SOUS PARIS. — CHEMIN DE FER ET DOCKS DE SAINT-OUEN-PARIS. — CHEMIN DE FER DE PARIS A ROUEN, AU HAVRE ET A DIEPPE. — A ROUEN ET AU HAVRE.

1. Chemin de fer de Paris à Versailles (Rive gauche). — Observations de la compagnie Seguin frères sur le projet de loi amendé par la commission (Rapporteur, M. Salvandy, député de l'Eure). — In-4°. Paris, *Grégoire et C*ie, 1836.

2. Société libre pour concourir au progrès du commerce et de l'industrie de Rouen. — Mémoire au Roi, aux Chambres législatives, au Conseil des ministres et à MM. les Ministres des travaux publics et de l'intérieur, sur le chemin de fer de Paris à la mer, par la vallée de la Seine; suivi d'extrait des délibérations prises par les Conseils municipaux et les Chambres consultatives auxquels il a été communiqué. — G^d in-4°. Paris, *Nicolas Périaux*, 1837.

3. Note sur le chemin de fer de Paris à Versailles, par la rive droite de la Seine.

4. Mémoire relatif au chemin de fer de Paris à la mer et à Strasbourg, présenté par le Conseil municipal et la Chambre de commerce du Havre. — In-4°. — Havre, *imprimerie du commerce, Alph. Lemale*, 1838.

5. Chemin de fer de Paris à la mer. — In-4°. Paris, *Crapelet*, 1839.

6. Chemin de fer de Paris à Versailles (Rive gauche). — Causes de la ruine de l'entreprise et réponses critiques aux attaques de la compagnie, par Alexandre Corréard, ingénieur. — G^d in-4°. — Paris, *L. Mathias*, 1839.

7. Chemin de fer de jonction des halles centrales avec le chemin de fer de ceinture. — Rapport à l'appui du projet, par MM. Edouard Brame, ingénieur des ponts et chaussées, et Eug. Flachet, ingénieur en chef du chemin de fer de Saint-Germain. — In-8°. Paris, V^{or} *Dalmont*, 1836.

8. Réseau des voies ferrées sous Paris. — Transports généraux dans Paris, par un réseau de voies ferrées souterraines desservant les principaux quartiers et les mettant en communication avec les gares des chemins de fer, et par un service complémentaire de voitures à chevaux, par L. Le Hir, docteur en droit, avocat. — In-8°. Paris, *Guiraudet et Jouaust*, 1856.

9. Travaux publics. — Le chemin de fer et les docks de Saint-Ouen-Paris. — In-4°. Paris, *Napoléon Chaix et Cie*, 1863.

10. Chemin de fer de Paris à Rouen, au Havre et à Dieppe, par les plateaux, avec embranchement sur Louviers et Elbeuf. — Mémoire. — In-4°. Paris, *Maulde et Renou*, 1838.

11. Compagnie Riant. — Chemin de fer de Paris à Rouen et au Havre, par la vallée de la Seine. — In-4°. Paris, *Moreau et Bruneau*, 1838.

CHEMINS DE FER DE L'OUEST.

1. Rapport fait au Conseil municipal de la ville de Caen, dans sa séance du 5 août 1844, sur un projet d'embranchement de chemin de fer à diriger sur la Basse-Normandie. Avec carte. — In-4°. Caen, *A. Hardel*, 1844.

2. Chemins de fer de l'Ouest. — Procès-verbal de la séance du 9 décembre 1844. — Première réunon des délégués des villes de l'Ouest et du Calvados. — In-4°. Caen, *A. Hardel*, 1844.

3. Rapport et documents statistiques sur le chemin de fer de Paris à Cherbourg, par Chartres, Alençon et Caen, présentés au Conseil municipal de Caen, dans sa séance du 10 janvier 1845. — In-4°. Caen, *A. Hardel*, 1845.

4. Chemin de fer de Paris à Brest. — Traverse du Finistère. — Réclamation de la Chambre de commerce de Morlaix. — In-4°. Morlaix, *V. Guilmer*, décembre 1845.

5. Observations présentées à MM. les membres de la Chambre des députés, par le Conseil municipal et la commission permanente de la ville de l'Aigle, sur le supplément au rapport fait au nom de la commission chargée d'examiner le projet de loi relatif aux chemins de fer de l'Ouest, par M. Lacrosse, député du Finistère, dans la séance du 15 avril 1846. — In-4°. L'Aigle (Orne), *P.-L. Bredif*, 1846.

6. Département de la Sarthe. — Note sur la direction à donner au chemin de fer de l'Ouest dans la partie comprise entre Le Mans et Laval, et observations sur le tracé proposé par M. Robinot. Planche. — In-4°. Paris, *H. Fournier et Cⁱᵉ*.

7. Chemin de fer de L'Ouest. — Réponse à la notice de M. Robinot, par un auditeur au Conseil d'Etat, membre du Conseil d'arrondissement du Mans. — In-8°. Paris, *H. Fournier*, 1846.

8. Chemin de fer de l'Ouest. — Propositions faites à M. le Ministre des travaux publics par les deux compagnies de chemins de fer de Versailles, pour la mise en exploitation de la section de Versailles à Chartes. — In-4°. Paris, *Paul Dupont*, 1847.

9. Observations sur le réseau des chemins de fer de Bretagne. — In-8°. Quimper, *Lion père*, 1854.

10. Chemin de fer de Bretagne. — Chemins de fer de Rennes à Saint-Malo. — Rapport de l'ingénieur en chef, directeur sur le chemin de fer de Rennes à Saint-Malo et sur le résultat des enquêtes d'intérêt public ouvertes dans les départements d'Ile-et-Vilaine et des Côtes-du-Nord, sur les avant-projets de ce chemin. Carte. — In-4°.

11. Réflexions sur la question de tracé de chemin de fer de Paris à Brest, adressées à Son Exc. M. le Ministre des travaux publics, par le Conseil municipal de Guingamp. — In-4°. Guingamp, *Rouquette*, 1857.

12. Chemin de fer de Paris à Rennes. — Observations sur la ligne du Mans à Laval.

13. Observations soumises au Corps législatif par les membres de la commission des chemins de fer du Centre dans le département des Côtes-du-Nord, à l'occasion des modifications projetées au cahier des charges de la compagnie de l'Ouest. — In-4°. PARIS, *Bailly, Divry et Cie*.

14. Chemin de fer de l'Ouest. Ligne de Bretagne par le littoral Nord. Observations de l'arrondissement de Lannion sur le tracé du chemin de fer entre Guingamp et Morlaix. — In-4°. LANNION, *J.-F. Le Goffic*, 1860.

15. Chambre de commerce de Cherbourg. — Chemin de fer stratégique de Cherbourg à Brest. — Réclamation contre le tracé de l'avant-projet entre Coutance et Saint-Lô. — Nécessité d'études pour un nouveau tracé partant de Couville et se rendant en ligne directe à Coutance. — In-4°. CHERBOURG, *Aug^{te} Mouchet*, 1865.

16. Chemin de fer stratégique de Cherbourg à Brest. — Délibération du Conseil municipal de Cherbourg. — Séance du 8 décembre 1865. — In-4°. CHERBOURG, *Aug^{te} Mouchet*, 1865.

17. Chemin de fer stratégique de Brest à Cherbourg. — In-4°. Avec carte. PARIS, *Paul Dupont*, 1867.

18. Préfecture du Finistère. — Chemins de fer de l'Ouest. — Arrêté concernant un nouveau Tarif spécial P. V. n° 27, pour les embranchements particuliers. — 1869.

19. Note sur un projet de chemin de fer à établir dans le centre et le Nord du département du Finistère. — In-4°. PARIS, *Seringe frères*, 1878.

20. Chemins de fer de l'Ouest. — Tableau de la marche des trains sur tout le réseau. — Service du 1er novembre 1876. — G^d in-4° PARIS, *imprimerie Motteroz*.

21. Les chemins de fer de la Bretagne, par M. G. de Kerigant, ancien membre du Conseil général des Côtes-du-Nord. — PARIS, *A. Chaix et Cie*, 1878.

CHEMINS DE FER ÉTRANGERS

1. — Lettre sur sa mission en Angleterre, adressée à M. Dufaure par M. Edmond Teisserenc. — In-8°. PARIS, *Poulin et Hetzel*, 1840.

2. Compagnie des chemins de fer de Madrid à Saragosse et à Alicante. — Rapport à l'Assemblée générale des actionnaires, tenue à Madrid le 29 janvier 1857. — In-8°. PARIS, *Paul Dupont*, 1857.

3. Le devoir des agents de change et la compagnie du chemin de fer de Barcelone à Saragosse, par Sourigues. — In-8°. PARIS, *Castel*, 1861.

4. Les chemins Lombards, par D. Fontaine. — in-8°. PARIS, *E. Dentu*, 1862.

5249.   **Carton n° 19.**

QUESTIONS HIPPIQUES

1. Quelques mots sur les remontes, par M. Léonce de Montbrisson, capitaine au corps de la remonte générale. — Paris, *L.-E. Erhan*, 1835.

2. Un mot sur les remontes et sur la cavalerie, en réponse à la brochure de M. le général de la Roche-Aymon, intitulée : Observations historiques et critiques sur les remontes, par le général Préval. — Paris, *Baudouin, Anselin, Delaunay*, 1835.

3. Réponse à quelques observations sur les haras. Réflexions sur l'élève du cheval en Normandie, par E.-H. — Saint-Lo, *L.-L. Potier*, 1835.

4. Quelques mots sur les remontes militaires et sur les haras, par M. Geffrier de Neuvy, ancien officier au 20° régiment de chasseurs à cheval, ancien élève de l'école de cavalerie de Saumur. — Paris, *Guiraudet et Ch. Jouaust*, 1838.

5. De la cavalerie et du casernement des troupes à cheval, par le lieutenant-général Mis Oudinot. (Extrait du *Spectateur militaire.*) — Paris, *Bourgogne et Martinot*, 1840.

6. De la cavalerie en France. — Batignolles-Monceaux, *A. Desrez*, 1840.

7. De l'établissement des troupes à cheval dans les grandes fermes, par le général Bugeaud. — Paris, *E. Brière*, 1840.

8. Notes sur les intérêts agricoles, à l'occasion des remontes de la cavalerie française, par T.-C. Caseaux, ancien ingénieur au service de l'Etat. — Paris, *Bouchard, Huzard, Ledoyen.* Paris, 31 mars 1842.

9. Des remontes de l'armée, de leur rapport avec l'administration des Haras, par le lieutenant-général Mis Oudinot. — Paris, *G. Laguionie*, 1842.

10. Développement et moyens d'exécution du projet pour la remonte de la cavalerie par les chevaux de la gendarmerie et l'amélioration de la race chevaline, présenté au Roi en janvier dernier, par Frédéric L'Enfant. — Paris, *Dentu*, 1842.

11. Des remontes de l'armée et de leurs rapports avec l'agriculture, par le Mis de Torcy, membre du conseil général d'agriculture. 2° édition, augmentée. — Paris, *chez tous les Marchands de nouveautés et au bureau du* Journal des haras. 10 avril 1842.

12. Mesures à prendre pour produire de bons chevaux en France, par Ach. Marat. — Paris, *Dentu*, 30 avril 1842.

13. Essai sur la situation de l'industrie chevaline, ses besoins et les moyens de régénération, par le Vᵗᵉ A. de C... — Paris, *Dentu*, 1842.

14. Un mot sur les causes de la mortalité des chevaux dans la cavalerie française, par M. Reynal, ex-vétérinaire en 1ᵉʳ au 6ᵉ régiment de lanciers, etc. — Paris, *Félix Locquin*, 1842.

15. Des remontes de l'armée. Réponse à M. le Mˡˢ de Torcy, par H. de Gaujat, capitaine au corps royal d'état-major. — Paris, *Edouard Proux et Cⁱᵉ*, 1842.

16. Les haras et les remontes, la guerre et les brochures, par Adolphe Dittmer. 2ᵉ édition. — Paris, *L. Mathias (Augustin)*, 1842.

17. Ministère de la guerre. — Rapport sur les remontes de l'armée, par la commission spéciale des remontes. 18 mars 1842. — Paris, *Imprimerie Royale*, 1842.

18. *L'Argus des haras et des remontes*, journal de la réforme des abus, dans l'intérêt des éleveurs de chevaux, de la cavalerie et de l'agriculture, sous la direction de X. de Nabat, ancien officier de cavalerie et directeur des haras royaux. — Paris, *au bureau du journal*, 1842.

19. Réflexions sur le rapport de la commission du budget des haras et des remontes, par le duc de Gramont (Extrait de l'*Argus des haras et des remontes*). — Paris, *P. Baudouin*, 1843.

20. Au Pays et aux Chambres, le comice hippique. — La question chevaline considérée sous le point de vue national, agricole, économique et militaire. — Paris, *Bureau, succʳ d'Everat*, 1843.

21. Vingt pages à lire, ou la question chevaline simplifiée, par M. le lieutenant-général Cᵗᵉ A. de Girardin et le Mˡˢ de Torcy, membre du conseil général d'agriculture. — Paris, *Dauvin et Fontaine, Dentu, Bureau*, 1843.

22. Réponse à la brochure publiée par le comice hippique, sur la question chevaline. — Paris, *Pierre Baudouin*, 1843.

23. Sur l'état de la population chevaline en France, et sur ses conséquences, à M. le Ministre de l'agriculture et du commerce, par le lieutenant-général Cᵗᵉ de Girardin. — Paris, *Paul Dupont et Cⁱᵉ*. 1844.

24. — De la disparition en France du cheval léger, de la nécessité d'en avoir et des moyens d'y faire prospérer cette espèce, par M. J.-B. Sablon, ancien membre du Conseil général du Puy-de-Dôme. — Clermont-Ferrand, *Perol*, 1844.

25. Congrès central d'agriculture tenu à Paris, au palais du Luxembourg, sous la présidence de M. le duc Decazes, du 27 février au 4 mars 1844. — Industrie chevaline. — Opinion émise par le colonel Cte Borgarelli d'Ison, membre du Conseil général du Calvados, dans la séance du 4 mars 1844. — PARIS, *Mme Bouchard, Huzard, Ledoyen;* CAEN, *M. Leroy*, 1844.

26. De l'équitation militaire de l'ancienne et de la nouvelle école. Extrait du *National*, n^os des 6, 10, 16 et 23 septembre 1845. — PARIS, *Pagnerre et au manège de M. de Fitte*, 1845.

27. Examen de la question chevaline dans le département des Côtes-du-Nord, au point de vue des encouragements et des primes distribués par l'Etat et par le Conseil général. — SAINT-BRIEUC, *Guyon frères*, 1859.

28. Exposé d'un nouveau système de frein pour arrêter les chevaux emportés, par M. le Cte de Strada, capitaine au 79e ligne. Planches explicatives. — PARIS, *A. Apper*, 1860.

29. *Journal des haras.* Chasses, courses, cavalerie, agriculture, littérature. 33e année. 1re série. Tome LXXI. Mai 1862. — PARIS, *Mouis et Cie.*

30. Rapport sur l'administration de haras pour l'année 1862. — Rapport au ministre d'Etat, par le général Fleury, directeur général des haras. Paris, 3 janvier 1863.

31. Comice agricole de Carhaix. — Industrie chevaline. — Le trèfle et le dressage en Cornouaille. — Mémoire lu en séance générale le 16 janvier 1862, par M. H.-M. Tanguy, vétérinaire. — MORLAIX, *A. Lédan.*

32. Les chevaux français et le commerce, par M. Houël. — PARIS, *Mouis et Cie*, 1864.

33. Corps législatif. — Session 1864. — Discours prononcé par M. de Saint-Germain, député au Corps législatif, dans la discussion du budget sur la 3e section du ministère de la maison de l'Empereur et des beaux-arts, intitulée : Haras. Séance du 21 mai 1864. — PARIS, *Poupart-Davyl et Cie*, 1864.

34. La liberté des haras et la crise chevaline en 1864, par M. le Cte Foucher de Careil, conseiller général du Calvados, etc. — PARIS, *E. Dentu*, 1864.

35. Conseil général du Finistère. — Session d'août 1872. — Rapport présenté au Conseil sur la question chevaline, par M. de Forsanz, député du Finistère, membre du Conseil général. — BREST, *J.-P. Gadreau*, 1872.

86. Les chevaux du Finistère au concours de la Société hippique française à Nantes (9-15 mars 1874). — Rapport à M. Armand Pihoret, préfet du Finistère, par H.-M. Tanguy, médecin-vétérinaire. — BREST, *J.-P. Gadreau*, 1874.

87. Elevage et dressage simultané du cheval. — Exposé de la méthode nouvelle appliquée par M. G. Le Bian, dans sa propriété de l'Hermitage, commune de Lambézellec, près Brest. — PARIS, *C. Motteroz*, 1877.

5250.   **Carton n° 20.**

CHEMINS VICINAUX. — ROULAGE. — MESSAGERIE.
TRAVAUX DE PRESTATION.

1. Projet de loi relatif à la réparation et à l'entretien des chemins vicinaux, lequel offre d'autres moyens d'exécution que ceux qui ont été proposés jusqu'ici par M. le ministre de l'intérieur et la commission nommée à cet effet dans la Chambre des députés. — In-12. PARIS, *Goetschy fils et Cie*.

2. Observations présentées aux Chambres législatives sur les principes fondamentaux du rapport de la commission chargée de l'examen du projet de loi concernant les chemins vicinaux, proposé à la Chambre des députés, le 22 avril 1835, par M. B. Eymery. — In-4°. BORDEAUX, *Lanefranque aîné*, 1835.

3. Mémoire à consulter et consultations et adhésions pour les entrepreneurs de voitures publiques contre les maîtres de poste faisant de la messagerie sur leur parcours. — In-4°. PARIS, *Paul Dupont et Cie*, 1836.

4. Département du Finistère. — Règlement rédigé en exécution de la loi du 21 mai 1836, sur les chemins vicinaux. (Bulletin administratif de la préfecture du Finistère, n° 624.) — In-8°. QUIMPER, *E. Blot fils*, 1837.

5. Lettres et notes sur la comptabilité des chemins vicinaux et les contingents des communes dans le Finistère, par M. Lacrosse, député. — In-8°. BREST, *Ed^{rd} Anner*, 1841.

6. Suite des lettres sur la comptabilité des chemins vicinaux et les contingents des communes dans le Finistère. — In-8°. BREST, *Ed. Anner*, 1841.

7. Note sur le roulage et les routes d'Angleterre et de France, par Berthault-Ducreux, ingénieur en chef des ponts et chaussées. — In-8°. — PARIS, *Carilian-Gœury et V^{or} Dalmont*, 1843.

8. De la nécessité d'organiser les travaux de prestation, par Jules Cambacérès, ingénieur en chef des ponts et chaussées, attaché au ministère de l'intérieur. — In-8°. Paris, *Carilian-Gœury et V°⁺ Dalmont*, 1844.

9. Chemins vicinaux. — Emprunt. — Réponse aux critiques dirigées contre le projet voté par le Conseil général. — Quimper, *Ch. Cotonnec*, 1875.

5251.   **Carton n° 20.**

PONTS ET CHAUSSÉES. — PAQUEBOTS TRANSATLANTIQUES.

1. Administration générale des ponts et chaussées et des mines. — Phares et canaux. — Description sommaire des phares et fanaux allumés sur les côtes de France au 1ᵉʳ mars 1831. — In-12. *Imprimerie Royale*, 1831.

2. Mémoire sur les expériences de cylindrage de chaussées et empierrements faits à Paris et dans le département de la Seine, et sur les procédés actuels de construction et d'entretien des chaussées, par C.-H. Schattenmann. — In-12. Paris, *P. Bertrand, C. Gœury et V°⁺ Dalmont, Bouchard-Huzard*, 1844.

3. Ponts et chaussées. — Amélioration de la Basse-Seine. — Rapport fait à M. le ministre des travaux publics, par M. Doyat, ingénieur en chef des ponts et chaussées. — In-8°. Rouen, *A. Péron*, 1846 (26 janv.).

4. Ponts et chaussées. — Amélioration de la Basse-Seine. — Réponse de l'ingénieur en chef des ponts et chaussées du département de la Seine-Inférieure aux objections faites le 10 février 1846, par la commission de la Chambre des députés, au projet présenté par M. le ministre des travaux publics, le 26 janvier 1846. — In-8°. Rouen, *A. Péron*, 1846.

5. Département de la Corse. — Ponts et chaussées. — Situation du service au 1ᵉʳ août 1851. — Rapport de l'ingénieur en chef. — In-4°. *Impr. Kæppelin*, 1851.

6. Département de la Corse. — Ponts et chaussées. — Situation du service au 1ᵉʳ août 1852. — Session du Conseil général de 1852. — Rapport de l'ingénieur en chef. — In-4°. *Impr. Kæppelin*, 1852.

7. Département de la Corse. — Ponts et chaussées. — Marais de la Corse. — Considérations générales et projet de desséchement des marais de Calvi, Saint-Florent et du Golo (rive droite). — Rapport de l'ingénieur en chef, 1852. — In-4°. Salins, *imprimerie de Billet*, 1852.

8. De la chute des ponts dans les grandes crues, par M. Minard, inspecteur général des ponts et chaussées, en retraite. Avec carte. — In-4°. PARIS, *E. Thunot et C*ie, 1856.

9. Examen de quelques questions relatives à l'établissement de paquebots à vapeur entre la France et l'Amérique. — BREST, *Ed*rd *Anner*, in-4°.

10. Paquebots transatlantiques. — Mémoire présenté par la Chambre de commerce de Lorient, par Eug. Manuel. — In-4°. PARIS, *H. Simon Dautreville et C*ie, 1852.

11. Les paquebots transatlantiques. — Brest, Le Havre, Cherbourg, Marseille, Paris, Nantes, Bordeaux, par L. Le Hir, docteur en droit, avocat. — In-4°. PARIS, *au bureau des annales du droit commercial*, 1857.

12. Compagnie générale transatlantique. — Assemblée générale du 19 décembre 1861. — Rapport présenté par le conseil d'administration. — Présidence de M. Emile Pereire. — In-4°. PARIS, *Paul Dupont*, 1861.

13. Compagnie générale transatlantique. — Assemblée générale ordinaire du 18 avril 1863. — Rapport présenté par le conseil d'administration. — Présidence de M. Emile Pereire. — In-4°. PARIS, *Paul Dupont*, 1863.

5252. **Carton n° 20.**

NAVIGATION. — CANAUX. — PORTS.

1. Rapport verbal fait à l'Académie royale des sciences, dans sa séance du 19 mars 1827, sur un projet de barrage à l'embouchure de la Seine, par M. P.-S. Girard. — In-8°. PARIS, *Paul Renouard*, M DCCC XXVII.

2. Jonction de la Manche à l'Océan par l'Orne et la Loire. — In-12. CHERBOURG, *Noblet*, 1836.

3. Observations sur le discours prononcé à la Chambre des députés le 15 juin 1837, par M. Legrand, directeur général des ponts et chaussées, au sujet du canal latéral à la Garonne et du canal des Pyrénées. — In-4°. PARIS, *Félix Locquin et C*ie, 1837. Avec carte.

4. Canal de jonction de l'Aisne à la Marne. — Adresse à la Chambre des députés par le commerce de la ville de Reims. Avec carte. — In-4°. PARIS, *Paul Dupont et C*ie, 1838.

5. Observations adressée à MM. les députés de la Gironde sur le projet de canal à ouvrir dans les Landes, présenté à la Chambre dans sa séance du 17 février 1838, par de Sauvage, propriétaire en Médoc. — PARIS, *Ad. Maëssart et Jousset*, in-4°. 1838. Avec carte.

6. Supplément à un écrit sur le régime des canaux, publié le 20 novembre 1837, par François Aulagnier. — In-4°. PARIS, *chez Mᵐᵉ de Lacombe*, 1838.

7. Canalisation de Bretagne. — Renseignements importants relatifs au bassin à flot de Redon, adressés à M. le ministre des travaux publics par le sʳ Cahent. — In-4°. NANTES, *Merson*, 1840.

8. Un réseau de viabilité par le cours d'eau. — Exposé et considérations sur le moyen d'obtenir sur le sol de la France la viabilité gratuite, l'amendement, l'irrigation et la force motrice, par Paul Andrieu. — In-8°. PARIS, *Carilian-Gœury et Vᵒʳ Dalmont;* LYON, *Ayné*, 1842.

9. Conseil général du commerce. — Session 1845-1846. — Navigation intérieure. — Rapport présenté au Conseil par la commission des vœux généraux, dans sa séance du 15 janvier 1846. — In-12. LILLE, *Vanackere*, 1846.

10. Chambre de commerce de Paris. — Rapport sur les tarifs de la navigation. — In-8°. PARIS, *Vinchon*, 1846.

11. Chambre de commerce de Rouen. — Rapport à la Chambre de commerce de Rouen sur l'amélioration de plusieurs rivières et ports à marées d'Angleterre et d'Ecosse (12 décembre 1845). — In-8°. Avec planche. PARIS, *librairie scientifique industrielle de L. Mathias* (*Augustin*), 1846.

11ᴀ. Navigation de la Seine entre Paris et Rouen, par Hʸ Maillet du Boullay. — ROUEN, *D. Brière*.

12. Lettre à MM. les ministres des finances et des travaux publics, sur l'urgence d'introduire une réforme dans l'exploitation des canaux de l'Etat, par les membres du syndicat des voies de communication de Saint-Etienne à Paris, par la vallée de la Loire. — In-4°. PARIS, *Binard, et Cⁱᵉ*, 1847.

13. Etudes sur les travaux maritimes, par Bernard Fortin, ingénieur ordinaire des ponts et chaussées. — Embouchure de la Seine (addition). — Etude sur les travaux qu'il conviendrait d'exécuter pour diminuer les inondations de la Loire. — In-4°. PARIS, *Robiquet et Carilian-Gœury et Vᵒʳ Dalmont;* ROUEN, *Le Brument*, 1847.

14. Quatrième lettre sur l'urgence des moyens de réformer la navigation artificielle, adressée à MM. les membres de l'Assemblée nationale,
au sujet du projet de loi relatif au rachat des actions de jouissance des
canaux, par Auguste Barde, président du conseil d'administration du
canal de Roanne à Digain. — PARIS, *imprimerie centrale de Napoléon
Chaix et C*, in-4°, 1850.

15. Observations sur le projet d'affermage des quatre canaux et du canal
du Rhône au Rhin, de même que du rachat des actions de jouissance de
ces canaux, par A. Renouard de Bussières, délégué de la Chambre de
commerce de Strasbourg, et Ferd. Kœchlin père, délégué de la Chambre
de commerce du Haut-Rhin. — In-4°. PARIS, *Paul Dupont*, 1851.

16. Canal maritime de jonction de l'Océan à la Méditerranée, considéré
comme le prolongement de l'ouverture de l'isthme de Suez pour relier
l'Orient à l'Occident, par M. Aug^te du Peyret. — In-8°. PARIS, *Hachette ;*
BORDEAUX, *Lafargue, Féret ;* NANTES, *chez les principaux libraires*, 1861.

17. Port du Havre. — Entreprise du lestage. — Cahier des charges.
— In-8°. LE HAVRE, *Flambard frères*.

K. — Restauration (1815-1830).

5253. — DURAND (CHARLES). — Défense de M. le lieutenant général
Lamarque. — PARIS, *Plancher, 1818, in-8° cart.*

o. *Révolution de 1870. — 3e République.*

5254. — LACROIX (EUG.). — Le 5e bataillon de marche du 2e régiment
d'infanterie de marine. — ARMÉE DE LA LOIRE.

L. — Histoire royale et princière de France.

5255. — BAPST (GERMAIN). — Histoire des joyaux de la Couronne de
France, d'après des documents inédits. Ouvrage orné de 50 gravures.
— PARIS, *Hachette et C*, 1889, in-8° br.

N. — Mélanges d'histoire politique et civile de France.

a. *Etat politique. — Droit public. — Gouvernement, etc.*

5256. — MÉZIÈRES (A.). — En France. — XVIIIe et XIXe siècles,
2e édition. — PARIS, *Hachette et C*, 1886, in-8° br.

5257. — SIBERT (Gautier de). — Variation de la monarchie française dans le gouvernement politique, civil et militaire, ou histoire du gouvernement de France, depuis Clovis jusqu'à la mort de Louis XIV. — Paris, *Saillant, 1765,* 4 vol. rel., p^t *in-8°.*

c. *Population. — Milice. — Finances, etc.*

5258. — COMPTE RENDU des recettes et dépenses faites par la caisse centrale du trésor impérial, à Paris, pendant l'an 1809, présentées à S. M. l'Empereur et Roi, par son Maître du Trésor. — Paris, *Imprimerie Impériale, 1811, in-f° br.*

5259. — SABATIER — Réflexions sur l'aperçu des recettes et dépenses de l'an 1815, présenté à la Chambre des députés le 22 juillet 1814, et sur le rapport fait au Roi par le ministre des finances. — Paris, *Bacot,* s. d., *in-8° br.* (mutilé).

5260. — LÉGION D'HONNEUR. — Situation des recettes et dépenses de l'Ordre pour l'année 1820. — Budget de l'an 1821. — *In-4°* br.

5261. — ETATS de population, de culture et de commerce, concernant les colonies françaises, pour les années 1834-35 et 37.

5262. — LE ROND (Jean). — Comparaison des budgets de 1830 et de 1843. — Epître à M. le ministre des finances. — Paris, *Paulin, 1843, in-8° br.*

5263. — MARINE ET COLONIES. — Discussion du budget pour l'année 1844. (Extrait du *Moniteur.*) — Paris, *Bourgogne et Martinet, in-8° br.*

5264. — MARQFROY (Gustave). — De l'abaissement des taxes télégraphiques en France. — Bordeaux, *Gounouillon, 1860, in-8° br.*

5265. — MATHIEU-BODET (ancien ministre des finances). — Les Finances françaises, de 1870 à 1878. — Paris, *Hachette et Cie, in-8° br.*

5266. — COMPTE GÉNÉRAL des finances pour les années 1882 et 1883. — Ministère des finances. — Paris, *Imprimerie Nationale, 1884, in-4°* br. 2 vol.

5267. — MINISTÈRE DES FINANCES. — Compte définitif des recettes de l'exercice 1882. — Paris, *Imprimerie nationale, 1884, in-4° br.*

5268. — D°. — Rapport au Président de la République et déclaration générale de la Cour des comptes sur les comptes de l'année et de l'exercice 1880.

Eclaircissements en réponse aux observations contenues dans le rapport au Président de la République et les déclarations générales de la Cour des comptes. — Paris, *Imprimerie Nationale, in-4°*, 2 vol. br.

5269. — RAPPORT ET PROCÈS-VERBAL de la commission de vérification des comptes des ministres, pour l'exercice 1877 et 1878. — Paris, *Imprimerie nationale, 1885, in-4° br.*

5270. — FAURE (Félix), député. — Les budgets contemporains. — Budget de la France depuis vingt ans et des principaux États de l'Europe depuis 1870. — Développement des chemins de fer. — Navigation. — Commerce. — Forces militaires des principaux pays. — Paris, *Guillaumin et Cⁱᵉ, 1887, in-4°*.

d. *Histoire diplomatique.*

5271. — RECUEIL DES INSTRUCTIONS données aux ambassadeurs et ministres de France, depuis le traité de Westphalie jusqu'à la Révolution française. — Paris, *Félix Alcan, 1884 et suiv., in-8°*, 8 vol. br.

O. — Histoire particulière des anciennes provinces et villes de France.

a. *Paris et résidences royales.*

5272. — DUSSIEUX (L.). — Le château de Versailles. Histoire et description, 2ᵉ édition. — Versailles, *L. Bernard, 1885, in-8°*, 2 vol. br.

5273. — TABLEAUX MENSUELS de statistique municipale de la ville de Paris. — Paris, *G. Masson, 1889, gᵈ in-8°*.

5274. — TAPHANEL (Achille). — Le théâtre de Saint-Cyr (1680-1792), d'après des documents inédits, avec une eau-forte de Ch. Waltner. — Versailles, *Cerf et fils ;* Paris, *Baudry, 1876, in-8°*.

o. *Languedoc. — Pays de Foix. — Rousillon, etc.*

5275. — DEVIC (Cl.) et DOM. J. VAISSETTE. — Histoire générale du Languedoc, avec des notes et des pièces justificatives. — Toulouse, *E. Privat, 1879 et suiv. in-4°*, 14 vol. cart.

s. *Barrois et les trois évéchés. Metz, Toul et Verdun.*
Alsace et Lorraine.

5276. — GRAD (Charles). — L'Alsace. Le pays et ses habitants.
368 gravures et 17 cartes. — Paris, *Hachette et Cie, g^d in-4° rel.*

u. *Bretagne.*

5277. — LETTRES (deux) à la noblesse de Bretagne, par l'auteur du
projet de réponse au Mémoire des princes, écrites en février et mars
1789. — *S. l. n. d., in-8° br.* 38 p. p.

5278. — BORDERIE (Arthur de la). — Essai sur la géographie féodale
de la Bretagne, avec la carte des fiefs et seigneuries de cette province.
— Rennes, *J. Plihon et Hervé, 1889, in-8° br.*

5279. — GIRARD (B.). — La Bretagne maritime. — Rochefort-sur-mer,
Ch. Thèze, 1889, g^d in-8° br.

Finistère.

5280. — LE MEN et LUZEL, archivistes. — Inventaire sommaire des
archives départementales antérieures à 1790.

Finistère. Tome 1er. Archives civiles. — Quimper, *A. Jaouen, 1889,
in-f° br.*

5281. — ANNUAIRE du Finistère et de Brest, publié par la Société
d'émulation de Brest. — Brest, *Come et Bonetheau* ; puis *Le Blois, 1834
et suiv. in-8°,* 5 vol. cart. (de 1835 à 1850).

5282. — BREST (Procès-verbal de l'assemblée générale du Tiers-Etat
de la sénéchaussée de), et cahier commun des doléances tant des villes
que des campagnes de ce ressort. — Brest, *Malassis, 1789, in-8° br.*
68 p. p.

5283. — FLEURY (E.). — Notes historiques, chronologiques et critiques
pour servir à l'histoire du château, de la ville et du port de Brest,
recueillis et mis en ordre par M. E. Fleury, bibliothécaire-archiviste de
la ville. — 1860. *in-4°.* Manuscrit offert à la bibliothèque par Mme veuve
Fleury.

5284. — CHATELLIER (du). — Le trésor de Saint-Pabu , canton de Ploudalmézeau (Finistère). — Paris, *E. Leroux, 1889, in-8° br.* 7 p. p.

Saint-Mathieu.

5285. — URSCHELLER (Henri). — La pointe Saint-Mathieu. — Le cap. — L'abbaye. — L'ancienne ville et le phare Saint-Mathieu. — Brest, *A. Dumont, 1889, in-8° br.*

9. — HISTOIRE D'ALLEMAGNE.

5286. — MANSO (J.-G.-Fr.). — Histoire politique, administrative, civile et militaire de la Prusse, depuis la fin du règne de Frédéric-le-Grand jusqu'au traité de Paris de 1815. Trad. de l'allemand. — Paris, *A. Bossange, 1828, in-8°.* 3 vol.

ASIE

6. — HISTOIRE DE L'INDE.

5287. — MORGAN (J. de). — Exploration dans la presqu'île malaise. — Paris, *imprimerie générale A. Lahure, 1886, g^d in-8° br.*

AFRIQUE

4. HISTOIRE DES RÉGIONS CENTRALE, OCCIDENTALE ET ORIENTALE,

5288. — GRANDPONT (Guichon de). — Moktar. — Episode de l'histoire du Sénégal. — Brest, *Roger fils 1868, in-8° br.* 45 p. p.

LES DEUX AMÉRIQUES

2. — AMÉRIQUE SEPTENTRIONALE.

C. — Mexique et Californie.

5289. — SAHAGUN (Le R. P. Fray Bernardino de). — Histoire générale des choses de la Nouvelle-Espagne. Traduit et annoté par D. Jourdanet et par Rémi Siméon. — Paris, *G. Masson, 1886, gᵈ in-8° br.*

VI. — PARALIPOMÈNES HISTORIQUES.

1. — Histoire de la Chevalerie et de la Noblesse, etc.

HISTOIRE HÉRALDIQUE, ARMORIAUX, NOBILIAIRE, ETC.

Anciennes provinces de France.

NORMANDIE.

5290. — LAFERRIÈRE-PERCY (Le Cᵗᵉ H. de). — Histoire du canton d'Athis et de ses communes, précédée d'une étude sur le protestantisme en Basse-Normandie. — Paris, *A. Aubry, 1858, in-8° br.*

5291. — BOUVIER (L'abbé H.). — Histoire de Torigny-sur-Oreuse. — Auxerre, *G. Rouillé, 1886, in-8°.*

5292. — BERNARD (Aug.). — Notice sur l'histoire du Beaujolais, de Pierre Louvet. — Lyon, *A. Vingtrinier, 1854, in-8°* de 18 p. p.

5293. — MALENGUCHEN (R. de). — Notice historique et archéologique. — Beauvais, *1878, typ. Péré.*

5294. — COURCY (Pol Potier de). — Nobiliaire et armorial de Bretagne. 3ᵉ édition. — Rennes, *J. Plihon et L. Hervé*, 3 vol. in-4°.

GÉNÉALOGIES PARTICULIÈRES

5295. — FORESTA (Réplique de M. Rey de) à M. Maxence de Foresta, marquis de la Roquette. — Paris, *Veuve E. Péron, 1877, g*ᵈ *in-8°*.

2. — ARCHÉOLOGIE *(2ᵉ partie)*

ARCHÉOGRAPHIE

B. — Mélanges et recueils de monuments en tous genres.

5296. — BERTRAND (Alex.). — Archéologie celtique et gauloise. Mémoires et documents relatifs aux premiers temps de notre histoire nationale. — Paris, *Didier et C*ⁱᵉ, *1876, in-8° rel.*

3. — HISTOIRE LITTÉRAIRE

E. — Histoire et Mémoire des Académies
et autres Sociétés savantes.

5297. — MAIRAN (Dortaux de). — Eloges des académiciens de l'Académie royale des sciences, morts dans les années 1741, 1742 et 1743. — Paris, *Durand, 1747, in-12 rel.*

5298. — COMPTE RENDU des séances de l'Académie des inscriptions et belles-lettres. — Paris, *Imprimerie Nationale, 1890.*

4. — BIOGRAPHIE

A. — Biographie générale ancienne et moderne
avec quelques recueils de biographie spéciale.

5299. — BIOGRAPHIE UNIVERSELLE ancienne et moderne, ou histoire, par ordre alphabétique, de la vie publique et privée de tous les hommes qui se sont fait remarquer par leurs écrits, leurs actions, leurs talents, leurs vertus et leurs crimes.

Ouvrage entièrement neuf, rédigé par une société de gens de lettres et de savants. Avec le supplément. — Paris, *Michaud f^res, 1811 et suiv., in-8°.* 85 vol. rel.

(Don de M. Desbouillons, commissaire-adjoint de la marine en retraite.)

5300. — BIOGRAPHIE des hommes vivants, ou histoire, par ordre alphabétique, de la vie de tous les hommes qui se sont fait remarquer par leurs actions ou leurs écrits.

Ouvrage entièrement neuf rédigé par une société de gens de lettres et de savants. — Paris, *Michaud (L.-G.),* Septembre 1816, in-8°, 5 vol. cartonnés.

(Don de M. Desbouillons).

5301. — BIOGRAPHIE nouvelle des contemporains, ou dictionnaire historique et raisonné de tous les hommes qui, depuis le commencement de la Révolution française, ont acquis de la célébrité, etc., par MM. Arnault, A. Jay, E. Jouy, J. Norvins et autres hommes de lettres. — Paris, *1820-25*, *in-8°*. 20 vol. rel. (Don de M. Desbouillons.)

5302. — LADVOCAT. — Dictionnaire historique, philosophique et critique. Abrégé de Bayle et des grands dictionnaires biographiques qui ont paru jusqu'à la publication de la Biographie nouvelle des contemporains. Nouvelle édition. — Paris, *Librairie historique*, *1821*, *in-8°*. 5 vol. rel.

(Don de M. Desbouillons).

b. *Biographies modernes.*

Biographies générales, contenant la vie des personnages illustres modernes, sans distinction de genre ou de pays.

5303. — MAHUL (A.). — Annuaire nécrologique ou complément annuel et continuation de toutes les biographies ou dictionnaires historiques, contenant la vie de tous les hommes remarquables par leurs actes ou leurs productions, morts dans le cours de chaque année, à commencer de 1820. Orné de portraits. — Paris, *Baudouin frres*, puis *Pontieu et Cie*, *1820-1823*, *in-8°*. 8 vol. rel. (Les 7e et 8e vol. portent le titre : Annales biographiques ou complément annuel, etc., et le 1er vol. : Annuaire nécrologique ou supplément annuel, etc.)

(Don de M. Desbouillons.)

5304. — ROBERT (Adolphe) et COUGNY (Gaston). — Dictionnaire des parlementaires français, comprenant tous les membres des assemblées françaises et tous les ministres, depuis le 1er mai 1789 jusqu'au 1er mai 1889, etc. — Paris, *Bourlaton*, *1889*, *in-8°*. 2 vol.

FRANCE

5305. — TALON, avocat. — Notice nécrologique sur M. Maugin, lue à la séance du 27 novembre 1863.

Extrait des mémoires de la Société d'agriculture de Douai. — Douai, *V. Wartelle*, *1864*, *in-8°* br. 46 p. p.

Biographie bretonne.

5306. — PLAINE (Le R. P. Dom François). — Vie inédite de saint Corentin, écrite au 9ᵉ siècle par un anonyme de Quimper, publié avec prolégomènes, traductions et éclaircissements, par le R. P. Dom Plaine. — Quimper, *A. Jaouen, 1886, in-8° br.*

5307. — Dᵒ. — Vie inédite de saint Pol de Léon (490-600). Texte latin publié avec prolégomènes en français. — Rennes, *G. Plihon, 1888, dᵒ.*

5308. — GRANDPONT (Guichon de). — Le V. A. Cᵗᵉ de Gueydon. — Brest, *imprimerie de l'Océan, 1887, in-8° br.* 44 p. p.

---

5. — BIBLIOGRAPHIE

A. — Instruction. — Traités généraux sur les livres, les bibliothèques, etc.

5309. — BARBIER. — Examen critique et complément des dictionnaires historiques les plus répandus, depuis le dictionnaire de Moréri jusqu'à la biographie universelle, inclusivement. — Paris, *Rey et Gravier, 1820, in-8° rel.* (Le 1ᵉʳ vol. seulement.)

5310. — ROLE (Du) des bibliothèques et de l'extension qu'elles pourraient prendre. — Paris, *A. Picard, 1890, in-8°,* 25 p. p.

5311. — TYPES (Trois) de bibliothèque populaire. — Paris, *Imprimerie Nationale, 1889, in-8°.* 27 pages.

D. — Catalogue des livres des bibliothèques publiques et des collections particulières.

h. *Livres imprimés.*

5312. — BIBLIOGRAPHIE DE LA FRANCE. — Journal général de l'imprimerie et de la librairie.

Catalogue des livres classiques pour la rentrée des classes 1875-76-80-82- 83-84-86-87-88 et 89. — Paris, *au Cercle de la librairie, de l'imprimerie et de la papeterie, 1875 et suiv., in-8°.* 10 vol. br.

E. — Bibliographes spéciaux.

4313. — BIBLIOTHÈQUE NATIONALE. — Imprimés, manuscrits, estampes. Notice sur les objets exposés. — Paris, *H. Campion, 1881, in-8° br.*

5314. — BIBLIOGRAPHIE des travaux historiques et archéologiques publiés par les sociétés savantes de la France, dressée sous les auspices du ministère de l'instruction publique, par Robert de Lasteyrie et Eugène Lefèvre-Pontalis. — Paris, *Imprimerie nationale, 1886 et suiv., in-4°.*

5315. — BIBLIOGRAPHIE générale des Gaules. Répertoire systématique et alphabétique. — Paris, *Dumoulin, 1880 et suiv., in-8°.* 3 livraisons.

F. — Mélanges et extraits historiques,
Dictionnaires encyclopédiques, etc.

5316. — REVUE ENCYCLOPÉDIQUE ou analyse raisonnée des productions les plus remarquables dans la littérature, les sciences et les arts, par une réunion de membres de l'Institut et d'autres hommes de lettres. — Paris, *1819-33, in-8°,* 62 vol. rel.

FIN.

TABLE

DES DIVISIONS ET SUBDIVISIONS

HISTOIRE

2me Partie

LES DEUX AMÉRIQUES

———————

VI. — PARALIPOMÈNES HISTORIQUES

——————

1. — Histoire de la Chevalerie et de la Noblesse. — Ordres militaires, civils et religieux.

HISTOIRE GÉNÉALOGIQUE DE LA NOBLESSE
France

---

2. — ARCHÉOLOGIE

B. — Mœurs et Usages

---

2. — ARCHÉOLOGIE. — 2ᵉ Partie.
Archéographie.

3. — HISTOIRE LITTÉRAIRE.

SUPPLÉMENT

CONTENANT LES OUVRAGES OMIS OU REÇUS APRÈS L'IMPRESSION

DU CATALOGUE

IV. — PARALIPOMÈNES HISTORIQUES

1. — HISTOIRE DE LA CHEVALERIE ET DE LA NOBLESSE, etc.

2. — ARCHÉOLOGIE. — 2e partie.

Archéographie.

3. — HISTOIRE LITTÉRAIRE.

4. — BIOGRAPHIE.

5. — BIBLIOGRAPHIE.

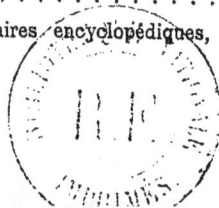

TABLE ALPHABÉTIQUE

NOTA. — Les chiffres renvoient aux numéros d'ordre du Catalogue.

A

Annuaire historique de la ville de Brest, 2972.

Annuaire pour l'an VIII de la République, 2456.

Annuaire protestant, 843.

Annuaire statistique de la France, 2537.

Annuaire de l'arrondissement et de la ville de Brest, 2971.

Annuaire de l'Ille-et-Vilaine, 2873.

Annuaire du Finistère, 2895.

Annuaire du Morbihan, 2886.

Annual (The) register or a wiew of the history, 1263.

ANQUETIL. — Histoire de France, 1402. — Autre édition, 1403. — Autre édition, 1404 — Autre édition, 1405.

ANQUETIL (P.-L.-P.), — L'esprit de la Ligue, 1574. — L'intrigue du Cabinet, sous Henri IV, 1626. — Autre édition, 1627. — Vie du Mal duc de Villars, 1744. — Louis XVI, sa cour et le Régent! 1745.

ANQUETIL (L.-P.). — Précis de l'histoire universelle, 632. — Le même, nouvelle édiiion, 633.

ANQUETIL-DUPERRON. — L'Inde en rapport avec l'Europe, 3532.

ANSON (G.). — Voyage autour du Monde, 193-194. — Atlas, 195.

ANTICHAMP (Le Cte Chles d'). — Mémoires, 2126.

Antiquités de la Bretagne, par le Chr de Fréminville, 2859.

ANVILLE (d'). — Atlas, 896. — Considérations générales, 18. — Traité des mesures itinér. anc, 35. — Géographie ancienne abrégée, 51-52. — L'Empire de Russie, 3381. — L'Euphrate et le Tigre, 3509. — Antiquité géographique de l'Inde, 3531. — Note sur l'ancienne Gaule, 1303. — Eclaircissements géographiques, 1304.

Aperçu sur la situation politique, etc., des possessions françaises dans le Nord de l'Afrique, 3044.

APOLLODORE (Bibliothèque d'), 845.

Apologie des projets et de la conduite, 1934

Appel à l'opinion publique, 3177.

Appel (L') des quatre évêques de la Sorbonne, 830.

APPIEN. — Appiani Alexandrini, 1047. — Appien Alexandrin, édit. de 1657, 1048. — Do édit. de 1659, 1049. — Histoire des guerres civiles, 1050.

APRÈS DE MANNENILLE (D'). — Neptune oriental, 162. — Routier des côtes orientales et de la Chine, 163.

ARAGO. — Sur les fortifications de Paris, 2617.

ARBAUD-JOUQUES (Le Mis d'). — Troubles et agitations du département du Gard, 2174.

ARBAUMONT (J. d'). — Armorial de la Chambre des comptes de Dijon, 3990.

ARBELLOT (L'abbé). — Les chevaliers limousins à la première croisade, 3946.

ARC (Le Chier d'). — La noblesse militaire, 3736.

ARC (M. L. Douet d'), 3775.

ARCELIN (Adrien). — Indicateur héraldique et généalogique du Mâconais, 3991.

ARCÈRE (L. Et.). — Histoire de la ville de La Rochelle, 2701.

Archives de la Commission scientifique du Mexique, 3667.

Archives littéraires de l'Europe, 5111.

Archives des missions scientifiques et littéraires, 5124.

ARCKENHOLTZ (J.-W.). — Mémoires concernant la reine de Suède, 3372.

ARCONVILLE (Mme d'). — Vie de Marie de Médicis, 1650. — Autre exempl., 1651. — Vie du cardinal d'Ossat, 4778.

ARGENTRÉ (Bert. d'). — Histoire de Bretagne, 2779. — Même édit. de 1668, 2780. — Edit. de 1669, 2781. — Abrégé de l'histoire de Bretagne, 2782. — Traité sur le partage des nobles, 2837.

ARGENVILLE (Dezallier d') — Voyage pittoresque de Paris, 269.

ARGENVILLE (D. A. N. d'). — Voyage pittoresque des environs de Paris, 2611. — Do do de Paris. 2612.

ARGOUT (D'). — Java, Singapoure et Manille, 445.

ARGY (Généalogie de la famille d'), 4036.

ARMAN. — Dissensions et persécutions dans le Gard, 2718,

Armorial général des personnes, etc. (Circonscription actuelle de l'Aude), 3959.

Armorial général du Lyonnais, Forez et Beaujolais, 3969.

Armoricain (L'). — Journal de Brest, 5178.

AMSTRONG (J.). — Histoire naturelle et civile de l'île de Minorque, 3199.

ARNAULD (La mère Marie-Angélique), 765. — Relation de ce qui est arrivé de plus considérable, 765.

ARNAY (d'). — De la vie privée des Romains, 4152. — Habitudes et vie privée des Romains, 4152.

ARNOULT (A.). — Etudes historiques, 1542.

Arrêts, ordonnances, etc., 2883.

ARRIEN. — Arriani Nicomedensis, 970. — Les guerres d'Alexandre, 971. — Histoire des expéditions d'Alexandre, 972. — Atlas, 973.

B

BALCH (Thomas). — Les Français en Amérique, 3658.

BALLARD (G.). — Memoirs of British, etc., 4733.

BANCHAREL (F.). — Collection abrégée des voyages, etc., 221.

BANKS et SOLANDER. — Supplément au voyage de M. de Bougainville, 198.

BAPST (Germain). — Histoire des joyaux de la couronne de France, 5255.

BARAILLON (J.-F.). — Recherches, 1338.

BARANTE (de). — Histoire des ducs de Bourgogne, 1504, 2692. — Des communes, etc., 2412.

BARBAULT. — Les plus beaux monuments, 4225.

BARBEREL et MANGIN. — Précis de géographie historique universelle, 85.

BARBIER (A.-A.) et DESESSARTS (N.-L.-M.), — Nouvelle bibliothèque d'un homme de goût, 4856. — Dictionnaire des ouvrages anonymes, etc., 4982, 4983.

BARBIER. — Examen critique et complément des dictionnaires historiques les plus répandus, 5308, 4422.

BARCHOU DE PENHOEN (Le Bon). — Histoire de la conquête, 3547. — Do do, 3548. — Do de l'Inde, 3549. — Do do, 3550.

BARDINET (Le Dr). — Eloge de F. Mêlier, 4772.

BARDOUX (A.). — La bourgeoisie française, 2153.

BARETT. — Histoire des deux règnes, 1161.

BARILLÉ (V.). — Notice sur l'utilité d'un abattoir, 3005.

BAROCHE. — Discours, 2362.

BARONIUS (César). — Abrégé des annales ecclésiastiques, 681.

BARBE (Le père). — Histoire générale d'Allemagne, 3200.

BARRETT. — Histoires et maximes morales, 5037.

BARRIÈRE (M.-F.). — Bibliothèque des Mémoires, 1883. — Mém. du Cte de Tilly et du duc de Lauzun, 1884. — Do de Cléry, 1885. — Do sur la vie de Marie-Antoinette, 1886.

BARROS (J. de). — Decadas da Asia, 3481.

BARROW (J.). — Abrégé chronologique des découvertes par les Européens, 178.

BARROW (John). — Voyage en Chine, 462. — Voyage en Afrique, 523.

BARROW (J.). — Voyage dans la partie méridionale de l'Afrique, 523.

BARRUEL-BEAUVERT (Le Cte de). — Lettres, 2118.

BARRUEL (L'abbé). — Mémoires, 1993. — Abrégé des Mémoires, 1994.

BARTHÉLEMY (L'abbé J.-J.). — Voyage en Italie, 327. — Histoire de Charles V, 1540. — Dissertation, 4280.

BARTHÉLEMY. — Voyage du jeune Anacharsis, 987. — Do do, 988. — Do do, 989. — Do do, 990. — Atlas, 991.

BARTHÉLEMY (Ed. de). — Mesdames de France, 1817. — De la Noblesse, 3741. — De la Noblesse avant et depuis 1789, 3748. — Les grands écuyers, 3837. — Les ducs et les duchés, 3843. — Armorial général, 3871, 3807. — Do de la généralité de Châlons-sur-Marne, 3998. — Do do d'Alsace, 4013. — Notice sur la famille Godet, 4063.

BARTOLDY (J.-L.-L.). — Voyage en Grèce, 394.

BASNAGE (J.). — Histoire des Juifs, 919.

BAST (M. J. de). — Recueil d'antiquités, 3073.

BASTARD (Georges). — Cinquante jours en Italie, 346.

BATISSIER (L.). — Histoire de l'art monumental, 4182.

BATZIN (N.). — Histoire complète de la Noblesse, 3757.

BAUCLAS (G. H. de). — 4020.

BAUDELOT DE DAIRVAL (M.). — De l'utilité des voyages, 4092. — Do do, 4093.

BAUDOUIN. — Anecdotes historiques, 2213.

BAUDRY DES LOZIÈRES. — Voyage en Louisiane, 554.

BAUNE (J. de La). — Ludovico Magno, 1757.

BAUX (J.). — Nobiliaire de l'Ain, 3983.

BAYARD (Ferdin.-M.). — Voyage, 557.

BAYEUX. — Catalogue, 4902.

BAYLE (P.). — Critique générale du calvinisme, etc., 821.

BAZIN (Rigomer). — Le Lynx, 2171.

BEAUCHAMP (Alph. de). — Vie de Jules César, 1145. — Histoire de la guerre de Vendée, 1999. — Vie de Louis XVIII, 2166.

BEAUFORT (De). — La République romaine, 1139.

BEAUJEU (Mémoires du chevalier de), 357.

BEAULIEU (C.-F.). — Essais historiques, 1917.

BEAUNE (Henri). — Des distinctions honorifiques, 3758.

BEAUNE (H.) et D'ARBAUMONT (J.). — La noblesse aux Etats de Bourgogne, 3989.

BEAUNIER (Dom.). — Recueil historique, chronologique, 703.

BEAUPRÉ. — Les gentilshommes verriers, 4010.

BEAUPRÉAU (Cte Redon de). — Précis des faits, 2337.

Bibliotheca Fayana, 4928.

Bibliothèque de poche, 4109.

Bibliothèque du Conservatoire, 5024.

Bibliothèque impériale. — Imprimés, catalogue, 4892.

Bibliothèque d'un littérateur et d'un philosophe, 4992.

Bibliothèque nationale. — Imprimés, manuscrits, estampes, 4313.

BIGOT (Alexis). — Essai sur les monnaies, 2832.

BIGOT (Ch.). — Peintres français contemporains, 4664.

BILAIN (A.). — Traité des droits, 1751.

BILLARD DE LORIÈRE. — Démonstration de la cause des divisions, 758.

BILLINGS (Le Commodore). — Voyage fait par ordre, 256. — Atlas, 255.

Biographie universelle ancienne et moderne, 4419.

Biographie universelle (Nouvelle), 4420.

Biographie générale, 4421.

Biographie moderne, 4472.

Biographie des hommes vivants. 4473.

Biographie nouvelle des contemporains, 4474.

Biographie moderne, 4485.

Biographie moderne, 4486.

Biographie (petite) conventionnelle, 4492.

Biographie spéciale des pairs et des députés, 4493.

Biographie pittoresque des députés, 4495.

Biographie des députés, 4497.

Biographie impériale des 221 députés, 4498.

Biographie pittoresque des pairs de France, 4518.

Biographie des pairs, par Raban, 4519.

Biographie pittoresque des Jésuites, 4520.

Biographie (petite) des conventionnels, 4521.

Biographie des rois de France, 4522.

Biographie des favoris des rois de France, 4523.

Biographie des maréchaux de France, 4524.

Biographie des usurpateurs, 4525.

Biographie des souverains du XIXe siècle, 4526.

Biographie (petite) des députés, 4527.

Biographie (nouvelle) pittoresque des députés, 4528.

Biographie des préfets des 87 départements, 4529.

Biographie des ministres, depuis la Restauration, 4530.

Biographie des ministres pendus, 4531.

Biographie (petite) des 40 de l'Académie, 4532.

Biographie (petite) des 40 de l'Académie, 4533.

Biographie des cardinaux, archevêques, 4534.

Biographie des chansonniers, vaudevillistes, 4535.

Biographie indiscrète des publicistes, 4536.

Biographie des médecins français, 4537.

Biographie (nouvelle) théâtrale, 4538.

Biographie (petite) des gens de lettres, 4541.

Biographie (petite) des journalistes, etc., 4542.

Biographie (petite) des chansonniers, etc. 4543.

Biographie (petite) dramatique, 4544.

Biographies diverses des conventionnels, 4547.

Biographie (petite) des acteurs et actrices, 4539,

Biographie (nouvelle) critique et anecdotique des contemporains, par Napoléon, 4540.

Biographie étrangère, ou galerie universelle, 4658.

Biographie ancienne et moderne, etc., 5299

Biographie des hommes vivants, 5300.

Biographie nouvelle des contemporains, 5301.

BIONNE (H.). — Dupleix, ouv. illustré, 1867. — Do do, 3555.

BISTON (P.). — De la fausse noblesse, 3761.

BIZEMONT (Le Cto A. de). — Le héraut d'armes, 3813.

BLACK'S. — Guide throug Edinburgh, 370.

BLAIR (John), — Tables chronol. 607.

BLANC (Louis). — Histoire de la Révolution française, 2047. — Histoire de dix ans, 2301. — Do do, 2302.

BLANCMESNIL (Le Cto de). — Notice sur quelques anciens titres, 3763.

BLANQUI. — Rapport sur la situation économique, 509.

BLAZE (Henri). — Ecrivains et poètes de l'Allemagne, 4792.

BLÉSER (Chanoine de). — Rome et ses monuments, 1137.

BLIGH (W.). — Relation de l'enlèvement du navire le Bounty, 586.

BLOIS (de). — Notice sur la ville de Châteaulin, 3010.

BLONDEL (David). — Des sibilles célébrées, 873.

C

Catalogue de la bibliothèque de Le Tellier, 4957.

Catalogue de la bibliothèque de Mallard, 4949.

Catalogue de la bibliothèque de l'abbé d'Orléans de Rothelin, 4938.

Catalogue de la bibliothèque de M. Patu de Mello, 4964.

Catalogue de la bibliothèque de Mme la marquise de Pompadour, 4948.

Catalogue de la bibliothèque de M. de Sain, 4950.

Catalogue de la bibliothèque de M. de Sales, 4976.

Catalogue de la bibliothèque de M. de Selle, 4946.

Catalogue de la bibliothèque de Trudaine, 4965.

Catalogue de la bibliothèque du duc de La Vallière, 4959.

Catalogue de la bibliothèque du Cte de Vence, 4945.

Catalogue de la bibliothèque de la C^{sse} de Verruë, 4933.

Catalogus librorum bibliothecæ regiæ, 4889.

CATTEAU CALLEVILLE (J.-P). — Tableau de la mer Baltique, etc., 3360. — Histoire de Christine, reine de Suède, 3371.

CATROU et ROUILLÉ. — Histoire romaine, 1120.

CAUCHOIS-LEMAIRE. — Opuscule, 2279. — Lettres politiques, 2429.

CAUMARTIN (Mgr de). — Sommaire du procès-verbal de la recherche de la noblesse de Champagne, 3996.

CAUMONT (Ed.). — De la situation politique de la France, 2336. — Abécédaire ou rudiment d'archéologie, 4107. — Cours d'antiquités monumentales, 4181.

CAUNA (Baron de). — Armorial des Landes, etc., 3951.

CAUSSIN (Le P.). — Histoire de Marie Stuart, 3347.

CAUVIN (Th.). — Essai sur l'armorial du diocèse du Mans, 3914.

CAVAILHON. — Exposition de l'histoire de France, 1415.

CAYON (J.). — Ancienne chevalerie de la Lorraine, 4005.

CAYLUS (Mme de). — Ses souvenirs, 1738. — Recueil d'antiquités égyptiennes, etc., 4190.

CAYLUS (Cte de). — Histoire d'Hercule le Thébain, 851. — Recueil de 300 têtes et sujets de composition, etc., 4255.

CAYOT-DELANDRE. — Tableau abrégé de l'histoire de France, 1438.

CAZENOVE (R. de). — Mémoire de Samuel, 701.

CELLOT (P.-L.). — Panegyrici flexienses, 1645.

CELS et LOTTIN. — Coup d'œil éclairé d'une bibliothèque, etc., 4829.

CENALIS (R.). — De verâ mensurarum, etc., 4129.

Cérémonies et coutumes religieuses de tous les peuples, 662.

Cérémonies chinoises (Les), 884.

CÉRENVILLE (Mme de). — Vie du prince Potemkin, 3390.

CÉSAR. — Les commentaires, 1029, 1068, 1069, 1070, 1071, 1072, 1073, 1074, 1075, 1076, 1077. — Caii Julii Cæsaris que exstant, 1067.

CÉSENA (A. de). — La Maison de France, 2404.

CHABERT (Le marquis de). — Voyage fait, en 1751, dans l'Amérique septentrionale, 547. — Voyage dans l'Amérique méridionale, 547.

CHABOUILLET. — Catalogue général et raisonné des camées et pierres gravées de la Bibliothèque Impériale, 4256.

CHABOULON (F. de). — Mémoire pour servir à l'histoire du règne de Napoléon, 2121.

CHAFFARD. — Guide des chemins de fer en Suisse, 352.

CHALCONDILE. — L'histoire de la décadence, 1182.

CHALLAMEL (Aug.). — Histoire anecdotique de la Fronde, 1793.

CHALLAMEL (Aug.). — Mémoires du peuple français, 1355. — Histoire-Musée de la République française, 1962.

Chambre de 1820 (La), ou la Monarchie sauvée, 4496.

CHAMPFLEURY. — Histoire des princes, etc., 1965. — Les artistes célèbres, 4766.

Chambre des comptes des pairs. — Essais historiques et chronologiques, 3844.

CHAMPAGNAC (J.-B.-J.). — Le trésor des voyages, 264.

CHAPLAIN (Sieur de). — Voyage ou Journal des découvertes de la Nouvelle France, 549.

CHAMPOLLION (Le Jeune M.). — Précis du système hiéroglyphique, etc., 4136. — Lettre à M. Dacier, etc., 4137. — Lettre à M. de Blacas d'Aulps, etc., 4199, 4200.

CHAMPOLLION-FIGEAC. — Lettres des rois, reines, etc., 1464. — Mélanges historiques, 1473. — Captivité de François Ier, 1557. — L'obélisque de Louqsor transporté à Paris.

CHANCEL (Ch. de). — L'Angoumois en l'année 1789, etc., 3923.

CHANDLER (R.). — Voyage dans l'Asie-mineure, 405.

Correspondant (Lé), Recueil périodique, 5103.

CORROYER [Ed.]. — Description de l'abbaye du Mont Saint-Michel, 2655. — Histoire de la ville de Carentan, 2656.

COSSÉ [Ch. de]. — Mémoire du sieur François de Boyvin, 1587.

COSTARD [J.-P.]. — Histoire de Ruyter, 3076.

COSTE [P.]. — Histoire de la vie et des actions de Louis de Bourbon, 1713. — Histoire de Louis de Bourbon II, 1714.

COSTON [Bon de]. — Biographie des premières années de Napoléon Bonaparte, 2081. — Le capitaine J. de Suffise, sieur de La Croix, 4082.

COTTEAU [Edmond]. — En Océanie, 5218.

COTTU. — Considérations sur la mise en accusation des ministres, 2286.

COUCHERY. — Le *Moniteur secret*, 2074.

COURCELLE [H.]. — De l'abolition des octrois en France, 2447.

COURCELLES [Le Cier de]. — Dictionnaire historique, 2485.

COURCIVAL [de]. — Notions généalogiques, etc., 4051.

COURCY [Pol de]. — Le combat des Trente, 2862. — Description de l'Eglise du Folgoët, 3018. — Notice sur la ville de Saint-Pol de Léon, 3029. — De la Noblesse et de l'application de la loi contre les usurpations nobiliaires, 3750. — De Rennes à Brest, 301. — Fragment d'un voyage archéologique en Cornouailles, 309. — Itinéraire de Saint-Pol à Brest, 310. — Nobiliaire et armorial de Bretagne, 3900, 5293. — Notice sur la ville de Landerneau, 3012. — Histoire généalogique et chronologique de la Maison royale de France, 4027.

COURET DE VILLENEUVE [M.]. — L'école des francs-maçons, 834.

COURNAULT [Ch.]. — Les artistes célèbres, 4764.

Courrier de l'Art, chronique hebdomadaire des ateliers, 5131.

Courrier des Chambres, Session de 1817, 5157.

COURSON [du Buisson de]. — Mémoires, etc., 4052.

COURSON [A. de]. — Première lettre, 2771. — Essai sur l'histoire, 2772. — Histoire des origines de la Gaule armoricaine et de la Bretagne insulaire, 2773. — Histoire des peuples bretons, 2774. — La Bretagne, du Ve au XIIe siècle, 2775.

COURTILLOLES [E.-F.-L. de]. — Recueil de documents relatifs à la tenue des Etats-Généraux, 2668.

COURTILZ [G.-S. de]. — Nouveaux intérêts des princes, 1285. — Mémoires de Montbrun, 1578. — Mémoires de M. le Cto de Rochefort, 1696. — Mémoires de M. de Bordeaux, 1697. — Mémoires de Gaspard, 1726. — La vie de J.-B. Colbert, 4750.

COURTOIS [E.-B,]. — Rapport sur les papiers trouvés chez Robespierre, 1985. — Autre, 1986.

COUSIN-DESPRÉAUX. — Histoire générale, 996.

COUSIN [L.]. — Hitoire de Constantinople, 1185. — La même, 1186.

COUSIN [V.]. — Mlle de Longueville, 1791.

COUSSERGUES [Cl. de]. — Projet de la proposition d'accusation contre M. le duc Decazes, 2195.

COUTANCES [A.]. — De la vie et des travaux de Ch. Gaudichaud, 4755.

COXE [W.]. — Histoire de la Maison d'Autriche, 3213. — Voyage en Pologne, Russie, etc., 376. — Les nouvelles découvertes des Russes, 182. — Lettres de W. Coxe à M. Ramond, 186.

COYER [L'abbé]. — Dissertation sur la différence des deux anciennes religions, page 86. — Voyage d'Italie et de Hollande, 322.

CRAMER [J.-G.]. — Joannis Georgii Crameri, 3238.

CRAPELET [G.-A.]. — Souvenirs de Londres, 3341.

CRAZANNES [Bon Chaudruc de]. — Antiquités de la ville de Saintes, 2700.

CRENIUS [Th.]. — De furibus librariis dissertatio, etc., 4291.

CRÉMIEUX [Gaston]. — Œuvres posthumes, 2381.

CRÉQUY [Mse de]. — Souvenirs de 1710 à 1803, 1868.

CRESPIN [J.]. — L'estat de l'Eglise, 696.

CRÉTINEAU-JOLY. [J.]. — Histoire religieuse, politique, et littéraire de la Compagnie de Jésus, 773. — Histoire de la Vendée militaire, 2007.

CREUZÉ DE LESSER [Le Bon A.]. — Voyage en Italie, 329.

CRÉVAIN [Philippe Lenoir, sr de]. — Histoire ecclésiastique de Bretagne, 2818.

CREVEL [Alexandre]. — Jérémiade d'un moraliste, 2219. — Le cri de la Nation, 2220. — Le cri des peuples, 2221.

CRÈVECŒUR [J.-H.-V.-John]. — Voyage dans la Haute-Pensylvanie, 559. — Lettres d'un cultivateur américain, 3643.

CREVIER [J.-B.-L.]. — Histoire des Empereurs romains, 1152.

Crimes [Les] de Robespierre, 1988.

Crimes [Les] de l'ex-tribunal révolutionnaire de Brest, 2961.

D

DELOCHE [M.]. — Collection de documents inédits sur l'histoire de France, 2708.

DEMANET [L'abbé]. — Nouvelle histoire de l'Afrique française, 3588.

DEMAY [G.]. — Inventaire des sceaux de la collection Clairambault, 4883.

DEMERSAY [L.-A.]. — Histoire physique, économique et politique du Paraguay, 3696.

DÉMEUNIER [J.-N.]. — L'esprit des usages et des coutumes des peuples, etc., 650.

DEMMIN [A.]. — Guide de l'amateur de faïences, etc., 4183.

DEMOUSTIER [C.-A.]. — Œuvres, 854.

DENAIX [M.-A.]. — Atlas physique, etc. de la France, 1324, 106.

DENINA [Ch.]. — Tableau des révolutions de la littérature ancienne et moderne, 4298.

DENIS. — Dionysii Byzantii, etc., 41.

DENIS [F.]. — La Guyane, etc., 3684. — Résumé de l'histoire de Buenos-Ayres, etc., 3686.

DENIS [M.]. — Annalium typographicorum, etc., 4847.

DENIS-LAGARDE (M.). — Etude sur la colonne milliaire de Kerscao, etc., 4249.

DENYS D'HALICARNASSE. — Les antiquités romaines, 1028.

DEPAUX (V.). — Dictionnaire général des communes de France, 1331.

Dépêche de Brest (La), 5182.

DEPERTHES (J.-L.-H.-S.). — Histoire des naufrages, 184.

DEPPING (M.). — Vocabulaire géographique de l'Espagne, etc., 3139. — Histoire générale de l'Espagne, 3140. — Histoire des expéditions maritimes des Normands. 2660.

DERGNY (D.). — Les cloches du pays de Bray, etc., 2664.

DERIC (L'abbé). — Histoire ecclésiastique de Bretagne, 2788.

Derniers agrandissements des Anglais dans l Inde, par R. Grivel, 3352.

DESCAMPS (Théophile). — Biographie de Jacot, dit de Méricourt, 4657.

Description de l'île de Sainte-Hélène, 526. — Do de l'Afrique, etc., 3590. — Do routière et géographique de l'Empire français, 1316. — Do Géographique et topographique de la Russie, 3380. — Do nautique des côtes occidentales de la Grande-Bretagne, 157.

DES DIGUÈRES (V.). — Sevigni, ou une paroisse rurale en Normandie, 3883. — La vie de nos pères en Basse-Normandie, 3884.

DESEILLE (Ern.). — Un chapitre de l'histoire littéraire du Boulonnais, etc., 2631.

DESESSARTS (Le Moyne). — Nouvelle bibliothèque d'un homme de goût, 4853.

DESESSARTS et plusieurs biographes (N.-L.-M.). — Les siècles littéraires de la France, 5000.

DESFONTAINES (L'abbé Guyot). — Histoire des ducs de Bretagne, 2786.

DESJARDINS (E.). — Essai sur la topographie du Latium, 49. — Géographie historique. et administrative de la Gaule romaine, 1306.

DESJOBERT. — L'Algérie en 1838, en 1841 et en 1846, 3047.

DESLANDES (Chier). — Discours sur la grandeur et l'importance de la révolution qui vient de s'opérer dans l'Amérique septentrionale, 3654.

DESMAZE (Ch.). — Les pénalités anciennes, 1556.

DESMAZE (Ed.). — Etudes et souvenirs helléniques, 3474.

DES MICHELS (O.-C.). — Précis de l'histoire du moyen-âge, 1226. — Précis de l'histoire et de la géographie du moyen-âge, 1227, 1228.

DESMOULINS (Camille). — Opuscules de l'an Ier de la Liberté, 1909.

DESOR (E.). — Les Palafittes, ou constructions lacustres, etc., 3136, 4179.

DESORMEAUX (J.-R.). — Histoire de la Maison de Bourbon, 2386, 2387. — Histoire de Louis de Bourbon, 1715, 2388. — Abrégé chronologique de l'histoire d'Espagne, 3142. — Histoire de la Maison de Montmorenci, 4032, 4072. — Les amusements de la campagne, 5076.

DESOURS et MANDAYOR (J.-P.). — Histoire critique de la Gaule narbonnaise, etc., 2716.

DESPLACES (Aug.). — Galerie des hommes vivants, 4511.

DESPLACES (E.). — Le canal de Suez, 3608.

DESPOIS (Eug.). — Le Vandalisme révolutionnaire, etc., 1957.

DESROCHES (L'abbé). — Annales civiles, etc., 2662. — Histoire du Mont St-Michel, 2663.

DESROCHES (J.-B.). — Histoire de Danemark, 3361, 3365.

DESSOYE (A.). — Jean Macé et la fondation de la Ligue de l'enseignement, etc., 4361.

DES VIGNOLLES (A.). — Chronologie de l'histoire sainte, 597.

Détails historiques sur les principales descentes faites en Angleterre, etc., 3321.

DEVIC (C.). et DOM J. VAISSETTE. — Histoire générale du Languedoc, 5275.

DEVIC (L.-M.). — Le pays des Zendjs, 3621.

DONNAUD (L'abbé J.-B.). — Discours à lire, etc., sur le projet d'accorder l'état-civil aux protestants, 1862.

Don Quichotte moral et politique, 5158.

DORGAN. — Nouveau panorama de la Gironde, 281, 281 *bis*.

DORIS. — Amours secrètes des quatre frères de Napoléon, 2067. — Précis historique sur Napoléon Bonaparte, 2068. — Mémoires secrets sur Napoléon Bonaparte, 2069. — L'Ecolier de Brienne, 2070. — Défense du peuple français contre ses accusateurs, etc., 2071.

DOUCETTE (De La). — Du Sénat, de l'Empire français, etc., 2435.

DOUCIN (Le P. L.). — Histoire du Nestorianisme, 822.

DOQUET D'ARCQ. — Armorial de France de la fin du XIVe siècle, 3806.

DOURILLE (J.). — Histoire de Napoléon et de la Grande Armée, etc., 2086.

DOW (Alex.). — Dissertation sur les mœurs, etc., 3539. — Fragments de l'histoire de l'Indostan, 3542.

DOYEN (Barth.). — Vie de Monsieur de Paris, 810.

DRAPEYRON (M. Ludov.). — Revue de géographie, 94.

DREULLE (Généalogie de la famille de), 4055.

DREUX DU RADIER. — Tablettes historiques, etc., 1416. — Mémoire historique, critique et anecdotique, etc, 2389, 3390.

DRIOUX (L'abbé). — Histoire ancienne, 901. — Histoire romaine, 1177. — Histoire moderne, 1224. — Histoire du moyen-âge, 1229. — Histoire contemporaine, 1273.

Droits des trois puissances alliées sur plusieurs provinces de la République de Pologne, 3417.

DROZ (J.). — Histoire du règne de Louis XVI, 5235.

DUBARLE (Eug.). — Histoire de l'Université de Paris, 4345.

DUBIGNON (L'abbé). — Histoire critique du gouvernement romain, 1127.

DUBOCHET (J.-J.). — Histoire des Suisses, 3131.

DUBOIS (L'abbé Ch.-Fr.). — Histoire de la ligue faite à Cambrai, etc., 1590. — Mœurs, institutions et cérémonies des peuples de l'Inde, 3540. — Mémoire sur quelques parties de l'Egypte, 3601.

DUBOS (L'abbé J.-B·). — Histoire critique de l'établissement de la Monarchie dans les Gaules, 1346.

DUBOSC DE MONTANDRE. — L'histoire et la politique de l'auguste Maison d'Autriche, 3216.

DU BOURG (M.-A.). — Histoire du grand prieuré de Toulouse, etc., 3716. — Connaissances premières de la géographie, 62.

DU CAILLE (L.-A.). — Etrennes géographiques, 5203, 64.

DU CAMP (M.). — Paris, ses organes, etc., 2578.

DU CANGE (D. Ch., sr). — Les familles d'Outre-Mer, publié par M. E.-G. Roy, 1245.

DU CASSE (A.). — Mémoires et correspondance politique et militaire du roi Joseph, 2129. — Le Panthéon fléchois, 4363. — Les trois maréchaux d'Ornano, 4516.

DU CERCEAU (R. P.). — Conjuration de Nicolas Gabrini, 3118. — Histoire des révolutions de Perse, 3524.

DUCHATELLIER (A.). — Des lois d'Howell, 2836. — Recherches statistiques sur le département du Finistère, 2896. — Du commerce et de l'administration, etc., 3333.

DUCHESNE. — Nouvelles réflexions d'un royaliste, etc., 2217.

DUCLOS (Ch.-P., sr). — Histoire de Louis XI, 1527, 1591. — Mémoires secrets sur les règnes de Louis XIV et Louis XV, 1743.

DUCREST DE VILLENEUVE (E.) et MAILLET (E.). — Histoire de Rennes, 2874.

DUCROT (Le Gal). — La journée de Sédan, 2371.

DUFEY. — Confession de Napoléon, 2073.

DUFILHOL. — Guionvac'h. Etudes sur la Bretagne, par Kerardven. 2854.

DUFOUR. — Dénombrement des fiefs et arrière-fiefs du Quercy en 1504, 3952.

DUFOUR (M.-A.-H.). — Atlas universel, 97.

DUFRÈNE Sr DU CANGE. — Historia Bizantina, 1184,

DUGAST-MATIFEUX (Ch.). — Etat du Poitou sous Louis XIV, etc., 3918.

DUGOUR (D.-L.-D.-G.). — Histoire publique et secrète de Henri IV, 1637.

DUGUAY-TROUIN. — Ses mémoires, 1747, 1748, 1749, 1750.

DUHAMEL (J.-B.). — Regiæ scientiarum Academiæ historia in quâ, etc., 4376.

DUJARDIN (B.). — La vie de Pierre Arétin, 4726.

DULAURE (J.-A.). — Des cultes qui ont précédé et amené l'idolatrie, 665. — Histoire abrégée des différents cultes, 666. — Des divinités génératrices, etc., 868. — Histoire civile, physique et morale de Paris, 2573, 2574, 2575.

DUMAS (Alex.). — Gaule et France, 1440. — Jehanne la Pucelle, 1429, 1431.

DUMAS (Alex.) et DAUZATS. — Quinze jours au Sinaï, 492.

E.

F

G

GRÉGOIRE (le Cte H.) — Les ruines de Port-Royal-des-Champs, en 1809, etc., 767. — Essai sur la régénération physique, morale et politique des juifs, 928.

GRÉHAN (Am.), — France maritime, 2510.

GRELLMANN (H.-M.-G.). — Histoire des Bohémiens, 3478.

GRENIER (le Vte de). — Mémoires, 455, 456, 457.

GREPSIUS (Stan.). — De multiplici siclo et talento hebraïco, etc., 4132.

GRIFFET (le P. H.). — Mémoire pour servir à l'histoire de Louis, Dauphin, etc., 1875.

GRIMM (le B^on Fr.-M. de). — Nouveaux Mémoires secrets et inédits, 1876.

GRIMOARD (le Cte de). — Tableau historique et militaire de la vie de Frédéric-le-Grand, 3233.

GROBERT (J.). — Description des Pyramides, 3595.

GROSLEY. — Nouveaux Mémoires, etc., 3092, 3093. — Londres, 3339, 3340.

GUADET (J.). — Henri IV, 1641,

GUANIERI (P.-E.). — Breve bibliotheca dell' architettura militare, 5009.

GUASCO (l'abbé). — De l'usage des statues chez les anciens, 4251.

GUDIN DE LA BRENELLERIE (P.-F.). — Aux mânes de Louis XV, etc., 1816.

Guêpe (la), 5192.

GUÉPIN (A.). — Histoire des progrès de la ville de Nantes, 2882.

GUER. — Mœurs et usages des Turcs, 3428.

GUÉRANGER (le R. P. Dom P.). — Histoire de sainte Cécile, 802.

GUÉRARD (M.). — Cartulaire de l'abbaye de Saint-Bertin, 2758.

GUÉRIN DU ROCHER (l'abbé). — Histoire véritable des temps fabuleux, 904.

GUÉRIN (L.). — Histoire maritime de France, 2494. — Les marins illustres de la France, 4507.

GUÉRIN (V.). — Voyage archéologique dans la région de Tunis, 3615, 4106.

GUÉROULT. — Constitution des Spartiates, des Athéniens et des Romains, 908.

Guerras civiles de Inglaterra, etc., 3291.

GUERRY (A.-M.). — Statistique morale de l'Angleterre, 1328.

GUIBERT (le C^to J.-A.-H.). — Eloge historique de Michel de l'Hôpital, 4696.

GUIBERT (le D^r). — Ethnologie armoricaine, 2767.

GUIBERT (Louis). — Les émigrés limousins à Quiberon, 3947.

GUICHARD (J.). — Armorial du bibliophile, 4844.

GUICHARDIN (François). — Histoire des guerres d'Italie, 3089, 3090.

Guide-Cicerone. — Paris illustré, 294.

Guide du promeneur au jardin d'acclimatation, 295.

Guide (Nouveau) de Florence, 341.

Guide du libraire bouquiniste, 4842,

Guide pittoresque du voyageur en France, 278. — Atlas, 279.

GUIDI (J.-B.-M.). — Lettres concernant le journal d'un voyage, 330.

GUIGARD (J.). — Bibliothèque héraldique, 3812. — Indicateur du Mercure de France, 4023.

GUIGNES (de). — Mémoire dans lequel on prouve que les Chinois sont une colonie égyptienne, 4277 bis. — Voyage à Péking, etc., 459. — Atlas, 460.

GUILBERT (Arist.). — Histoire des villes de France, 2802.

GUILHERMY (F. de). — Inscriptions de la France, etc., 4282.

GUILLAUME DE TYR. — Historia belli sacri verissima, etc., 1237.

GUILLAUME (l'abbé). — Généalogie et journal de famille de Mery d'Elvange, 4056.

GUILLAUME-LE-FRANC-PARLEUR, ou observations sur les mœurs françaises, etc., 2248.

GUILLAUME (M.-J.). — Procès-verbaux du comité d'instruction publique, etc., 4365.

GUILLETIÈRE (G.). — Athènes ancienne et nouvelle, 1009.

GUINAN-LAOUREINS (J.-B.). — Le classique des dames, 630.

GUINOT (Eug.). — L'été à Bade, 363.

GUISE (Duc de), — Ses Mémoires, 1755.

GUIZOT (G.). — Cours d'histoire moderne, 1295, 1296. — Histoire de la civilisation en France, 1360. — L'histoire de France, racontée à mes petits enfants, 1414. — Du gouvernement de la France depuis la Restauration, 2191, 2192. — Mémoire pour servir à l'histoire de mon temps, 2351. — Histoire d'Angleterre, 3273. — Collection de Mémoires relatifs à la Révolution d'Angleterre, 3297. — Washington, 4659.

H

I

J

Journal d'Utrecht, 1260.

Journal en forme de lettres, mêlé de critiques, 4157.

Journal historique et politique des principaux événements des différentes cours de l'Europe, de 1772 à 1790, 1266.

Journées mémorables de la Révolution, 1939.

JOUVENCY (le P.). — Abrégé de la Fable ou de l'histoire poétique, 853.

JOVET. — Histoire des religions de tous les royaumes, 661.

JOVIUS (Paolus). — Histoire de Paolo Jovio Comòis, etc., 1251.

JUBAINVILLE (d'Arbois de). — Répertoire archéologique du département de l'Aube, 2685.

Jubilé des Grecs, etc., 3474.

JUBINAL (A.). — Explication de la danse des morts de la Chaise-Dieu, 1375.

JUILLON (l'abbé). — Histoire du siège de Lyon, 2029.

JUILLY (Baudot de). — Histoire de Charles VII, 1525, 1526. — Histoire de Catherine de France, 3282.

JULIAN (L.). — Précis historique des principaux événements politiques et militaires qui ont amené la Révolution d'Espagne, 3178.

JULIEN (B.). — Thèses d'histoire et nouvelles historiques, 1298.

JURIEN DE LA GRAVIÈRE. — Guerres maritimes, 2499. — La station du Levant, 2500.

JUSTE. — Histoire de Charlemagne, 1493, 1494, 1495.

JUSTIN. — Histoire universelle, 635, 891, 892.

JUVENEL DE CALENCAS. — Essai sur l'histoire des belles-lettres, 4287.

K

KALMS. — Histoire naturelle et politique de la Pensylvanie, etc., 3646.

KARAMSIN (N.-M.). — Histoire de l'Empire de Russie, 3384.

KAUPMANN (M.-A.). — Notice historique et descriptive sur le château de Brugny, 4001.

KEATE (G.). — Relation des îles Pelew, 584, 585.

KEMPFER (E.). — Amœnitatum exoticarum politico-physico medicarum, etc., 3500. — Histoire naturelle, civile et ecclésiastique du Japon, 3578.

KERALIO (de). — Histoire de la dernière guerre entre les Russes et les Turcs (1769), 3392.

KÉRATRY (M.). — Documents nécessaires pour l'intelligence de l'histoire de France, telle qu'on l'a faite, 2199. — La France, telle qu'on l'a faite, 2197.

KÉRATRY (le Cte de). — Armée de Bretagne, 1870-71, etc., 2376, 2377. — Le 4 Septembre et le gouvernement de la Défense nationale, 2378. — L'élévation et la chute de l'Empereur Maximilien, 3656. — Mourad V, sultan, 3456.

KERDANET (D.-L.-M. de). — Histoire de B. d'Argentré, 2846. — Notice sur la ville de Lesneven, etc., 3016. — Notices chronolog. sur les théologiens, etc., 4807.

KERDELLEC (A. de C. de). — Recherches sur la chevalerie du duché de Bretagne, 2815.

KERGUÉLEN-TRÉMAREC (de). — Relation d'un voyage, 545.

KERHARDÈNE (Gillot de). — Mémoire historique sur les deux délivrances de Condom, 2710.

KÉROULÉE (Georges de). — Un voyage à Pékin, 5215.

KERORGUEN (A. du B. de). — Recherches sur les Etats de Bretagne, 2807.

KERROUX (L.-G.-F.). — Abrégé de l'histoire de la Hollande et des provinces unies, 3075.

KERVÉGUEN (Vte). — Discours sur la Marine, prononcé en 1862, à la Chambre, 2516.

KERVILER (Réné). — La Bretagne à l'Académie française, au 17e et au 18e siècle, 2869. — Répertoire général de bibliographie bretonne, 4816.

KIPPIS (A.). Vie du capitaine Cook, trad., 205.

KIRCHER (A.). — Sphinx mystagoga, etc., 4133. — Œdipus Œgyptiacus, 4143. — Latium, is est nova, etc., 4230. — Obeliscus Pamphilius, 4245. — La Chine illustrée, 3568.

KLAPROTH (J.). — Tableau historique, géographique, ethnologique et politique du Caucase, 3521. Notice sur l'archipel de Jean Potocki, etc., 3574.

KLAPROTH (M.-J.). — Seconde lettre à M. de S*** sur les hiéroglyphes, 4138.

KLOTZIUS (M.-J. Christ). — De libris auctoribus, 4989.

KLVIT (Adriano). — Historia critica comitatiis Hollandiæ, 3082.

Kyle's description of Glasgow, 3357.

L

M

MAFFÉ (J.-P.). — L'histoire des Indes orientales et occidentales, 3485.

MAFFEI (F.-S.). — Græcorum siglæ lapidariæ, 4277.

MAFFEI (Mis). — Mémoires, 3239.

MAGALON. — Annales militaires des Français, 2149.

Magasin pittoresque (le), 5133.

Magasin des dames (le petit), 5141.

MAGEOGHEGAN (l'abbé). — Histoire de l'Irlande, etc., 3350.

MAGNANT (L.-G.). — Mme la duchesse de Berry, 2167.

MAGNY (L. de). — Le nobiliaire universel, 3790, 3803. — Armorial de France, 3804. — Nobiliaire de Normandie, 3876.

MAGNY (le Mis de). — De la répression des usurpations de noms, etc., 3764.

MAGON DE SAINT-HELIER (F.). — Tableau historique politique et pittoresque de l'île de France, 3560.

MAHER (M.). — Eloge de J.-R.-C. Quoy, 4779.

MAHUL (A.). — Annuaire nécrologique, 4476. — Annuaire nécrologique, 5303.

MAIGNE (W.). — Abrégé méthodique de la science des armoiries, 3785.

MAIGNIEN (Ed.). — Généalogies et armoiries dauphinoises, 3968.

MAILHOS (J.-B.). — Le dernier cri d'un dépositaire de la Charte, 2270.

MAILLE (le P.). — Le Père Berruyer, 673, 674.

MAILLET. — Catalogue de la bibliothèque de Rennes, 4922. (Voir Ducrest de Villeneuve).

MAILLY (J.-B.). — L'esprit de la Fronde, 1705.

MAIMBOURG (P.-L.). — Traité historique de l'établissement des prérogatives, 712. — Histoire de la Ligue, 1571. — Histoire du pontificat de saint Grégoire, 717. — Histoire de la décadence de l'Empire après Charlemagne, 1492. — Histoire du Calvinisme, 818. — Histoire du schisme des Grecs, 819.

MAIRAN (Dortous de). — Eloges des académiciens, 4385.

MAIRE. — La topographie de Paris, 2579.

MAISONFORT (le Mis de). — Tableau politique de l'Europe depuis la bataille de Leipsic, 1275.

MAITTAIRE (A.-M.-Mich.). — Annales typographici, etc., 4834, 4835.

MAJOR (Th.). — Les ruines de Pœstum, 4219, 4220.

MAKRISI. — Traité des monnaies musulmanes, 3448.

MALAIZÉ (J.-B.-M.). — Essai historique et chronologique sur les troupes de la marine, 2509.

MALENGUCHEN (R. de). — Notice historique et archéologique, 5292.

MALESHERBES (C.-G.). — Sa vie, 1859. — Mémoire sur la librairie et sur la liberté de la presse, 2141.

MALLET (P.-H.(. — Histoire de Danemark, 3362.

MALLET DU PAN. — Essai historique, 3137.

MALO (Ch.). — Les capitales de l'Europe, 5202.

MALOUET. — Ses Mémoires, 2169.

MALTE-BRUN (C.). — Dictionnaire géographique portatif, 30. — Précis de la géographie universelle, 78, 83. — Précis de la géographie moderne, 79. — Atlas, 84.

MALTE-BRUN. — Tableau de la Pologne ancienne et moderne, 3409. — Précis de la géographie universelle, 5197.

MANDESLO (J.-A. de). — Voyages célèbres et remarquables, 249.

Mandement de Mgr l'archevêque de Lyon, 675.

MANET (F.-G.-P.-R.). — Histoire de la Petite Bretagne, 2794. — Biographie des Malouins célèbres, 2879.

MANEY (Adèle Jarry de). — Mme Lamartine mère, 4762.

MANGOURIT (A.-B. de). — Le Mont-Joux, 351.

MANNIER (E.). — Ordre de Malte, 3719.

MANOIR (Deschamps de). — Souvenirs, 265.

MANSO (J.-G.-Fr.). — Histoire politique, administrative, etc., 5286.

MANTEL (A.-P.). — Détails inédits sur Rachel, 4780.

Manuel du baccalauréat, 5062.

Manuel du bibliophile, 4867, 4868.

MANUTIUS (P.) — Antiquitatum romanorum liber de legibus, 4150.

Mappemondes, 96.

MAQUET (A.) et A. DE DION. — Nobiliaire et armorial du comté de Montfort l'Amaury, 3870.

MARANA (J.-P.). — L'espion du Grand-Seigneur, etc., 1752.

MARAT (J.-P.). — Eloge de Montesquieu, 4771.

MARAULT (A.-J.). — Résumé de l'histoire des établissements européens dans les Indes occidentales, 3544.

MARCASSUS (P. de). — Histoire grecque, 994.

MARCEL (Guil.). — Histoire de l'origine et des progrès de la Monarchie française, 1443.

MARCEL (G.). — Tablettes chronologiques, 680.

MARCEL (Gabriel). — Recueil de portulans, 5206.

MAULDE (de). — Essai sur l'armorial de l'ancien diocèse du Mans, 3913.

MAULDE (M.-A. de). — Armorial du Vendômois, 3938.

MAUNOIR et DUVEYRIER (H.). — L'année géographique, 93.

MAURIÈS (P.). — Mémoire sur quelques pièces, monnaies, 4275. — Etude biographique sur le breton Noël (F.-R.-K.), — Archéologie. Découverte d'un tombeau, etc., 4122. — Documents curieux et inédits sur la ville de Brest, 2967.

MAURY (L.-A.). — Les forêts de la Gaule, etc., 1325.

MAURY (Alf.). — Rapport adressé à M. le Ministre de l'instruction publique, 1466.

MAUVILLON (El.). — Histoire de Gustave Adolphe, 3377.

MAUZET (J.-L.). — Guide du voyageur à Genève, 355.

MAVERNIER (E. Buisson de). — Excursion poétique, 297.

MAVIDAL (J.-J.). — Annuaire des faits, 1283.

MAYER (Gust.). — Un contemporain homme de lettres, 4655.

MAYER (P.). — Histoire du Deux Décembre, 2347.

MAZARIN (Cal). — Lettres pendant son ministère, 1695.

MAZAS (A.). — Mémoire pour servir à l'histoire de la Révolution de 1830, 2305. — Histoire de l'Ordre royal et militaire de Saint-Louis, 3723.

MAZZEI. — Recherches historiques et politiques, 3642.

MAZZINI. — Le Pape au XIXᵉ siècle, F. R. K.

MEARES (J.). — Voyage de la Chine, 540. — Atlas, 541.

Médailles sur les principaux événements du règne de Louis-le-Grand, 1684.

MÈGE (D.-M.-P.). — Avis aux patriotes, etc., 2288.

MEHÉE-DELATOUCHE. — Mémoire sur procès, 2214.

MEYGNAN (Mgr). — Le Monde et l'homme primitif, etc., 4176.

MEINERS (Ch.). — Histoire de l'origine, des progrès et de la décadence des sciences dans la Grèce, 1005. — Histoire de la décadence des mœurs chez les Romains, 1142.

MEISSAS (G.). — Les grands voyages de notre siècle, 5208.

Mélanges d'archéologie et d'histoire, 5153.

Mélanges d'archéologie et d'histoire, 4111.

Mélanges d'archéologie égyptienne et assyrienne, 4146.

Mélanges historiques. — Choix de documents, 2422.

MELLEVILLE (A.). — Dictionnaire historique du département de l'Aisne, 3872.

Mémoire au Roi et aux Chambres, par les colons de l'Algérie, 3051.

Mémoires authentiques, ou histoire de Struensée, etc., 3365.

Mémoire concernant Christine, reine de Suède, F. S.

Mémoire concernant la vie et les écrits du Cᵗᵉ François Algarotti, 4730.

Mémoires de Cléry, 1865.

Mémoires de l'Académie royale de Marine, 4387.

Mémoire de la Chambre de commerce à Marseille, 2526.

Mémoire de la Compagnie des Indes. (Voir le Catalogue des sciences et arts).

Mémoire de la minorité de Louis XIV, F.-S.

Mémoire de la Société impériale académique de Cherbourg, 4389.

Mémoire de la Société littéraire, etc., d'Apt. 4390.

Mémoire de la Société des antiquaires du Centre, 4391.

Mémoire de la Société royale d'émulation d'Abbeville, 4394.

Mémoires de l'Estat de France, 1570.

Mémoires de l'Impératrice Joséphine, 2097.

Mémoires de littérature, 4373.

Mémoires de l'Institut, 4375.

Mémoire de M. de *** pour servir à l'histoire du 17ᵉ siècle, 1731.

Mémoire des expéditions militaires de l'Allemagne. (Voir le Catalogue des sciences et arts).

Mémoire détaillé sur la ville de Brest, 2922.

Mémoires du duc de Lauzun, 1864.

Mémoires du Général Rapp, 2132.

Mémoires du Marquis de Bouillé, 1848.

Mémoires d'un apothicaire sur la guerre d'Espagne, 3164.

Mémoires historiques et critiques sur les plus illustres personnes vivantes de l'Angleterre, 3313.

Mémoires historiques et géographiques sur les pays situés entre la mer Noire et la mer Caspienne, 3518, 3519.

Mémoires historiques et politiques d'un fou de qualité, 2275.

Mémoires militaires relatifs à la succession d'Espagne, 3161.

Mémoires par M. G. de Voisins, 2842.

Mémoire pour le chef de brigade Magloire Pélage. (Voir le Catalogue des sciences et arts).

MICHEL (F.).— Mémoire de Jean, sire de Joinville, 1451. — Histoire des races maudites de la France et de l'Espagne, 3479.

MICHEL (Défense du père), 2269. — Le petit livre à 15 sols, 2268.

MICHELET (J.). — Histoire de France, 1406. — Histoire de la Révolution française, 1955. — Procès des Templiers, 782.

MICHELOT (H.). — Nouvelle carte générale de la Méditerranée, etc., avec coupe d'un vaisseau-amiral de 104 canons, et coupe d'une galère, 158.

MIDLETON. — Histoire de Cicéron, 4466.

MIGNEAUX (M. de). — De la responsabilité des ministres, 2256.

MIGNET (F.-A.). — Histoire de la Révolution française, 1945, 1946. — Histoire de Marie Stuart, 3311.

MIGNONNEAU. — Considérations intéressantes sur les affaires présentes, 1887.

MIGNOT (l'abbé V.). — Histoire de l'Empire ottoman, 3434.

MILCENT (le Dr A.). — Jean-Paul Tessier. Esquisse de sa vie, 4722.

MILFORT. — Mémoire ou coup-d'œil rapide, etc., 3645.

MILLAUD. — Fastes criminels de 1848, 2334.

MILLE (M.). — Ligne de Paris à Brest, 2764.

MILLER (E.). — Catalogue des manuscrits grecs, 4881.

MILLEVILLE (A.-J.-G. de). — Armorial historique de la Noblesse de France, 3805.

MILLIN et MILLINGEN. — Histoire métallique de Napoléon, 2113.

MILLOT (l'abbé C.-F.-X.). — Eléments de l'histoire de France, 1417, 1418. — Mémoire politique et militaire pour servir à l'histoire de Louis XIV et de Louis XV, 1777, — Eléments d'histoire générale, 626. — Eléments de l'histoire d'Angleterre, 3265.

MILLOT (l'abbé), d'après les Mémoires de Sainte-Palaye. — Histoire littéraire des troubadours, 4687, 4688.

MILN (James). — Fouilles faites à Carnac, 2890.

MIMANT. — L'Elysée, ou quelques scènes de l'autre monde, 2280.

Minerve française (La), 5163.

MINGARELLIUS (J.-A.). — Ægyptorum codicum reliquiæ, 4876.

Ministère des finances. — Compte définitif des recettes de l'exercice 1882, 5267, 5268.

MION (H.), — La Salamandre, 2613.

MIRABEAU (le Cte de). — Aux Bataves, sur le Stathoudérat, 3077. — De la

Monarchie prussienne, etc., 3230. — Atlas, 3231. — Histoire secrète de la Cour de Berlin, 3232.

MIRECOURT (C.-J.-B.-E. Jacquot. dit de). — Les contemporains.

4548, Béranger (J.-P. de). Déjazet, (P.-V.). Gérard de Nerval. Guizot (F.-P.-G.). Musset (C.-L.-Alf. de). — 4549, Emile de Girardin. G. Sand. Lamennais (l'abbé J.-M.-R. de). Méry (J.). Victor Hugo. — 4550, Arnal (E.). — 4551, Auber (D.-F.-E.). — 4552, Balzac (H. de). — 4553, Barrot (Odillon). — 4554, Beauvallet (P.-F.). — 4555, Berlioz (L.-H.). — 4556, Berryer (P.-A.). — 4557, Berthet (E.-B.). — 4558, Blanc (Louis). — 4559, Blanqui (L.-A.). — 4560, Bocage (P.-M.-T. de). — 4561, Bonheur (Rosa). — 4562, Brohan (Aug.). — 4563, Castille (H.). — 4564, Cavaignac (E.). — 4565, Chasles (Ph.). — 4566, Chéri (Rose). — 4567, Colet (Louise). — 4568, Cormenin (L.-M. de la Haye, Vte de). — 4569, Cousin (V.) — 4570, Crémieux (J.-A.). — 4571, David (F.). — 4572, Delacroix (E.). — 4573, Delaroche (P.). — 4574, Deschamps (E.). — 4575, Desnoyers (L.-C.-J.-F.). — 4576, Dumas fils (Alex.). — 4577, Dupin (A.-M.-J.-J.). — 4578, Dupont (P.). — 4579, Féval (P.) et Gonzalès (Emm.). — 4580, Gautier (Th.). — 4581, Gavarny (S.-P. Chevalier, dit). — 4582, Georges (Mlle). — 4583, Gérard. — 4584, Girardin (Delphine Gay, Mme de). — 4585, Girardin (Saint-Marc). — 4586, Gozlan (Léon) et Champfleury (Jules Fleury, dit). — 4587, Grassot (P.-L.-A.). — 4588, Heine (Henri). — 4589, Houssaye (Arsène). — 4590, Ingres (J.-D.-A.). — 4591, Janin (J.-G.). — 4592, Karr (Alph.). — 4593, Kock (Paul de). — 4594, Lachambeaudie (Pierre). — 4595, Lacordaire (J.-B.-H.). — 4596, Lamartine (A. de). — 4597, Ledru-Rollin (A.-A.). — 4598, Lemaître (Fréd.). — 4599, Mélingue (E.-M.). — 4600, Mérimée (Prosper). — 4601, Meyerbeer (G.). — 4602, Michelet (Jules). — 4603, Monnier (H.). — 4604, Montalembert (C.-F. de Tryan Cte de). — 4605, Montès (Lola). — 4606, Murger (H.). — 4607, Planche (G.). — 4608, Ponsard (F.). — 4609, Proudhon (F.-J.). — 4610, Rachel (E.-R.-F., dite). — 4611, Raspail (F.-V.). — 4612, Ravignan (Le P. de). — 4613, Robert (Clémence). — 4614, Rossini (G.). — 4615, Rothschild (Bon James de). — 4616, Sainte-Beuve (C.-A.). — 4617, Saint-Laurent. — 4618, Salvandy (Cte de). — 4619, Samson (J.-I.). — 4620, Scribe (A.-E.). — 4621, Segalas (Anaïs). — 4622, Sue (Eug.). — 4623, Taylor (Baron). — 4624, Thiers (A.). — 4625, Vernet (H.). — 4626, Véron (L.-D.). — 4627, Veuillot (L.). — 4628, Viennet (J.-P.G.). — 4629, Villemain (A.-F.). — 4630, Vigny (A. de). — 4631, Wey (Francis).

MORENAS (F.). — Dictionnaire portatif comprenant la géographie et l'histoire universelle, 5052.

MORÉRI (Mess. L.). — Le grand dictionnaire historique, 4405.

MORÉRI (L'abbé). — Le grand dictionnaire historique, 11. — Supplément au 3ᵉ vol., 12.

MORGAN (Lady). — Mémoire sur la vie et la siècle de Salvator Rosa, 4727.

MORGAN (J. de). — Exploration dans la presqu'île malaise, 5287.

MORGUES (L'abbé Mathieu de). — Pièces diverses pour la défense de la Reine, mère de Louis XIII, 1654.

MORICE (Dom P.-H.). — Histoire ecclésiastique et civile de Bretagne, 2783 bis. — Mémoires pour servir de preuves à l'histoire, 2783 bis.

MORIN (E.). — L'Armorique au Vᵉ siècle, 2776.

MORINERIE (de la). — La Noblesse de Saintonge et d'Aunis convoquée par les Etats-Généraux de 1789, 3926.

MORISSON (A.). — Relation historique d'un voyage, etc., 415.

MORLENT (J.). — Voyage historique, 282.

MORNAND (Félix). — Guide-Cicerone. Belgique, 365. — La vie arabe, 3064.

MORNAS (Buy de C.). — Atlas méthodique et élémentaire, 101, 102.

MORNAY (Mⁱˢ de). — Protestation, etc., 2421.

MOROGUES (Bᵒⁿ de). — Comment la Chambre des députés et la Chambre des pairs pourraient être constituées, 2430ᵃ.

MORSHEIM (Mémoires de Mᵐᵉ la Dˢˢᵉ de), 1779.

MORSKI. — Lettres de M. le Cᵗᵉ Morski à M. l'abbé de Pradt, 2546.

MORTILLET (G. et A. de). — Musée préhistorique, 4203.

MORTIMER-TERNAUX. — Histoire de la Terreur, 1969, 1970.

Moscou, avant et après l'incendie, 3400.

MOTTEVILLE (Mᵐᵉ de). — Mémoire pour servir à l'histoire d'Anne d'Autriche, 1677, 1678.

MOULIÈRES (A.-J.-R.-D.-B. de). — Le Roi martyr, 1845.

MOURADJA D'HOSSON (de). — Tableau général de l'Empire othoman, 3426.

Mouvement moral de la France depuis 1830, 2425.

MULLER (E.). — Le magistrat de la ville de Strasbourg, 4014.

MULLER (G.-P.). — Voyages et découvertes, 181.

MULLER (Chr.). — Tableau de Pétersbourg, 3395.

MULLOIS (M. l'abbé). — Le saint Père et Rome, 729.

MUNTZ (Eug.). — Histoire de l'art pendant la Renaissance, 5223.

MURALT (B.-L.). — Lettres sur les Anglais, 262.

MURAT (Vie de Joachim), 4773.

MURATORI. — Relation des missions du Paraguay, 3695.

MURET (P.). — Cérémonies funèbres de toutes les nations, 4120.

MURET (P.). — Traité des festins, 4124.

MURTADI. — L'Egypte, 3592.

Musée de Nantes. — Catalogue des tableaux et statues, 2884.

Musée des archives nationales. — Documents originaux de l'histoire de France, 1452.

MUSSET (Paul de). — Originaux du XVIIᵉ siècle, 4510.

MUSSET-PATAY (V.-D. de). — Vie militaire et privée de Henri IV, 1611.

MUSSON. — Ordres monastiques, 742.

MUIRECY (Ch. de). — Journal de la Campagne de Chine, 1850-1860, 3576.

N

NADAUD (H.-L.-L.). — Mémoire sur les terres vaines et vagues, etc., 2838.

Nain Jaune réfugié (Le), 5156.

NAPOLÉON (Trois mois de), ou relation des événements politiques, 2236.

NAPOLÉON BONAPARTE. — Œuvres choisies, 2077.

NAPOLÉON Iᵉʳ. — Sa correspondance publiée par ordre de l'empereur Napoléon III, 2112.

NAPOLÉON III. — Histoire de Jules César, 1147.

Napoléon III et l'Angleterre, 2353.

Napoléon III et l'Italie, F. R. K., 906.

NAPOLÉON (Saint-Barbier). — Mémoire pour servir à l'histoire de France en 1815, etc., 2147.

NASCIA (T.). — Mémoire sur l'enfance et la jeunesse de Napoléon jusqu'à l'âge de 23 ans, 2080.

NAU (Le père M.). — Nouveau voyage de la Terre-Sainte, 414.

Navigation. Canaux. Ports. 5252.

Navy list, etc., Décembre 1846, 3355.

O

P

Q

R

RAMEL. — Journal de l'adjudant général Ramel, 2010.

RAMOND DE CARBONNIÈRES (Le Bᵒⁿ). — Observations faites dans les Pyrénées, etc., 275.

RAMSAY (de). — Histoire du Vicomte de Turenne, 1708, 1709.

RAMSAY (Le Chᵉʳ A. M. de). — Histoire de la vie et des ouvrages de Fénelon, 4701.

RAOUL (E.). — Formosa (La belle). Les gages nécessaires, 3577.

RAPIN-THOYRAS (P. de). — Extraits des actes de Rymer, 3257. — Histoire d'Angleterre, 3254, 3255.

RAPP (Le Gᵃˡ). — Ses Mémoires, 2132.

Rapport adressé à M. le Président de la République par le Ministre de la guerre, etc., 3063.

Rapport au Président de la République sur l'Enseignement supérieur, 4359.

Rapport au Roi par le Ministre de l'Instruction publique (1833), 4353.

Rapport de la commission instituée à Rome pour constater les dégâts, 4228.

Rapport des séances de l'Assemblée nationale, 2039.

Rapport et procès-verbal de la commission de vérification des comptes des ministres, 5269.

RAULIN (V.). — Description physique et naturelle de l'île de Crète, 3475.

RAVAN (H.). — Etat des Nobles du Poitou, 3919.

RAVIGNAN (Le P. de). — Clément XIII et Clément XIV, 722.

RAYET (Olivier). — Etudes d'archéologie et d'art, 4115. — Histoire de la céramique grecque, 4259.

RAYNAL (L'abbé). — Histoire du Parlement d'Angleterre, 3315, 3316. — Histoire philosophique et politique des établissements et du commerce des Européens dans les Indes, 3486, 3487, 3488, 3489, 3490. — Atlas, 3491.

RAYNOUARD (F.-F.-M.). — Monuments historiques relatifs à la condamnation des Templiers, 781.

REBOUL (Ernest). — Les de Ferry et les d'Escrivan, 4058.

REBOULET (Simon). — Histoire du règne de Louis XIV, 1679, 1680.

Recensement de la population du royaume, opéré en 1841, 1330.

Recherches asiatiques, ou Mémoires de la société établie au Bengale, etc., 3497.

Recherches nobiliaires en Normandie. 3889.

Recherches statistiques sur la ville de Paris et le département de la Seine, 2595.

Recherches sur l'histoire de la partie de l'Afrique septentrionale, connue sous le nom de Régence d'Alger, 3041.

RECLUS (Elisée). — Nouvelle géographie universelle, 87.

Recueil contenant les règlements, statuts et autres pièces concernant diverses sociétés locales, 2954.

Recueil de diverses pièces servant à l'histoire de Henri III, 1581.

Recueil de diverses pièces et de discussions qui ont eu lieu aux Cortès, etc., 3179.

Recueil de documents administratifs de la ville de Brest, 2952.

Recueil de documents historiques et biographiques, 2951.

Recueil de documents historiques, politiques et autres, en langue bretonne, 2959.

Recueil de fac-simile, etc., 4325.

Recueil de jurisprudence concernant Brest et le département, 2958.

Recueil de l'académie des jeux Floraux, 4392.

Recueil de pièces concernant la marine, 2957.

Recueil de pièces concernant l'enseignement et les distributions de prix à Brest, 2955.

Recueil de pièces diverses sur l'Afrique, 3587.

Recueil de plusieurs pièces de poésie, 4369.

Recueil de pièces relatives à la Révolution, 1908.

Recueil de pièces relatives à l'histoire de la ville de Brest, depuis 1789, etc., 2948, 2949, 2950.

Recueil de pièces secrètes et intéressantes tirées des registres des Etats-Généraux des Etats de Hollande, 3081.

Recueil de pièces sur le Finistère, etc., 2907.

Recueil de pièces sur les Jésuites, 761, 762, 763, 764.

Recueil de publications diverses (Brest), 2956.

Recueil de quelques discours politiques escrits, etc., 1256.

Recueil des adhésions adressées au Prince Président, etc., 2352.

Recueil des affaires municipales.— Arrêtés. Conseil municipal de Brest, 2953.

Recueil des historiens des Croisades, 1238.

Recueil des instructions données aux ambassadeurs et ministres de France, 5271.

Recueil des interrogatoires subis par le général Moreau, 2135.

S

SCHILLER. — Histoire de la guerre de trente ans, 3245.

SCHNITZLER [J.-H.]. — Statistique générale, méthodique et complète de la France, etc., 1327.

SCROFANI [S.]. — Histoire de la guerre des esclaves, en Sicile, sous les Romains, 3113.

SECOUSSE. — Mémoire historique et critique sur les principales curiosités de la vie de Roger de Saint-Lary, etc., 1594.

Secrets de la Cour de Louis XVIII, 2226.

Secrets [Les] de la nature et de l'art, 5065.

SÉGUIER [M.]. — Dissertation sur l'ancienne inscription de la Maison-Carrée de Nismes, 2727.

SÉGUR [de]. — Atlas pour servir à l'histoire romaine ancienne, etc., 144.

SÉGUR [L'aîné, L.-P.]. — Politique de tous les cabinets de l'Europe, etc., 1269.

SÉGUR [Le Cᵗᵉ de]. — Histoire universelle, 638. — Histoire ancienne, 900, 935. Histoire romaine, 1168. — Histoire du Bas-Empire, 1210. — Tableau historique et politique de l'Europe, etc., 1267. — Décade historique, 1268. — Histoire de France, 1435. — Histoire de Napoléon et de la Grande Armée, 2076.

SÉGUR [Le Cᵗᵉ L.-P. de]. — Histoire des principaux événements du règne de Guillaume II, 3234.

SEIGNERET [Paul]. — Note rédigée d'après ses lettres, 2380.

SELLIER [Osmond du]. — Justification des discours et de l'histoire ecclésiastique de l'abbé Fleury, 685, 686.

SÉMAINVILLE [Cᵗᵉ P. de]. — Code de la Noblesse française, 3751.

SÉNANCOURT [de]. — Résumé de l'histoire, 667.

SÉNART. — Révélations puisées dans les cartons des comités du Salut public, etc., 1983.

Sénat. — Registre matricule des années 1852, 1858, 2354. — Documents officiels, 1861, 2355.

SENEBIER [Jean]. — Mémoire historique sur la vie et les écrits de H.-B Desaussure, 4731.

SÉRAN DE LA TOUR. — Histoire de Philippe, roi de Mac, 1011. — Histoire d'Epaminondas, 1017.

SÉRAN DE LA TOUR (L'abbé). — Parallèle de la conduite des Catholiques à l'égard des Romains, 1824. — Histoire du tribunal de Rome, 4163. — Histoire de Scipion l'Africain, 4464. — Histoire de Catilina, 4465.

Sérapêum (Le) de Memphis, 4214. — Atlas, 4215.

SERRES (de). — Histoire de France, 1442.

SERVAL. — Traduction des statuts de l'isle de Corse, 3032.

SERVIEZ (de). — Les impératrices romaines, 1159. — Les femmes des douze Césars, 1160.

SESTINI (L'abbé Dom.). — Voyage dans la Grèce asiatique, 411. — Le guide du voyageur en Egypte, 412.

SEUR (J. de). — La Flandre illustrée par l'institution de la Chambre du Roi, à Lille, 3860.

SÉVIN (L'abbé). — Lettres sur Constantinople, 3449.

SEYSSEL (Claude de). — Histoire de Louis XII, 1546.

SHAFTESBURY (Earl of). — Memoirs, letters and speeches, etc., 3300.

SHAW (T.). — Voyages dans plusieurs provinces de la Barbarie et du Levant, 253.

SHÉRER (J.-B.). — Annales de la petite Russie, 3401.

SHÉRER (Le Général). — Comptes-rendus au Directoire exécutif, 2015.

SHERIDAN-HOGAN (J.). — Le Canada, 560.

SHRADER (Ch.). — Analysis chronologico-pragmatologica, 603.

SIAUVÉ (E.-M.). — Mémoires sur les antiquités du Poitou, 2678.

SIBERT (Gauthier de). — Vies des empereurs, etc., 1156. — Vie des empereurs Tite, Antonin, etc., 5222. — Variation de la Monarchie française, 2527.

SICILLE. — Le blason des couleurs, 3776.

Siècles (Les) de la littérature française considérée, etc., 4681.

SIENNIKI (Stasnislas-Joseph). — Les elzévirs de la Bibliothèque impériale de Varsovie, 4841.

SIGONIUS (C.). — Fasti consulares ac triumphi, etc., 1115.

SILHOUETTE (Et. de). — Voyage de France, etc., 260.

SILHOUETTE (de) et DE LA GALISSONNIÈRE. — Mémoires des Commissaires du Roi, etc., 2548.

SILHOUETTE. — Réflexions politique de Balthazar Gratian, etc., 4504. — Abrégé de la vie des évêques de Coutances, 4505.

SILVESTRE (L.-C.). — Marques typographiques, etc., 4865.

SILVY. — Du rétablissement des Jésuites en France, 771.

SIMIL (M.-J.). Mémoire sur la Maison Carrée, 2728.

SIMON (Jules). — Souvenirs du 4 Septembre, 2382.

SIRET. — Abrégé de l'histoire grecque, 1004.

T

TOULMOUCHE (A.). — Histoire archéologique de l'époque gallo-romaine de la ville de Rennes, 2876.

Toulon et Marseille (Vieux plans de), 169.

TOURNOIS (M.). — Histoire de Louis-Philippe-Joseph, duc d'Orléans, etc., 1979.

TOURNON (Cte de). — Le livre d'or du Capitole, 3800.

TOURON (Le R. P. A.). — Histoire générale de l'Amérique, 3628.

TOURTOULON (Ch. de). — De la Noblesse dans ses rapports, etc., 3747. — Du droit, de l'usage et de l'abus en fait de titres, etc., 3762.

TOURVILLE (Mal de). — Mémoires, 1778.

TOUSSAINT DE SAINT-LUC. — Mémoires sur l'état du Clergé, etc., 3894, 3895.

TOWNSON [D. Robert]. — Voyage en Hongrie, 361.

TOZETTI [J. Targioni]. — Voyage minéralogique, 333.

Traité de paix de Paris de 1856, etc., 2560.

Traité des dissensions entre les Nobles et le peuple dans les Républiques d'Athènes et de Rome, 1178.

TRAULTZ. — Discours merveilleux, etc., 1588.

TRÉBUCHET. — Anne de Bretagne, 2814.

TRÉFOUEL [J.]. — Souvenirs, 2297.

TRÉMAUX [P.]. — Voyage au Soudan oriental, 479. — Voyage en Ethiopie, 480. — Atlas, 481, 482.

TRÉSORIÈRE (M.-A.-B. de La). — Annales historiques, etc., 3927.

TRESSAN (L'abbé de). — La mythologie comparée, etc., 5220. — L'Église de Bretagne, 705.

TRESVAUX (L'abbé). — Histoire de la persécution révolutionnaire en Bretagne, 2826.

TRÉVÉDY (J.). — Lettres sur la géographie et l'histoire de la Bretagne, 2909. — Etudes sur Quimper, 2913. — Jean Beaujouan, procureur à Quimper, 2914, 4805. — Notice sur les nécrologes du couvent de Saint-François, de Quimper, 2915. — Thèse illustrée du collège des Jésuites, à Quimper (1752), 2916. — La léproserie de Quimper, 2917. — Les finances de la ville de Quimper, 2918. — Le groupe équestre de Guélen, 2919, 4253. — Seigneurs nobles et seigneurs roturiers, 3770. — Marie Tromel, 4823.

TRÉZAN (D. de). — Histoire et philosophie mêlées, 3842.

TRITSCHLER. — Un mot sur Brest, etc , 2932.

TROGNON (M.). — Résumé de l'histoire d'Italie, 3102.

TROIL. — Lettres sur l'Islande, 314.

TROUDE (A.). — Hospice civil de Brest, 2964.

TROUVÉ (Le Bon). — Le Dauphin, 1792.

TROYES (J. de). — Histoire de Louis XI, 1531.

TUDEBODE (P.). — Mémoires sur son pèlerinage à Jérusalem, 419.

TURBAT. — Procès des Bourbons, 2022.

TURENNE (Vte de). — Sa vie, 4783.

TURGAN. — Les grandes usines de France, 2534.

TURGOT. — Mémoires sur sa vie et ses ouvrages, 1835.

TURNER (S.). — Ambassade au Thibet, 459. — Atlas, 452.

TURPIN (F.-R.). — Les vies de Charles et de César de Choiseul Duplessis-Praslin, 1662. — Histoire des révolutions d'Angleterre, 3278. — Histoire de la vie de Mahomet, 3504. — Histoire civile et naturelle du royaume de Siam, 3561. — Histoire des hommes publics, etc., 4488.

TURQUETY (Ed.). — La vie d'un poète, 4822.

TURREAU (Gal Lis Mie Baron). — Histoire de la guerre de Vendée, 2000, 2001.

TWISS (R.). — Voyage en Portugal et en Espagne, 318.

Types (Trois) de bibliothèque populaire, 5310.

U

UBBONIS EMMII FRISII. — Vetus Græcia, etc., 984.

ULLOA (Don Juan et Don A. de). — Relacion historica de viage, 566. — Voyage historique de l'Amérique méridionale, 567.

Union républicaine du Finistère, 5181.

URBAN (M. de Fortia d'). — Mémoires pour servir à l'histoire ancienne du globe, 899. — Histoire de la Chine avant le Déluge, 899 *bis*. — Vie de Crillon, 1629, 1630.

URSCHELLER. — La lune de Landerneau, 3013. — La pointe Saint-Mathieu, 5285.

V

W

X

Y

Z

FIN.

ADDITIONS ET CORRECTIONS

L'orthographe des noms d'auteurs ou d'éditeurs cités dans cette table, est celle des titres des ouvrages qu'ils ont composés ou édités, et non celle des bibliographes, des biographes ou des dictionnaires encyclopédiques; celle-ci en diffère très souvent, et nous avons pu constater que non seulement elle varie avec ces diverses sources, mais que le même nom, dans le même biographe ou bibliographe, est écrit quelquefois avec deux orthographes différentes.

1re Partie

Nos	Lignes	Au lieu de :	Lire :
7	1	Penhoen	Penhoën.
39	1	Patrix	Patrick.
85	1	Mangin	Magin.
118-20	2	luco	luce.
129	5	Cuban	Cuban.
142	1	Societ	Societ.
149	1	Grandpié	Grandpré.
159	3	atterrages	attérages
162	1	Mannenille	Mannenillette.
177	1	Walkenaer	Walckenaer.
192	1	Woods	Woode.
221	1	Bancharel	Bancarel.
234	1	Olof Torée	Torée (Olof).
262	2	voiages	voyages.
265	1	Deschamps de	Deschamps du
268	3	Languedoe	Languedoc.
271	1	Legrand	Legrand d'Aussy.
276	1	Dusaulx	Dussaut.
319	1	Comatin	Comartin.
332	4	Général de Pommereuil	Général de Pommereul.
333	2	Lavilette	Lavillette.
342	1	Beyle de	Beyle.
344	1	J. S. Pencer	J. Spencer et W.
369	2	Rhagery	Raghery.
471	1	fortress a	fortress, a.
411	2	Brusse	Bresse.
413	3	Arnauld Sr Conincs	Arnould Conincox.
426	1	Gmélin	Gmelin.
427	1	Auteroche	Autroche.
443	1	Grandpré (E.-D.)	Grandpré (L. Cte de).
446	5	Maralipouram	Mavalipouram.

Nᵒˢ	Lignes	Au lieu de :	Lire :
464	1	Hutner	Hüttner.
524	4	Wasssanah	Wassanach.
566	5	phisicas	physicas.
577	2	Ordon	Orden.
596	1	Hanez	Ibânez.
602	3	fæcundum	fœcundum.
603	6	Diderich van	Diderich. Van
609	2	Lutetiæ, Parisiorum	Lutetiæ Parisiorum.
610	2	Lutetiæ, Parisiorum	Lutetiæ Parisiorum.
610	4	Circoniis 1819	Ciconiis 1619.
628	1	de Salle	de Sales.
639	1	Fourmont (H.-D.)	Fourmont (H. de).
649	1	Bougrand	Boucrand.
667	1	Sénancourt	Sénancour.
677	3	doctiss	doctiss.
677	4	castigatiores è Scholiis	castigatiores et Scholiis.
677	7	historiam	historiam,
714	1	Don	Dom.
716	1	Llorenté	Llorente.
733	1	Lhorente	Llorente.
737	1	Hussiste	Hussite.
745	1	Martin	Martène.
746	1	Bouillard	Bouillart.
753	2 et 3	Clementem XI. De necessitate	{ Clément XI. Imperatorem, reges, etc. universum. De necessitate.
766	1	Nécrologie	Nécrologe.
803	1	Lallemand	Lallemant.
827	1	Villefort-Bourgoing	Bourgoing de.
870	1	Larcher (Ph.)	Larcher (P.-H.).
878	1	Brosse	Brosses.
899 bis.	1	(M. de Fortia d')	(M. Fortia d').
899	1	Ogigès	Ogygès.
913	2	Flave, Joseph	Flave Josèphe.
917	1	Prideaux (J.)	Prideaux (H.).
917	4	Soul	Sou.
920	3	Barnage	Basnage.
921	1	Charbury	Charbuy.
922	1	Haléyy	Halévy.
926	1	Baccalar	Bacallar.
936	1	Paw (Cᵗᵉ de)	Pauw (C.).
967	2	Hacred	Haered.
977	2	Dinoriard	Dinouart.
982	3	Hermanniana	Hermaniana.
984	5	repræsentat-Formam	representat-formam.
1002	1	Grecce	Greece.

Nos	Lignes	Au lieu de :	Lire :
1002	2	Earliest Accounts	earliest accounts.
1009	1	Guilletière (G.)	Guilletière (G. de la).
1013	1	Kassin	Kossin.
1020	1	Grece	Greece.
1021	1	Elémens	Eléments.
1044	2	Selectæ	selectae.
1051	3	Quœdam	quædam.
1055	1	Glasquæ	Glasgæ.
1068	2	Commentari	Commentarii.
1087	2	La Bletterie	La Bleterie.
1092	1	La Bletterie	La Bleterie.
1108	2	Bæcleri	Bœcleri.
1110	6	Adiccimus	adiecimus.
1113	1	Alius	Ælius.
1113	2	Alius	Ælius.
1115	1	Sigonii (Caroli)	Sigonius (Carolus).
1128	1	Hooke	Hook.
1131	1	Ferguson	Fergusson.
1152	1	Crevier	Crévier.
1156	1	Gauthier	Gautier.
1161	1	Barett	Barrett.
1162	1	Marly	Mably.
1164	3	ab urbe conditâ, ad	ab urbe conditâ ad.
1181	1	bizantina	byzantina.
1184	1	Dufrêne	Dufresne.
1201	1	La Bletterie	La Bleterie.
1242	2	Tilliard	Tillard.
1245	1	Dufrêne	Dufresne.
1255	1	dé correnti	de correnti.
1262	2	Osnabruy	Osnabruck.
1263	1	politics	politic.
1271	1	Eidoux	Eidous.
1278	1	Le Sur	Lesur.
1283	2	1862	1861.
1285	1	Courtiz	Courtilz.
1208	1	Julien	Jullien.
1999	3	Illustrantur	illustrantur.
1301	1	L'Admiralt	Ladmiral.
1350	1	La Chesnaye des Bois	La Chenaye-des-Bois.
1354	1	Le Grand d'	Legrand d'.
1378	3	cius	eius,
1382	1	Mezeray	Mézeray.
1412	1	Darest	Dareste.
1425	2	Kell	Kehl.
1438	1	Cayot-Delandre	Cayot-Délandre.

Nos	Lignes	Au lieu de :	Lire :
1476	1	des François	de François.
1478	1	Galien (ou Malien)	Galien.
1492	2	différents	différends.
150I	1	Monmerqué	Monmerqué (de),
1503	1	Kubrouck	Rubrouck.
1524	1	Mont-Rond	Montrond.
1513	1	satyre	satire.
1631	2	Frederic	Frédéric.
1637	2	Carnery	Garnery.
1671	1	Déageant	Deageant.
1683	1	Menestrier	Ménestrier.
1689	1	Bussy (Rabutin)	Bussy-Rabutin.
1703	1	Joli	Joly.
1737	1	Lémontey	Lemontey.
1766	1	Saint-Joly	Saint-Jorry.
1769	1	Gramont	Grammont.
1774	1	Mémoires de M. de	Mémoires de M. P. de.
1776	1	Charin	Charrin.
1782	1	Sautreau	Sautereau.
1804	1	Avantures	Aventures.
1873	1	Enault	Enault.
1889	1	Montjoye	Montjoie.
1905	1	Levis	Lévis.
1911	1	Tallendal	Tollendal.
1928	1	Désodoards	Des Odoards.
1942	1	Thiers (E.-A.)	Thiers (M.-A.).
1982	1	Rolland	Roland.
2119	4	Le Normand	Le Normant.
2126	1	Antichamp	Autichamp.
2214	1	Méhée-Delatouche	Méhée de la.
2240	1	Lamartelière	La Martelière.
2276	1	Las Cazes	Las Cases.
2276	6	Las Cazes	Las Cases.
2280	1	Mimant	Mimaut.
2287	2	Bélin, Mandar	Belin-Mandar.
2296	1	Taleyrand	Talleyrand.
2311	1	Bon Rouvier	Bon Bouvier.
2327	3	Le Normand	Le Normant.
2333	1	Las Cazes	Las Cases.
2338	1	Penhoen	Penhoën.
2435	1	Doucette (de la)	Ladoucette (de).
2550	3	traduite	traduit.
2587	1	Lafolie	La F.
2592	1	(Mr de)	Michel de.
2668	3	Fenardent	Feuardent.

Nos	Lignes	Au lieu de :	Lire :
2681	1	Mée de la Rochelle	Née de la Rochelle.
2708	7	comppis	compris.
2716	1	Mandayor	Mandajors.
2748	1	Beauvau	Beauveau.
2854	1	Dufihol	Dufilhol.
2959-5	1	Diseléracion	Discleracion.
3073	2	Frandre	Flandre.
3100	1	Bréguigny	Bréquigny.
3119	1	Zur-Lauben	Zurlauben.
3142	1	Desormeaux	Désormeaux.
3155	2	Tomson	Thomson.
3178	1	Julian (L.)	Jullian (P.-L.-P. de).
3198	2	Freittos	Freitas.
3216	1	Du Bosc de Montandre	Dubosc de Montandré.
3250	2	Insularum	insularum.
3284	1	Marsolier	Marsollier.
3299	4	échaffaud	échafaud.
3312	1	Almerté (Tarmini)	Tarmini-Almerté.
3317	1	Cize	Cize (Mr de).
3325	1	Coups-d'œil	Coup-d'œil.
3363	4	Soulange, Artaud	Soulange-Artaud.
3387	1	Salderne	Saldern.
3424	2	s'offrera	s'offrira.
3426	1	D'Hosson (de)	D'Ohsson (J.).
3435	1	Cantimir	Cantemir.
3435	3	Joncquières	Jonquières.

2e Partie

Nos	Lignes	Au lieu de :	Lire :
3481	2	fezeram	fizeram.
3481	3	Rodriguez et Gonsalez	Pedro Ferrera.
3482	1	Conto	Couto.
3482	2	Gonsalez	Gonsalvez.
3483	1	Souza	Sousa.
3485	1	Maffé	Maffée.
3494	1	(B. de)	(B. d').
3495	2	Japonais	Japonnois.
3502	1	Abulfarage	Abul Farage.
3515	2	Characène	Characène.
3522	1	Clairac (L.-A.)	Clairac (de la M. de).
3524	3	Aszroff	Aszraff.
3526	5	Vicqfort	Wicqfort.
3533	1	Rennel	Rennell.
3544	1	Marault	Mérault.

Nos	Lignes	Au lieu de :	Lire .
3547	1	Penhoen	Penhoën.
3556	3	1823	1825.
3561	3	Coutard	Costard.
3568	1	Kirchere	Kircher.
3570	1	Brunen	Brunem.
3581	1	Tilsingh	Titsingh.
3612	1	Roudel-Kartas	Roudh El-Kartas.
3626	1	descriptis	descriptio.
3629	1	Roberston	Robertson.
3636	1	Noel	Noël.
3645	2	de Crëck	Crëck.
3718	1	Vertor	Vertot.
3733	1	Boulainvilliers	Boullainvilliers.
3932	2	Beréau	Bureau.
4117	1	Sabbathier (M.)	Sabbathier (F.).
4118	9	Carnotensio	Carnotensis.
4119	1	Popoli,	Popoli.
4119	3	Porcacchy	Porcacchi.
4132	6	1578	1576.
4132	11	1521	1527.
4133	3	Hieromystorum	Hieromystarum.
4133	4	intentionemque plena	intentionemque, plena.
4133	5	periti	peritiâ.
4134	2	David Hœschelli	David. Hœschelli.
4139	2	daprès	d'après.
4143	2	temporum , injuriâ	temporum injuriâ.
4169	1	les sémites	les Sémites.
4178	1	Epoques anté-diluviennes	Epoques antédiluviennes.
4179	1	Les palafittes, ou construction	Les palafittes ou constructions.
4191	1	Rochetillac (J.-Ch.). — Chef-d'œuvres	Rochetilhac (J.-Ch.). — Chefs-d'œuvres.
4219	1	Paestum	Pœstum.
4229	3	Nortcote	Northcote.
4266	3	Macchabées	Machabées.
4283	2	Hippolite	Hippolyte.
4342	1	H'stoire	Histoire.
4382	1	Du Chatelier	Du Chatellier.
4425	1	Le Moyne (Père)	Le Moyne (Le Père).
4443	1	Delavie (J. L. de)	De Lavie.
4459	1	Le Fèvre (T.)	Le Fèvre (M.).
4744	1	4644	4744.
4851	2	de la Monoye	La Monnoye.
4861	2	suplément	supplément.
4930	3	cometiana	Cometiana.
5018	1	Viollet-Leduc	Viollet-le-Duc.

Nos	Lignes	Au lieu de :	Lire :
5031	1	fatorumque	factorumque.
5221	2	Bauzée	Beauzée.
5239	35, 37 et 42	Sénancourt	Sénancour.
5242	237	fondateur du drapeau blanc	fondateur du *Drapeau blanc.*
5242	238	le garde des sceaux, ensuite	le garde des sceaux ensuite.
5243	5	F. de Châteaubriand	M. de Châteaubriand.
5250	37	simultané	simultanés.
5275	1	Devie (Cl.)	Devic (Dom. Cl.).
5288	1	Granpont	Grandpont.
5303	1	5203	5303.